전라도의 탄생 1

생활의 터전

전라도의 탄생 1 생활의 터전

초판 1쇄 발행	2018년 11월 20일
초판 2쇄 발행	2020년 12월 10일

저 자 김덕진
발행인 윤관백
발행처 █🙟도서출판선인

등 록 제5-77호(1998.11.4)
주 소 서울시 마포구 마포대로 4다길 4 곳마루 B/D 1층
전 화 02)718-6252/6257
팩 스 02)718-6253
E-mail sunin72@chol.com

정 가 26,000원
ISBN 979-11-6068-230-4 94910
      979-11-6068-228-1 (세트)

전라도의 탄생 1
생활의 터전

김덕진

도서출판 선인

" 머리말 "

전라도라는 광역 행정구역이 호남이라는 지역명과 결부되어 한국 역사에 존재한 지는 1천 년이 되었다. 전라도는 금강과 소백산맥을 경계로 충청도·경상도와 인접하고 있지만, 지리적 환경이 서로 적지 않게 다르다. 이러한 행정적, 지리적 여건 때문에 전라도 사람들은 독특한 역사를 영위해 왔다. 그동안 전라도의 역사에 대해 그 독특함만큼 많은 관심이 두어졌다. 우선, 역사를 전문으로 연구한 학자는 물론이고, 문학·철학·예술을 전공한 학자들도 전라도 역사에 대해 많은 의견을 제시했다. 또한 언론인, 정치인, 지식인, 사회 활동가 가운데 전문가 못지않은 식견을 제시한 이도 있었다. 그리고 광주시청, 전남도청, 전북도청 및 그 산하 각 시·군·구에서도 『도사』, 『시사』, 『군사』 등을 각각 편찬해왔다. 이로 인해 전라도의 역사가 보다 새롭고 깊이 있게 밝혀지게 되었다. 예를 들면, 널리 분포한 고인돌·고분·사찰과 활발한 해상교역을 통해 전라도가 선사·고대·고려 사회에서 의미 있는 역할을 했고, 여러 분야의 예술을 발달시킨 예향(藝鄕)이나 충신·열사를 많이 배출한 의향(義鄕)으로써 전라도가 조선·근현대 때 한국사회의 쟁점을 선도했던 지역으로 파악되기도 했다.

필자는 기존의 전라도 역사 서술에서 미진하고 부족한 것이 많다고 느껴왔다. 우선, 그동안 대부분의 학자와 시민들이 사건과 인물 및 유물·유적을 중심으로 전라도 역사를 연구하고 알고자 했던 점을 들 수 있다. 그로 인해 잘 모르거나 잘못 알려진 것들이 깊이 있게 드러나거나 명확하게 밝혀졌지만, 어떤 구조와 토대 위에서 사건이 발생하고 인물이 활동했고 유물·유적이 탄생했었는가에 대해서는 체계적으로 다루어지지 않았다. 그리고 각 자치단체에서 편찬한 지역사는 자기 지역의 역사만을 다루었기 때문에 전라도 역사에 대한 전체적인 이해를 갖기가 쉽지 않았다. 시중 판매가 아니어서 한정 배포에 그칠 뿐만 아니라 분량이 두텁고 난해한 문체 때문에 일반인들이 이해하기에 어려움이 많은 것도 사실이다.

결국 이 같은 상황에서 전라도 역사를 체계적이고 올바르게 이해하기가 힘들다는 데에 필자의 생각이 이르게 되었다. 그 생각은 '전라도 통사' 편찬이 시급하면서도 중요한 문제라는 데에까지 이어졌다. 하지만 필자에게는 그만한 여건이 주어지지 않아 우선적으로 그동안 자주 다루어지지 않고 체계화되어 있지도 않은 점을 『전라도의 탄생』이라는 이름 아래에 2권으로 엮어 보았다. 제1권에서는 '생활의 터전'이라는 부제 아래에 전라도가 어떤 과정을 거쳐 형성·변화되었고, 도를 통치하는 감영·병영·수영의 구조와 역할은 무엇이었고, 도 아래에 있는 군현이 어떻게 형성되어 어떤 모습으로 존재했었는가, 마지막으로 면·리·섬의 여러 모습과 특징은 어떠했는가 등을 담아 보았다. 그리고 제2권에서는 '생업의 현장'이라는 부제 아래에 전라도는 인구·농지가 많아 최대 곡창지대였던 점, 도자기·종이·부채 등 명품의 생산지였던 점, 최초로 발생한 장시에서 공연예술이 발달한 점, 어업과 항해의 달인이 많았다는 점 등을 담아 보았다.

한 마디로 『전라도의 탄생』은 고대에서 현재까지 전라도가 어떤 터전

위에서 어떤 생업으로 생활해왔는가를 정리한 것이다. 독자들은 본서가 기존의 책과 비교하여 크게 다르다는 점을 발견할 수 있을 것 같다. 일반 대중 역사서에서 주목하지 않은 주제를 좀체 시도되지 않은 문체로 그다지 활용하지 않은 삽화와 함께 실었기 때문이다. 역사학자로서의 짧지 않은 시간 동안의 연구와 독서의 산물이자 수년간 붙잡고 몸부림친 결과물이다. 자문에 응해주고, 원고를 읽어주고, 간행을 해주신 모든 분들에게 정중하게 고맙다는 인사를 올린다.

2018년 11월
김덕진

목차

서문

서문

　『전라도의 탄생』1(생활의 터전)은 전라도 사람들의 '생활의 터전'을 행정구역의 위계에 따라 크게 도, 군현, 면리로 나누어 정리한 것이다. 그런 점을 여기에서는 크게 네 장으로 구성해 보았다.

　제1장에서는 전라도의 형성과 호남의 인식에 대해 알아보았다. 여기에는 1천 년 전 전라도의 등장, 호남의 용례와 이웃들, 전라도의 남도·북도로의 분도, 전라도를 어향(御鄕)으로 인식했던 점 등 크게 네 가지가 수록되어 있다. 이는 9주, 10도, 5도, 8도, 23부, 13도로 이어지는 지방제도 개편 속에서 위치한 전라도의 위상을 정리한 것이다. 그리고 강남·호남 등 전라도의 별칭과 어떤 때에 별칭이 애용되었고 이웃과의 관계는 어떠했는지, 편의상 전라도를 나누었던 좌도·우도와 상도·하도 및 산읍·해읍은 오늘날까지 우리에게 어떤 영향을 미치고 있는지에 대해서도 분석했다. 또한 고려와 조선 두 왕조에서 전라도를 어향으로 칭하며 나주와 전주에 설치했던 관련 시설에 대해서도 찾아보았다.

　제2장에서는 전라도의 도 차원 통치에 대해 알아보았다. 여기에는 도의 행정을 총괄한 전주감영, 전라도를 괴롭힌 왜구, 육군 지휘를 총괄한 강진병영, 수군을 나누어 지휘한 좌수영·우수영 등 네 가지가 수록되어 있다. 이는 우선 전주에 설치된 감영에 관찰사가 상주하며

관내를 순찰하고, 행정실무를 맡은 영리들은 대사습을 열어 판소리 명창을 길러냈던 점에 관한 것이다. 그리고 전 도민이 나서서 왜구를 격퇴했고, 수군 창설을 주도하고 쓰시마 정벌을 제안한 정지 장군의 갑옷을 양란 의병장이 출정식 때 입었던 사실도 제시했다. 또한 하멜이 살았던 병영은 한국을 세계에 최초로 알린 곳이고, 좌수영은 세계 최초의 특수선 거북선을 건조한 곳이고, 우수영은 13척으로 무려 133척을 상대로 싸워 이긴 명량대첩의 현장이고, 오늘날 목포시와 군산시의 모체가 수영 아래의 수군진이었다는 점도 살펴보았다.

제3장에서는 전라도 안에 있던 군현과 군현의 통치시설에 대해 정리했다. 여기에는 군현의 정비과정, 30곳에 이른 읍성, 군현의 진산과 별호, 수령의 임무와 선정비, 양반의 활동공간과 갈등, 향리의 집무소와 근대기 변화 등 여섯 가지가 수록되어 있다. 이는 104곳에 이르렀던 고려의 군현이 조선에 들어와서 57곳으로 통폐합되었고, 일제 강점기 때에는 다시 38곳으로 줄어 오늘에 이른 점을 알아보는 것이다. 그리고 군현마다 자기 상징으로 진산과 별호를 정하고, 행정 중심지로 읍내를 두고, 읍내 안에 각종 관공서와 제단을 설치했을 뿐만 아니라, 일부 군현은 거대한 읍성을 쌓아 웅장한 성문을 냈던 점도 알아보았다. 또한 객지 출신 수령이 파견되어 주로 '근민(近民)'이란 이름이 붙은 동헌에 앉아 집무를 보았고, 향교를 출입하며 향안과 향약으로 결속한 그 지역 양반들은 향청을 두어 읍정의 자문에 응했고, 향리들은 질청에서 행정실무를 수행하며 그때 터득한 감각을 토대로 근대화 과정에서 두각을 낸 이가 많았다는 점도 제시했다.

제4장에서는 군현 아래에 있는 면과 마을에 대해 알아보았다. 여기에는 향·소·부곡 같은 특수 행정구역의 변천, 면의 등장과 변천, 갖

가지 마을의 구조와 특징, 다도해 속의 섬 등 네 가지가 수록되어 있다. 이는 신라말부터 형성된 향·소·부곡이라는 특수 행정구역이 조선초기에 완전 폐지되었고, 고려에서 조선에 이르기까지 교통기지 역할을 한 역원은 20세기와 함께 사라졌던 점을 정리한 것이다. 그리고 고려말부터 등장한 면은 역할이 증대되면서 행정구역으로 자리를 잡았고, 그것을 일제가 통폐합하고 면장과 면사무소를 두어 오늘에 이른 점도 알아보았다. 또한 제역촌·동족마을·향화촌 등 마을의 여러 형태와 이장·동계·마을숲 등 마을의 내부 구조, 일제가 주민 자치를 말살하고자 행정마을을 만들었던 점도 살폈다. 마지막으로 교역·해읍·외침·유배·수군진 등으로 인해 전국에서 가장 많은 전라도 섬에 깃들어 있는 이야기와 그것이 오늘에 미치고 있는 영향에 대해서도 추적했다.

전라도 안에는 수를 세기가 어려울 만큼 많은 사실이 존재했음을 알 수 있다. 그 많은 것들을 본서에 다 수록할 수도 없지만, 필자가 다 확인하는 것도 불가능하다. 따라서 어떤 사실은 여러 번 등장하지만, 어떤 사실은 거론조차 안 될 것이다. 이 점에 대해 서운해 할 독자도 있을 것 같아 우선 양해를 구하고, 제보를 해주면 증보판에 담겠다. 이렇게 정리한 바, 우리 조상들은 성곽, 관아, 비석, 지명, 축제, 소리 등등 많은 유무형의 문화유산을 남겨주었다. 그것들 대부분은 19세기말~20세기초에 사라지고 일부만 남아 우리의 소중한 자산이 되고 있으니, 남아있는 것이라도 잘 보존하여 후손에게 물려줄 책임이 우리에게 있는 것이다.

1장
전라도를 두고 호남이라고 말하다

전라도를 두고
호남이라고 말하다

통일신라 때의 완산주·무진주를 토대로 하여, 고려 때인 1018년(현종 9)에 전라도가 탄생했다. 전라도의 탄생은 고려의 광역 행정구역인 5도 양계 가운데 최초였다. 이는 견고한 통치기반 위에서 가능했다. 조선은 8도로 재편하면서 전라도를 예전과 같게 했고, 1896년에는 전국을 13도로 개편하면서 전라도를 전라남도와 전라북도로 나누었다. 전라도는 고려와 조선 두 왕조에서 어향으로 불리면서 중요한 곳으로 인식되었고, 당연히 나주와 전주에는 그와 관련된 시설이 들어섰다. 전라도의 별호로 호남이 사용되기 시작하면서 전라도 사람들은 즐겁거나 슬플 땐 전라도 대신 호남을 애용했다. 호남은 옆에 있는 호서[충청도]·영남[경상도]과 양호·양남이라는 이름으로 늘 연대했다. 한편, 전라도 사람이나 중앙정부 사람들은 경영 편의를 위해 전라도를 좌도·우도, 상도·하도, 산읍·해읍으로 나누었는데, 이는 자연형세의 차이에서 비롯되었지만 문화나 세금 등에 있어서 서로 다른 모습을 보였다.

1. 전라도, 1천 년 되다

성종 14년 을미에 전주·영주·순주·마주 등 고을을 강남도(江南道)로 하고, 나주·광주·정주·승주·패주·담주·낭주 등 고을을 해양도(海陽道)로 하였다가, 현종 9년 무오에 전라도(全羅道)로 고쳤다. 지금도 그대로 따르고 있으며, 관찰사의 관청을 전주에 두고 있다.〈세종실록 지리지〉

고려는 후삼국을 통일한 후 지방제도를 개편하면서 처음에는 전주·고부·순창·옥구 등 고을을 강남도라 하고, 나주·광주·영광·순천·보성·담양·영암 등 고을을 해양도라 했다가, 1018년에 이를 하나로 합쳐서 전라도라 했습니다. 이 기사를 통해 전라도 이름이 정해진 지가 1천 년 되었음을 알 수 있습니다. 전라도 정명은 어떤 의미가 있을까요? 전라도를 부르는 또 다른 말도 있기 때문에, 그것에 대해 알아보는 것도 전라도 역사를 이해하는 데에 필요할 것입니다.

완산주·무진주─도시 이름으로

전라도의 윤곽은 마한의 54소국 연맹체 때나 백제의 5방 체제 때에는 나타나지 않았다. 마한 54소국은 지금의 경기도에서 전라도까지 분포했고, 그 가운데 20여 소국을 거느렸던 '신미제국'은 영산강 유역에 존재했던 것으로 보고 있다. 그리고 방위명을 딴 백제 5방은 사비 시대 때 나타난 광역 행정구역인데, 그 가운데 남방이 현재의 전남 지역 어딘가에 존재했을 것으로 추정하고 있다. 54·20소국이건 5방이건 간에 그 어느 것도 지금의 전라도 영역을 단일 행정구역으로 하지 못했다.

그러다가 통일신라 때에 이르면 전라도가 하나의 행정구역으로 윤곽을 드러내기 시작했다. 신라는 삼국을 통일하고서 넓어진 영토와 많아진 인구를 효과적으로 통치하기 위해 전국을 사벌주, 삽량주, 청주, 한산주, 수약주, 하서주, 웅천주, 완산주, 무진주 등 9주로 나누었다. 그 가운데 치소를 지금의 전주에 둔 완산주(完山州)는 41개의 군·현을 다스렸는데, 그 영역이 지금의 전북 일원과 충남 금산·논산 지역에 해당된다. 완산주의 치소 자리는 전주시 노송동 일대 또는 전북혁신도시 일대로 비정되고 있다. 그리고 치소를 지금의 광주에 둔 무진주(武珍州)는 58개의 군·현을 다스렸는데, 그 영역이 지금의 전남 일원과 전북 고창 지역에 해당된다. 무진주의 치소 자리는 광주시 무진고성 영역 또는 광주일고 부근으로 비정되고 있다.

이 완산주와 무진주가 후대의 전라도 모태가 되었다. 그런 점에서 통일신라의 9주 설치는 의미가 있다. 그리고 두 주의 치소였던 전주와 광주가 지금까지 전라도 지역의 대표 도시로 존재하고 있다는 점도 의미있다. 주의 장관으로 도독(都督)을 중앙에서 파견하여 예하의 군현을 통치하도록 했다. 도독은 성을 쌓고 그 안에서 근무했기 때문에, 그 성을 도독성이라고 했다. 그래서 무진주 도독이 근무했던 '무진 도독성'은 『동국여지승람』에 의하면 북 5리에 있으며 흙으로 쌓았고 둘레가 3만 2천자 정도 되었다. 이와는 달리 일제 강점기에 한 일본인은 주민들 전언을 토대로 대치면 무진 마을, 즉 시내에서 50리 떨어진 곳에 있다고 말했다. 이리하여 무진 도독성이 어디에 있었느냐에 대해 논란이 있었다. 광주시에서는 지표조사를 토대로 광주 잣고개 너머 무등산 자락을 무진 도독성 터로 지정하려 했다. 그러다가 발굴조사 결과가 나온 뒤에는 무진 도독성이라는 점을 입증할 수 없으므로 '무진의 옛 성'이라는 뜻으로 '무진고성'이라 명명하여 오늘에 이른다.

한편, 신라는 한쪽에 치우쳐 있는 수도 경주의 지역적 한계를 보완하기 위해 전국 주요 지점에 북원경, 중원경, 서원경, 남원경, 금관경 등 5소경을 두었다. 그 가운데 남원경이 오늘날 남원에 있었으니, 남원이라는 이름은 여기에서 유래한 것이다.

강남도·해양도-강과 바다를 경계로

신라 말기 골품제도가 붕괴되면서 호족세력이 등장했다. 여수·순천 부근의 군사 지휘관이던 견훤은 광주에 들어와서 독자세력을 만들더니 전주까지 차지하고서 후백제를 건국했다. 곧이어 궁예가 후고구려를 세웠고, 그의 부하이던 왕건이 궁예를 제거하고 고려를 세웠다. 이리하여 후삼국이 성립되었다. 태조 왕건은 후삼국을 통일하고서도 호족세력의 반발에 막혀 지방제도 개혁을 뚜렷하게 단행하지 못했다.

그러다가 고려는 983년(성종 2)에 양주, 광주(廣州), 충주, 청주, 공주, 진주, 상주, 전주, 나주, 승주, 해주, 황주 등의 주요 지역에 12목을 설치하고서 그곳에 목사를 파견했다. 이는 고려왕조에 들어와서 최초로 지방관을 파견했다는 점에서 의미 있다. 그때 전라도에는 전주, 나주, 승주 등 3곳에 목이 설치되었다. 나주와 승주(현재 순천)가 새로이 전라도의 대표 도시가 되었다. 12목의 설치로 고려의 지방제도는 일신되었지만, 광역 행정구역이 없는 한계를 지니고 있었다. 하지만 이를 토대로 12년 뒤, 995년에 전국을 10도로 나누었다. 이로 인해 우리 역사에서 '도'라는 제도가 최초로 등장했다. 이 순간을 『고려사』 편찬자는 기쁜 마음으로 기록했다.

"드디어 경내를 나누어 10도로 하고, 12주에 각기 절도사를 두었다. 그

10도는 관내, 중원, 하남, 강남, 영동, 산남, 해양, 삭방, 패서 등이다. 그 관할하는 바를 주현(州縣)은 모두 580여개가 되어 동국 지리의 성대함이 이에서 극에 이르렀다."

10도 가운데 강남도(江南道)는 전주, 영주(현재 고부), 순주(현재 순창), 마주(현재 옥구) 등 52개 주현을 관장했으니, 지금의 전북 지역을 관할한 셈이다. 해양도(海陽道)는 나주, 광주, 정주(현재 영광), 승주, 패주(현재 보성), 담주(현재 담양), 낭주(현재 영암) 등 76개 주현을 관장했으니, 지금의 전남 지역을 관할한 셈이다. 이를 보면, 강남도와 해양도는 이름만 바뀌었을 뿐 통일신라 때의 완산주·무진주와 영역에 있어서 거의 일치한다. 그리고 강남도의 중심 도시는 전주였고, 해양도의 중심 도시는 광주였다. 전주와 광주는 여전히 지역 중심 도시로서의 역할을 다하고 있었다. 또한 당시 전국의 584개 주현 가운데 강남도와 해양도 주현은 128개로써 전체의 22%를 점유했다. 수도 개경에서 가장

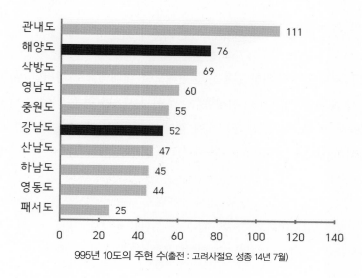

995년 10도의 주현 수(출전 : 고려사절요 성종 14년 7월)

먼 거리에 있는 곳이라는 점을 감안하면, 이는 상당히 높은 점유율이다.

여기에서 눈여겨 볼만한 것은 강남과 해양이라는 표현이다. 강남은 '금강 남쪽'이라는 뜻이고, 해양은 '바다 북쪽'이라는 뜻이다. '고개 남쪽'이라는 영남이나 '산 남쪽'이라는 산남 또한 같은 표현법이다. 강남도·해양도, 즉 오늘날 전라도는 평야가 많고 그 평야를 강줄기가 실핏줄처럼 연결하는데다 서해와 남해 두 면을 바다가 끼고 있는 지역답게 강이나 바다를 기준으로 하는 지명이 사용되었다. 반면에 영남도·산남도·영동도, 즉 오늘날 경상도는 산지가 많은 지역답게 산이나 고개를 기준으로 하는 지명이 사용되었다. 이런 면에서 볼 때, 어쩌면 전라도와 경상도는 생태적으로 서로 다른 환경에서 살아왔는가도 모른다. 아무튼 우리나라 최초의 도는 강, 바다, 고개, 산 등의 자연산천을 경계로 이름이 지어졌음을 알 수 있다. 광역 행정구역 이름을 동서남북 등의 방위명과 완산·무진 등의 도시명으로 쓰던 이전과는 사뭇 다른 모습이다. 이는 지역을 인식하는 시각에 획기적인 변화가 있었음을 의미한다.

전라도─5도 가운데 최초

성종 다다음에 즉위한 현종은 군현제도를 대대적으로 정비한 후 바로 이어서 도제를 개편하기 시작했다. 우선 1018년(현종 9)에 강남도와 해양도를 합쳐 전라도라 했다. 이 점에 대해『고려사』에는 다음과 같이 기록되어 있다.

"성종 14년에 전주·영주·순주·마주 등 주현을 강남도로, 나주·광주·정주·승주·패주·담주·낭주 등 주현을 해양도로 만들었는데, 현종 9년에 이를 합쳐서 전라도라 하였다."

전라도(全羅道)라는 이름은 전주의 '全'과 나주의 '羅'를 한 글자씩 조합해서 지은 것이다. 양광도는 양주와 광주를 조합한 이름이고, 경상도는 경주와 상주를 조합한 이름이다. 지리적인 지명이 아니라, 지방관이 파견된 지역의 이름을 한 자씩 가져오는 작명법이다. 이는 국가의 통제력이 이전보다 더 강력하게 지방에 미치고 있다는 느낌을 가지게 한다. 도의 장을 안찰사라고 했다. 그는 중앙관직을 겸직한 채 내려와서 춘하 또는 추동 6개월 정도 머물며 도내를 순찰하면서 수령 감독, 민생 감찰, 죄인 재판, 세금 수납, 군대 지휘 등의 일을 수행했다.

전라도의 탄생은 여러 면에서 큰 의의가 있다. 첫째, 전라도의 탄생은 고려와 끝까지 싸운 후백제의 수도 전주, 고려 창업을 도운 나주가 전라도의 대표 도시로 떠오르는 순간이다. 특히 광주를 제치고 나주가 떠오른 것은 후삼국 통일에 대한 나주의 협력, 나주오씨 소생 혜종의 즉위, 그리고 현종이 몸을 피해 나주로 피란 가서 10여 일 머물렀던 점도 작용했다. 그리하여 전주와 나주로 분열되어 있던 이 지역 역사가 전라도라는 이름하에 기묘하게 하나로 통합되었다.

둘째, 양분된 지역의 통합 시도는 '전라'라는 이름 지음으로 더욱 빛나게 되었다. 전라는 일단 '온전한 비단'이라는 뜻으로 해석된다. 이는 더 나아가 '비단 가운데 최고 비단'이라는 의미로도 읽혀진다. 비단은 금과 함께 최고 가치를 상징하기 때문에, 전라도는 나라 안에서 가장 귀한 곳이었던 셈이다. 이는 국가경제에서 전라도의 세금·생산물이 차지하는 비중을 보면 쉽게 알 수 있다. 그리고 국란 극복 때마다 전라도 사람들의 앞장선 분투를 보아도 확인 가능하다.

셋째, 전라도 탄생은 지금으로부터 1천 년 전에 있었던 일로써, 그 시기는 기록상 1018년이다. 이는 5도 가운데 전라도가 가장 먼저 탄생했다는 사실을 말해준다. 가장 먼저 탄생했다는 점은 그만큼 지역의 통치 기반과 그 안정성이 갖추어졌다는 증거이다. 참고로 전라도 다음으로 교주도(현재 강원도)가 150년 뒤에 탄생했고, 양광도(현재 충청도)와 경상도가 2백 년 뒤에 탄생했다.

넷째, 다른 도는 시대에 따라 많은 변화가 있었다. 예를 들면, 양광도는 양광충청주도→양광주도·충청주도→양광도→충청도로, 경상도는 경상진주도→경상주도·진협주도→경상주도→경상도로, 교주도는 삭방도→춘주도→교주도→회양도→교주강릉도로 바뀌었다. 하지만 전라도는 그 명칭과 영역에 있어서 거의 변화 없이 조선을 거쳐 오늘에 이른다는 점에서 의미 있다.

이상의 의미를 높게 평가하지 않으려는 연구자도 일부 있는 것이 우리 학계의 숨길 수 없는 현실이다. 고려의 도가 후대와 같은 행정구역이 아니라 일종의 순찰구역이었다는 점에서다. 그래서 도의 장인 안찰사는 상주하는 관리가 아니라 중앙관직을 겸임한 채 순찰하는 관리에 불과했고, 그러다 보니 안찰사보다는 전주와 나주 관장(官長)의 위상이 높을 수밖에 없었다. 그러나 후기에 들어가서 안찰사의 명칭이 안렴사로 바뀌면서 그 역할 또한 증대되었고, 그 연장선에서 전주에 안렴사 영을 두

신라의 9주　　　　　　고려의 5도 양계　　　　　　조선의 8도

어 상급 행정기구로써 전라도 전체를 통치하게 했다. 따라서 5도가 처음 탄생할 때 도의 통치 방안으로 구상했던 점이 비록 그 때는 바로 적용되지는 못했지만, 차츰차츰 하나씩 실현되었던 것은 사실이기 때문에, 1천 년 전에 고려 최초로 탄생한 '전라도 정명'은 큰 의미가 있는 것이다.

조선왕조는 전국 행정구역을 경기도, 충청도, 전라도, 경상도, 강원도, 황해도, 평안도, 함경도 등 8도로 재편했다. 이는 5도, 양계, 경기의 3원체제로 되어 있던 것을 '도'라는 1원체제로 바꾸었다는 점에서 의미 있는 조치이다. 그러면 조선은 도를 왜 8개로 했는가에 대해 말이 분분하다. 고려가 8개였으니까 그렇게 했을 수가 있다. 하지만 이성계의 성 '李', 즉 '十八子'에서 유래한다는 말도 전한다. 주역의 8괘를 감안한 것이라는 해석도 있다. 아무튼 고려의 전라도는 조선에 와서도 영역과 이름 모두 그대로 유지되었다. 당연히 전주와 나주는 전라도의 최대 도시로 계속 존재했다.

광남도·전남도·전광도−전라도의 여러 이름

그렇다고 하여 전라도라는 명칭이 고정되어 있었던 것은 아니다. 이런 일은 반역이나 부모·상전·수령·어른을 범하는 행위가 발생하면, 그 죄를 범한 사람이 태어나거나 거주한 읍[고을]의 등급을 내리고 이름을 바꿨다가 10년이 지나면 원래대로 복구했던 당시의 국법 때문에 발생했다. 고려왕조는 이런 일을 자주 시도하지 않았는데, 조선왕조는 일종의 연대 책임제로 지역을 통제하고 백성을 다스리기 위해 자주 시행했다. 그만큼 조선왕조의 중앙 집권력이 강해서 그러했던 것이다.

그래서 전주와 나주 지역에서 중대 범죄가 발생하면 그 곳을 광주나

남원으로 대체했다. 자연히 도명도 '전'자와 '나'자 대신에 '광'자와 '남'자
가 들어가는 명칭으로 바뀌었다. 하지만 10년 뒤 전주와 나주가 본래대
로 복구되면 도명도 다시 전라도로 환원되었다. 도명이 바뀌거나 환원
되면, 그에 따라 관찰사·병마절도사·수군절도사의 호칭도 변경되었
고, 그러면 자연히 그들에 대한 임명장을 다시 발급해 주고, 비상시 군
대를 움직일 수 있는 병부나 공문서에 찍는 관인까지 교체해야 하는 수
고가 뒤따랐다. 결과적으로 도명 변경은 행정경비가 적지 않게 추가 투
입될 수밖에 없었다.

조선왕조 500년 동안 전라도 도명의 변경은 모두 6회로 확인되고 있
다. 충청도 47회, 강원도 14회에 비교하면 매우 적은 횟수이다. 변경
된 이름으로는 광남도(光南道), 전남도(全南道), 전광도(全光道) 등 3
개가 보인다. 이들 이름의 등장 시기에 대해 김정호는 「대동지지」에서
다음과 같이 말했다.

"인조 때에 전남도로 고쳤다가 곧 옛 이름을 그대로 불렀고, 또 광남도
로 고쳤다가 곧 예전대로 불렀으며, 영조 4년에 전광도로 고쳤다가 13년
에 예전대로 불렀다."

도명이 3회 변경되었다는 말이다. 6회 변경되었으니, 김정호가 착각
한 것 같다. 따라서 전라도 역사를 정확하게 이해하기 위해서는 이를 제
대로 알 필요가 있다. 하나씩 설명해 보겠다.

첫째, 광남도. 광남도가 언제 사용되었는지에 대해서는 확인되고 있
지 않다. 하지만 인조 때에 전라도를 전남도와 광남도 두 도로 잠시 삼
은 적이 있기 때문에 그때 존재한 이름임에 분명하다. 해남윤씨 집안에

서 1640년에 '광남도 도순찰사'에게 올린 노비 관련 진정서가 있어 광남도의 존재 시기를 그 무렵으로 추정할 수 있다.

둘째, 전남도. 나주는 1645년 7월에 목에서 현으로 강등된다. 나주의 향리 양한룡이 목사 이갱생을 칼로 찔러 중상을 입힌 사건 때문이었다. 사건은 다음과 같다. 양한룡이 진상용 화살대를 훔치다가 발각되었다. 이갱생이 그를 조사하고서 감옥에 넣어버렸다. 그러자 양한룡을 따르는 사람 10여 명이 쳐들어 와서 양한룡을 탈옥시키고, 이갱생을 칼로 찌르고 말았다. 전라감사는 이갱생이 인심을 잃은 것이 쌓여서 이런 변이 있게 되었으니, 이갱생을 파직시키는 선에서 문제를 종결시키려 했다. 그러나 중앙에서는 그렇게 하면 적도들 편만 들어주게 되니 수령을 파직시키지 말고 양한룡과 그 일당을 엄히 처벌해야 한다고 주장했다. 이에 대해 국왕도 그렇게 하라고 하면서 조사관을 파견했다. 조사 결과에 따라 조정은 일당을 모두 베어 죽이고, 나주의 칭호를 현으로 강등시켜 금성이라 하고, 전라도를 전남도라고 했다. 그러다가 10여 년 정도 지나서 목으로 환원되었다. 그런데 1년도 채 지나지 않은 이듬해에 나주는 객사에 있는 전패를 파손한 일로 다시 금성현으로 강등되었다. 강등 된지 10여 년 지난 1664년에 금성현이 나주목으로 승격되어 본래의 지위를 차지했다. 이에 따라 전남도도 원래의 호칭으로 돌아가게 되었다. 결국 전남도란 이름은 1645년부터 1664년까지 무려 20년간 사용되었다. 그래서 1658년에 실시된 전라도 대동법의 운영내역을 수록한 문서 이름도 '전라도'가 아닌 『전남도대동사목(全南道大同事目)』으로 기록되어 오늘날까지 전하고 있다.

셋째, 전광도. 노론의 후원을 받은 영조가 즉위하자, 소론이 불만을 품고 '이인좌의 난'을 일으켰다. 여기에 나주 사람이 참가하여 그 벌로

1729년에 나주목이 금성현으로 강등되었고, 그 연장선에서 1735년에 전라도가 전광도로 개명되었다. 이때 충주, 청주, 원주 사람들도 참가했다고 하여 충청도는 공홍도로, 강원도는 강춘도로 각각 개명되었다. 금성현은 10년 뒤 1738년에 나주목으로 복구되었고 그와 함께 전광도도 전라도로 회복되었다. 이러한 도 명칭의 변경은 고을 등급의 강등과 함께 당시의 전국적인 현상이었다.

「전남도대동사목」(규장각). 1658년 전라도 대동법을 시행할 때 세칙을 적어놓은 것이다. 당시 도명이 '전남도'로 변경되었음을 알 수 있다.

강남-따뜻하고 풍요로운 곳

전라도는 '남도(南道)'로도 불리었다. 그 기원은 백제 때로 거슬러 올라간다. 백제는 전라도 쪽에 '남방'이라는 광역 행정구역을 두었다. 조선왕조도 전라도를 5방 가운데 남방으로 분류했다. 남방은 동물로는 주작, 방위색으로는 적색의 지역이다. 그래서 고지도를 보면, 전라도는 적색으로 채색되어 있다. 가령, 18세기 중반에 제작된 「해동지도」를 보면, 전라도 고을 이름이 적색 원 안에 적혀 있다. 정유재란 때에 도요토미 히데요시가 휘하 장수들에게 내린 전라도를 공격하라는 명령 문서에도 전라도를 '적국(赤國)'으로 표현했다. 참고로 동방은 청색이기 때문에 경상도는 청색으로, 서방은 백색이기 때문에 충청도는 백색으로, 북방은 흑색이기 때문에 평안도·함경도는 흑색으로, 중방은 황색이기 때문에 경기도는 황색으로 그려져 있다. 해남 출신의 문인화가 윤두서가 그린 「동국여지도」(고산유물전시관), 정상기(鄭尙驥, 1678~1752)가 그린 「동국지도」를 보아도 쉽게 확인된다. 전라도를 남방이라 했기 때문에 전라도는 곧 남도인 것이다.

중국은 자국의 남쪽을 강남(江南)이라 했다. 강남은 양쯔강 이남 지역이다. 양쯔강 이남에 '호남성'이라는 성이 있다. 호남성이란 호의 남쪽 성이라는 말이다. 강남은 날씨가 따뜻한 데다 산수가 수려하고 물산이 풍부해 사람이 살기 좋은 곳으로 중국인에게 알려졌다. 그래서 중국인에게 강남은 낙토(樂土)로써 늘 동경의 대상이었다. 중국 강남 또한 적색 지역이었다. 적색은 열정을 상징한다. 그래서 그런지 중국인들은 강남을 열정적인 곳으로 이해했다. 이태백·소동파 같은 수많은 시인묵객들의 음풍농월이 강남을 배경으로 이루어졌던 것도 사실이다.

우리나라에도 중국처럼 강남이 있고, 호남이 있다. 금강 이남을 강남 또는 호남이라 했다. 우리나라와 중국의 지역명 작명법이 비슷하다. 아니, 우리나라가 중국의 호칭법을 도입한 것이다. 우리에게 강남은 제비가 갔다가 머물다 오는 곳으로써, 제법 친근한 감정을 지니고 있다. 우리나라에서 강남은 전라도를 말한다. 고려 10도 가운데 강남도가 전라도 땅에 있었다. 조선초기 대 문장가 서거정이 시 속에서 말했다.

"호남은 예로부터 소강남(小江南)으로 일컬어졌으니, 이 땅은 산수의 풍
요로움이 제일이고말고."

그는 호남을 소강남이라 했다. 강남이라 하기에 너무 벅차서였던 지 약

간 도수를 낮춰 '소'를 붙였다. 전라도 또한 조선 사람들에게 가고 싶은 곳
이었다. 인심과 풍류가 넘치고 거기다가 산해진미 먹거리가 곁들어 있어
더더욱 그러했다. 누가 전라도로 벼슬 생활하러 간다면 이런 풍의 글로
가는 길을 배웅한 이가 많았다. 이런 취향은 지금도 계속된다 해도 과언
이 아니다.

전라도 안에서 순천 사람들은 자신들 고을 별호를 아예 강남 또는 소
강남이라 했다. 중국 강남처럼, 날씨가 따뜻하고 물산이 풍부해서 그러
했을 성 싶다. 순천 출신의 양반 조현범(趙顯範, 1716~1790)이 자기
지역의 미풍양속과 역사적 사실을 정리한 책을 짓고서 이름을 『강남악
부(江南樂府)』라 했다. 책 속에서 저자는 순천을 예로부터 강남이라 한
다고 읊었다.

"빼어난 경치의 호수와 바다 사이, 한 커다란 고을이 있으니, 예부터 아
름다운 강남이라 했다네."

이 책 속에서 어떤 사람은 자신의 고향 순천을 소강남이라고도 말했다.

"산천이 뛰어나게 아름답고 인물과 풍속이 번화한 까닭에 이름 하여 소
강남이라고 하였다."

순천 사람들은 자신의 고장을 강남이라고 했기에, 제비 연자를 써서
연자루(燕子樓)라는 누각을 읍성 남문 다리에 두었다. 현재는 사라지고
없지만, 당시 연자루는 순천의 명물이어서 순천을 찾는 이들에게는 답
사 코스 1번일 정도였다.

2. 호남, 전라도의 별호

병조판서 박문수가 말하기를, "대저 호서 사람들은 심지가 굳지 못하고, 호남 사람들은 교활하여 변하기를 잘하는 것은 모두 산천이 흩어져 달려가는 형국의 소치입니다. 영남에 이르러서는 둘러싸고 있는 산들이 두텁고도 높고 흐르는 냇물이 한 방향으로 돌아가고 있는데, 우리나라의 대유 가운데 4현이 이곳에서 나왔고 큰 도둑 견훤·궁예 또한 이곳에서 났으니, 이는 그 산천의 풍기가 현인이 나면 반드시 대현(大賢)이 되고 악인이 나면 반드시 대악(大惡)이 되기 때문입니다. 〈영조실록 14년 8월 9일〉

위 기사는 흩어져 달아나는 산천 형국 때문에 호서 사람은 심지가 약하고 호남 사람은 마음이 교활하다는 말로 해석된다. 그런데 실제는 그런 사람도 있었지만, 반대로 역사를 옳은 방향으로 이끈 심지가 굳은 호서 사람과 마음이 정직한 호남 사람이 많았습니다. 또한 영남은 산이 두텁고 냇물이 한 방향으로 흘러 그곳에서 큰 학자가 나왔다는 말도 위 기사에 들어 있습니다. 그런데 박문수 말처럼 이와는 달리 자기 나라를 '배반'한 견훤과 궁예가 영남에서 나왔습니다. 여러분, 산천형국[풍수지리설]과 역사현상을 어떻게 해석해야 할까요?

호남-금강의 남쪽

강남도·산남도처럼 산천을 경계로 하던 광역 행정구역 이름이 다시 전라도·경상도처럼 도시를 모태로 하는 방법으로 되돌아갔다. 그래서 산천을 경계로 한 호남(湖南), 영남(嶺南), 해서(海西) 등 도의 별호가 등장하게 되었다. 하지만 호남 등 별호는 조선시대에 들어와서야 널리 사용되기 시작했다. 이제 이 점에 대해 알아보도록 하겠다.

전라도라는 이름은 공식 행정명이다. 그런데 전라도와 동일한 의미를 지니는 용어로 '호남(湖南)'이 있다. 국어사전에도 있듯이, 현재 호남이란 전라남도와 전라북도 그리고 광주광역시를 아울러 이르는 말이다.

우리 민족에게 별호의 역사는 유구하고 광범위하다. 동이(東夷)나 해동성국(海東盛國)에서 보이듯이, 민족이나 국가 이름에도 별호가 있었다. 홍문관을 옥당(玉堂)이라고 했듯이 관부 이름에도 별호가 있었고, 사람 이름에도 별호가 있었던 것은 널리 알려진 사실이다. 그리고 지역 이름에도 별호가 있었고, 심지어 물고기나 꽃나무에도 갖가지 별호가 있어 그것을 아는 것도 보통 일이 아니다.

전라도의 별호로 강남이 있었다. 그런데 어느 순간엔가 호남으로 교체되었다. 호남이란 '호의 남쪽'이라는 말이다. 그러면 이 호수는 어느 '호'를 말할까? 몇 가지 설이 있지만, '벽골제 설'과 '금강 설'이 가장 널리 알려져 있다.

우선, 김제에 있는 벽골제를 호남의 호로 보는 기록이 있다. 그래서 그 기록에는 벽골제 이남을 호남, 이서를 호서라 한다고 적혀 있다. 벽골제의 역사가 오래 되고 그 크기가 커서 나온 말인 것 같은데, 이는 사리에 맞지 않는 면이 있다. 너무 밑으로 내려와 있기 때문이다.

또한, 금강을 호강(湖江)이라고도 했다. 그래서 호강 이남을 호남으로 보아야 한다는 설이 가장 설득력이 있다. 그러면 금강 이남이 호남이 되고, 호남은 곧 강남이 된다. 금강 이남은 전라도이기 때문에, 호남은 곧 전라도이다. 『동국여지승람』에 들어 있는 「팔도총도」라는 지도를 보면, 전라도 영역은 지금의 금강과 섬진강 사이에 있는 것으로 표시되어 있다. 따라서 금강 이남이 호남인 것이다.

그러면 언제부터 호남이라는 말이 사용되기 시작했을까? '강남도'가 고

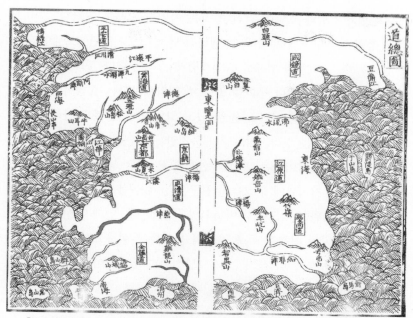

『동국여지승람』속의「팔도총도」. 지금의 금강과 섬진강 안에 전라도 영역이 들어 있다.

려 초기에 등장했기 때문에, 호남도 이 무렵에 나왔을 것 같다. 하지만 현재 확인된 바로는 몽골 침략이 한창인 고려 중기 13세기에 처음 사용된 용례가 발견되고 있다. 강진 만덕산 백련사를 이끌던 천인(天因)이라는 승려가 지은 시에 등장한 것이다. 하지만 호남이라는 말은 14~15세기, 즉 고려 말~조선 초에 본격적으로 사용되기 시작했다. 그러다가 16세기에 이르면 호남이라는 지역명이 일반화 단계에 이른다. 이때는 사림세력이 등장하는 시기인데, 서울 보다는 지방에 대한 정체성을 강하게 지니고 있는 그들의 취향과 부합된 결과였다. 임진왜란이 끝나고 17세기에 접어들면 공식 명칭인 전라도보다 호남이라는 별칭이 더 많이 사용되었다. 이는『조선왕조실록』을 조사한 결과인데, 일반 민간에서도 이와 별반 차이가 없을 정도로 호남이라는 호칭을 더 선호했다.

하지만 전라도와 호남이 각각 풍기는 이미지는 사뭇 달랐다. 전라도라고 하면 딱딱하고 인위적 또는 행정적 냄새를 풍기지만, 호남이라 하면 토속적 또는 지역적 냄새를 자연스럽게 느끼게 했다. 그래서 인지 몰라도 사람들은 감정이나 문화를 말할 때 전라도보다는 호남이라는 명칭을 더 많이 사용했다. 이런 점을 잘 알고 있었기에, 정부도 관리 임명장이나 행정 문서에는 전라도라고 기재하지만, 세금을 징수하거나 군대를 징발할 때에는 호남이라는 명칭을 선호했다. 이는 농토가 넓고 인구가 많은 전라도의 지역민에게 그들의 친근한 감정을 불러일으켜 소기의 목적을 달성하기 위한 의도에서 비롯되었을 것 같다. 일제가 서울과 목포를 연결하기 위해 대전과 목포 구간의 철도를 부설하고서는 노선 이름을 '대목선(大木線)'이라 하지 않고 호남선이라 했다. 이는 도시 이름을 따서 경인선, 경부선으로 명명하던 패턴을 최초로 이탈한 작명법이다. 감성에 호소하여 수탈을 강화하기 위한 술책이 아니었을까?

'약무호남 시무국가'-즐겁거나 슬플 땐

그래서 전라도 사람들은 자신들의 자랑스러운 역사를 말할 때에 '전라도' 대신 '호남'을 선호했다. 보성 출신의 안방준이 1632년(인조 10)에 호남의 절의인물을 추앙해야 한다면서 이귀(李貴)에게 보낸 서신 속에 다음과 같은 말이 들어있다.

"아! 임진왜란을 극복한 것은 호남이 보전된 데 연유하고, 호남이 보전된 것은 여러 의병이 봉기한 데 연유하고, 여러 의병이 봉기한 것은 제봉 고경명이 앞장 서 일을 추진한 데 연유하니, 소생이 반복해서 상세하게 아뢰겠습니다."

안방준을 포함한 호남의 엘리트들은 임진왜란 극복의 원동력을 '호남 의병'의 봉기로 인식하고 있었다. '전라도 의병'으로 표현하지 않았다는 말이다. 호남이라 하건 전라도라 하건 간에 그게 뭐가 그리 중요하냐고 반문할지 모르겠다. 그렇지가 않다. 어떤 용어를 사용하느냐는 감성적인 측면에서 그것이 발휘하는 메시지와 위력이 상당히 다르다.

전라도의 힘이 필요할 때 전라도 사람들은 '호남'을 주창하며 도민들의 협조를 구했던 사례는 한말에도 계속되었다. 그들은 항일의병을 일으킬 때에 '호남 창의'라 했다. 1905년 을사늑약이 체결되자, 진안 출신 이석용이 '호남의병 창의동맹'을 조직하여 마이산에 설치하고서 일본 헌병대와 싸웠다. 또한 장성 출신 기삼연은 1907년 10월에 장성의 수련산에서 '호남창의 회맹소'를 결성하여 후기 의병의 활성화에 크게 기여했다. 기삼연이 순국하자 그의 의병정신을 본받으려는 새로운 의병장들이 다양한 계층에서 등장했다. 김준은 동생 김율과 함께 대장 기삼연의 뒤를 이었다. 김준 등이 이끈 의병부대는 결사항전의 의지를 불태우며 나주·함평·광주 등지에서 활발한 유격투쟁을 전개했다. 전해산은 영광·함평·나주 등 주로 서부지역에서, 심남일은 김율의 순국 후 함평과 강진을 축으로 하는 남부지역에서, 안규홍은 보성·순천·광양 등의 동부지역에서, 황준성은 해남·완도 지역에서 각각 눈부신 항일투쟁을 전개했다. 1907년 후반 이후에는 전국 어느 곳이나 의병 전쟁의 무대가 아닌 곳이 없었다. 그 중에서도 후기 의병의 중심지는 단연 전라도였다. 이 시기 전라도 의병의 활동에 대해서는 역사가이자 독립운동가인 박은식이 이미 높이 평가한 바 있다.

"대체로 각 도의 의병을 말한다면 전라도가 가장 많았는데, 아직까지 그 상세한 사실을 얻을 수 없으니 후일을 기약한다."

실제로 전라도 의병활동은 1908년 교전 횟수와 교전 의병수에서 각각 25%와 24.7%, 1909년에는 각각 47.2%와 60%를 차지할 정도로 단연 압도적이었다. 이제 전라도는 의병항쟁의 중심지가 되었다. 전라도 지역의 의병들은 일제의 이른바 '남한폭도 대토벌작전'이 실시될 때까지 불굴의 항전을 계속했다. 이들은 화승총의 개조와 신무기의 확보를 통해 투쟁역량을 강화해갔고, 전술을 정면공격에서 유격전술로 전환했다. 그리고 의병부대끼리 연합전선을 강화해갔고, 지역 주민과의 유대관계를 강화함과 동시에 장기 항전을 위한 국내 의병기지의 건설을 추진했다.

전라도 사람들은 노래를 지어도 제목에 호남을 넣었다. 전라감사 이서구가 지었다 하고, 민간에서 전승되어 오는 것을 신재효가 고쳤다는 「호남가」를 보자. 가사가 '함평 천지 늙은 몸이, 광주 고향 바라보니'로 시작해서 '여산석에 칼을 갈아, 남평루에 꽂았으니'로 후반부를 장식한다. 지은이는 전라도 고을의 특징을 하나하나 나열하여 가사를 만들었다. 그래놓고는 제목에 호남을 넣었다. 노랫말 속에도 '우리 호남 굳은 법성, 전주 백성 거느리고'하여 호남이 등장한다. 김삿갓[김병연]이 지었다는 「호남시」도 이와 비슷하다. '하늘이 고산으로 장성을 쌓았으니'로 시작해서 '정의와 대정은 푸른 바다 섬이라네'로 끝난다. 고산, 장성, 정의, 대정 등 전라도 고을 이름을 활용하여 시를 지었다. 그래놓고는 제목에 호남을 넣었다. 시 속에서 '호남의 제주에는 바다가 잔잔하니'라며 호남을 언급했다. 결론적으로 전라도 전체를 다룬 노래의 제목에 전라도는 없고 호남만 있었던 것이다.

이런 방식들은 어떤 의미가 있는 것일까? 지역 정체성의 강조일 것 같다. 이를 알기라도 하였던지, 임진왜란이 한창인 1596년에 이원익이 말했다.

"전라도는 임진년의 병란 이후로 국가에 공이 많거니와, 양반 중에서 근왕한 자는 다 호남 사람입니다."

비슷한 시기에 이순신도 '약무호남(若無湖南) 시무국가(是無國家)'라며 이원익과 거의 같은 말을 했다. 호남이 없으면 이 국가도 없다는 뜻이다. 1794년에 제주목사 심낙수는 임진왜란 때에 나라를 중흥시킨 것은 호남의 힘이었다고 말했다. 조선의 유명 인사들은 전라도의 힘이 필요할 때는 '전라도'라 하지 않고, '호남'이라 말했다. 18세기 후반 이후에는 정부도 지리지를 편찬하면서 『호남지도』, 『호남읍지』, 『호남진지』등 호남 명칭을 사용했다.

전라도 사람들도 자신들의 자랑스러운 역사를 기록할 때에도 어김없이 호남이라는 말을 제목에 집어넣었다. 예를 들면 안방준은 임진왜란 때에 의로운 행동을 한 사람들의 열전을 『호남의록』이라 했다. 전라도 선비들은 병자호란 때에 의병을 일으킨 동향 사람들의 기록을 『호남병자창의록』에 담았다. 광주 출신 고정헌은 전라도 출신의 역대 의병들을 방대한 『호남절의록』에 담았다. 여기에 그치지 않고, 충신·효자·열녀에 대한 기록을 『호남삼강록』에 수록했다. 이런 경향은 오늘날까지 지속되고 있는 실정이다.

삼남·양호·양남—다정한 이웃

전라도는 역사시대의 개막과 더불어 하나의 생활 영역으로 자리를 잡아가기 시작했다. 그러면서 자의든 타의든 간에 늘 인근 지역과 협력관계를 유지해왔다. 고려시대 때에는 어떤 용어가 있었는지에 대해서는 현재 알 수 없다. 하지만 조선시대에 들어오면 삼남, 양호, 양남 등의 말이 있어 전라도 사람들은 이웃 지역 사람들과 협력했다. 하나씩 알아보자.

첫째, 삼남(三南). 삼남이란 전라도, 충청도, 경상도를 통틀어 이르는 말이다. 세 도가 한 무리로 취급되었음을 알 수 있다. 국초에는 세 도를 하삼도(下三道)라 불렀다. 과전법에서 관리들에게 과전을 나누어 줄 때 처음에는 경기도 땅만 대상으로 했다가, 나중에 하삼도까지 넓혔다. 경기도와 하삼도를 나름 구분했음을 알 수 있다. 그런데 16세기 전반부터는 '하'자가 못마땅했는지 삼남이라고 불렀다. 모두 수도 남쪽에 있는 지역이라는 뜻인데, 조선시대 내내 국가경제의 중심지로 인식된 이름이었다.

둘째, 양호(兩湖). 호남의 동쪽에는 소백산맥과 섬진강이 남북으로 뻗어 호남과 영남을 구분하고, 호남은 북쪽으로 금강을 경계로 호서와 접한다. 큰 강과 높은 산을 경계로 영남·호서와 접하고 있지만, 이들 지역과 교류가 어려웠던 것은 아니다. 수많은 고개나 나루터를 통해 호남은 영남·호서와 물자를 주고받고 학문을 가르치고 배우며 활발하게 교류했다. 중앙에서는 양호라 하여 호서와 호남을 하나로, 양남이라 하여 영남과 호남을 하나로 불렀던 것은 이러한 연유에서였다.

양호란 호남과 호서, 즉 전라도와 충청도를 통틀어 이르는 말이다. 두 도가 한 무리로 취급되었음을 알 수 있다. 호남이나 호서가 16세기부터 널리 쓰이기 시작했으니까, 양호 또한 그때부터 일반화된 이름이다. 서울과 전라도를 육로로 왕래하려면 충청도를 거쳐야 하기 때문에, 양호는 지역적 유대의식이 강한 의미를 담고 있다. 호서와 호남은 백제·후백제 시절에 한 영토였다. 따라서 서로 문화가 공존할 가능성은 그 어느 지역보다 높은 편이다. 사실 조선시대에 호남 인사들은 호서 출신들과 가장 활발히 교류했다. 그 결과 유사시에 호서와 호남은 하나로 움직였다. 후금이 1627년 1월 13일에 압록강을 건너 의주를 공격한 후 청천강 이북을 휩쓸었다. 정묘호란이 발발한 것이다. 이에 인조 임금은 김장생을 '양호 호소사(兩湖 號召使)'로 임명하고서 호서와 호남에서 의병을 모집하여 본인을 돕도록 명했다. 서인의 대표적인 인사이자 80세의 원로 학자인 김장생은 충청도 출신으로 호서는 물론이고 호남에 많은 지인을 두고 있던 사람이다. 그는 전라도 여산에 막부를 설치하고 양호 여러 고을에 격문을 보내고서 의병을 모집했다. 그 결과 68명으로 의병진이 구성되었는데, 호남 출신은 60명이고 호서 출신은 8명에 불과했다. 이는 호남 사람들이 대장이 호서 출신이라는 점에 구애받지 않고 양호는 하나라는 연대의식을 발휘하여 대거 의병에 뛰어들었다는 사실을 말해준다. 이런 사실을 호남 선비들은 『양호거의록』이라는 문서를 만들어 그 속에 기록했다.

셋째, 양남(兩南). 양남이란 호남과 영남, 즉 전라도와 경상도를 통틀어 이르는 말이다. 이 두 도가 한 무리로 취급되었음을 알 수 있다. 양남 역시 16세기부터 널리 사용되었다. 수도 서울에서 남쪽으로 가장 먼 곳에 위치한 곳이기 때문에, 양남은 변방과 소외라는 의미를 담고 있다. 하지만 토지와 인구가 가장 많은 곳이기 때문에, 경제와 군사 측면에서 가장 중요한 곳이라는 의미도 담고 있다. 전라도와 경상도는 습속도 비슷했다. 이 점에 대해 경상도 사람 정경세가 1627년에 말했다.

"진주 이하는 지역이 서로 연접해 있어 두 도의 습속이 상당히 서로 비슷합니다."

인접하여 처한 입장이 같은데다 습속도 비슷해 양남은 외적이 침입한 위기 때마다 늘 연대했다. 임진왜란이 개전하자마자 경상도 수군이 와해되어 구원 요청이 왔을 때, 전라도 수군 장수들은 "적을 토벌하는 데에 우리 도와 남의 도가 따로 없다"고 말하며 출전하여 거제도 옥포 앞바다에서 경상도 수군과 함께 왜군과 싸워 승리를 거두어 전세를 역전시키기 시작했다. 왜 대군이 진주성을 공격하려 할 때 나주 출신의 의병장 김천일이 말했다.

"지금 호남은 국가의 근본이고 진주와 호남은 입술과 이의 관계인데, 진주를 버리면 그 화가 호남에 미칠 것이다."

명과 조선의 주력부대는 중과부적이라며 기피하고 있었지만, 김천일은 물론이고 양산숙·고인후 등 전라도 의병장들은 진주를 지키기 위해 경상도 군인들과 함께 성 안으로 들어갔다가 장렬하게 순국했다(제2차 진주성 전투). 장성 출신 노사 기정진(奇正鎭, 1798~1879)의 문하에 영남우도 선비들이 찾아와서 성리학을 연구한 적도 있었다. 양남의 연대와 관련하여 다음과 같은 정치적 사실도 있다. 박정희 정권 이전, 즉 이승만이 집권하고 있던 시절의 선거에서 남북 현상이 나타났다. 북쪽의 지지를 받는 이승만에 대항하기 위해 호남과 영남이 연대하여 반대표를 던졌다. 이러한 결과는 영남과 호남이 이전부터 유사한 정서를 공유하고 있었음을 증명할 것이다. 조선시대에 서울에서 경상도 통영가는 길이 전주~임실~남원~함양~진주 노선이었다는 것은 이 두 지역이 긴밀히 교류했음을 알려 준다.

양남은 때로는 선의의 경쟁을 펼치기도 했다. 장성 출신 김인후가 사후 236년 만인 1796년에 문묘에 배향되었다. 문묘 배향은 우리나라 최고 학자의 반열에 오른 것으로 영광스러운 일이다. 그러자 영남 유림들이 들고 일어났다. 이황의 학통을 계승한 자기 지역 출신의 류성룡, 김성일, 정구, 장현광도 문묘에 배향하게 해달라는 상소를 올렸다. 영남 유림들은 이 분들을 배향하고 있는 서원에서 막대한 경비를 지원받아 상소를 준비했다.

　이러한 대결보다는 상호 협력의 시간을 호남과 영남은 더 많이 보여왔다. 그런 역사적 경험을 도외시한 채, 오늘날의 전라도와 경상도 갈등을 확대 해석하는 사람들이 적지 않다. 최근 영호남 8개 광역자치단체가 영호남 지역의 공동발전과 상생협력을 위해 '남부권 초광역경제권' 구축과 남해안 철도 조기건설 또는 '광주~대구 달빛 내륙철도'의 조기건설 등에 힘을 모으기로 했다 한다. 그러면서 갈등의 시대를 이제는 끊어야 한다고 했으니, 반가워하지 않을 수 없다. 수도권이 갈수록 비대화 되고 있는 상황에서, 더 이상의 양남 갈등은 양자 모두 자멸로 가는 길이라는 점을 깊게 생각할 필요가 있다.

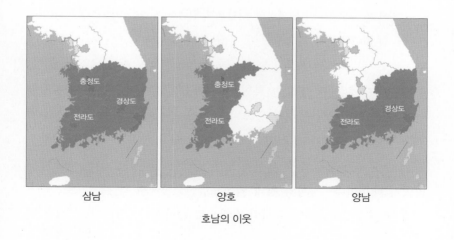

삼남　　　　　　　　양호　　　　　　　　양남

호남의 이웃

풍수지리-지역감정의 근거?

삼남, 양호, 양남을 통해서 확인할 수 있듯이, 흔히 지리와 역사는 상호 밀접한 관계를 지닌다고 말한다. 이 말은 지리가 역사에 영향을 끼친다는 것이다. 자연 지형을 토대로 한 삶의 양식이 자연히 그 지역사에 영향을 미칠 수밖에 없다는 말이다.

그렇다고 지리가 역사를 지배할 수는 절대 없다. 우리 인류는 늘 지리적 한계를 극복해왔고, 반대로 지리적 장점을 극대화 해왔기 때문이다. 따라서 어느 강은 서울을 등지고 흐르기 때문에, 그 강의 남쪽 사람들 또한 인심이 그럴 것이니 요직에 앉히지 말라는 '풍수지리설'에서의 주장처럼 절대 그렇게 될 수 없다. 태조 왕건이 죽을 무렵에 남겼다는 「십훈요」 가운데 제8조에 다음과 같이 적혀 있다.

"차현(車峴) 이남과 공주강(公州江) 바깥쪽은 산형과 지세가 모두 (개경) 반대 방향으로 뻗었으니 인심 역시 그러하다. 그 아래 주군(州郡) 사람이 조정에 들어와 왕후 국척과 혼인하여 국정을 잡게 되면 혹여 국가의 변란을 일으킬 수도, 혹여 합병당한 원한으로 임금을 시해하려는 소동을 벌이기도 할 것이다."

이는 풍수에 '문제'가 있는 차현[차령]과 공주강[금강] 이남 지역 사람들은 반란을 일으킬 우려가 있으니 그들을 조정에 절대로 등용하지 말라는 말이다. 그런데 왕건이 말한 것처럼 되지 않았다. 차현·공주강 이남 출신 사람들이 조정 요직에 왕건 당대는 물론이고 그의 사후에도 많았기 때문이다. 왕비와 왕의 외척으로, 궁궐에서 왕 측근으로, 과거 급제 후 수상으로, 지방 요지의 장관으로 활약했다. 한마디로 「십훈요」

의 제8조는 터무니없음이 드러났고, 그래서 「십훈요」 전체에 대한 위작설마저 제기된 바 있다. 일본 학자까지도 위작설을 제기했다. 이럼에도 불구하고 이 말을 어떤 목적을 달성하기 위해 필요할 때마다 이용해 먹은 사람들이 최첨단 과학이 생활화되어 있는 오늘날까지도 적지 않다. 그러면 수도를 다른 곳으로 옮기면 어떤 일이 벌어질까? 다른 어떤 지역은 산과 물이 거꾸로 흐르는 '배역의 고향'이 될 수밖에 없다. 또 옮기면 어떻게 될까? 죄 없는 사람을 범죄자처럼 취급하는 악순환만 반복될 것이다. 이런 비이성적인 역사관을 우리는 이제 완전히 탈피해야 한다.

또한 역사가 지리를 지배할 수 없다. 어느 지역 출신의 누군가가 반란을 일으켰다고 하여 그 지역 사람들이 죄다 반란군으로 태어나는 것이 아니기 때문이다. 그런데 어떤 사람들은 특정 지역의 역사를 엉뚱하게 이용하곤 한다. 1467년에 이시애가 길주에서 반란을 일으키자, 이후 한동안 함경도를 통째로 차별대우한 바 있다.

또 다른 사례를 보자. 1728년에 '이인좌의 난'이 일어났다. 소론 사람들이 반란을 일으켜 영조를 몰아내고 밀풍군 이탄을 왕으로 앉히려는 것이었다. 이때 충청도 청주 출신 이인좌가 도원수가 되었다. 그리고 경상도 안음에서 살고 있던 정희량이 원수가 되어 안음·거창·합천·삼가 등의 여러 고을을 잠시 점령한 바 있었다. 경상우도 지역은 반란에 직접 가담했다고 하여 가혹한 보복을 받았다. 이에 그치지 않고 경상우도의 풍속이 흉악하고 사납다고 하면서 그곳 사람들을 철저히 배제하는 정책이 실시되었다. 모의에는 가담했다가 실행 단계에서 빠져나와 밀고를 하고 토벌군을 일으킨 경상좌도에 대해서는 지원을 하는 경상도 분열책을 쓰기도 했다. 한두 사람 때문에, 임진왜란 때에 목숨을 생각하지 않고 나라를 구하기 위해 의병을 크게 일으켰던 경상우도 전역이 '반역의 고향'이 되고 말았다. 이런 차별은 영조의 뒤를 이른 정조 때에 와서야 완화되기 시작했다.

앞의 이야기를 토대로, 우리의 논의를 전라도로 모아보자. 한반도 서남부 남단에 바다로 둘러싸인 전라도는 바다를 건너 서쪽으로는 중국, 동남쪽으로는 일본과 마주하고 있다. 그래서 전라도 지역은 일찍부터 육로를 통해 대륙과 교류하면서도 바다를 통해 중국·일본과 활발하게 교류해 왔다. 이러한 지리적 위치 때문에 대륙문화보다는 해양문화가 전라도에 더 많은 영향을 미칠 수밖에 없었다. 해양에는 정해진 길이 없다. 바람과 물길만 맞으면 어디든지 내 맘대로 배를 몰고 갈 수 있다. 이런 점 때문에 전라도 사람들은 학연과 지연 및 혈연에 얽매이지 않고 비교적 자유롭게 생각하고 출입한 면이 다른 지역보다 더 강했다. 그런 다양성 때문에 늘 새로운 역사를 펼치고 창조적 문화를 여는 데에 앞장섰다. 이는 선종을 받아들여 골품제 사회를 무너트리며 호족사회를 열고, 절의사상을 주창하며 척신정치를 청산하고 사림정치를 열고, 동학농민운동을 일으켜 봉건사회를 타파하고, 5·18민주화 운동으로 민주사회를 구현하는 데에 앞장섰던 역사에서 증명되었다.

망국적인 지역감정을 타파하기 위한 행정구역 개편 논의가 여러 번 있었다. 그때 천 년간 운영된 도(道) 제도를 없애고, 갑오개혁에서 일시 시행한 바 있는, 즉 현재의 일본식 제도가 거론되기도 했다. 근래는 이런 논의가 광역시 승격론에 가리어 뜸하지만, 생활권과 문화권을 무시한 인위적 행정구역 개편은 혼란만 가중시킬 것이다. 과거 정권에서 무분별하게 시(市) 승격을 단행했다가, 오랫동안 하나의 권역으로 생활한 주민들에게 오히려 불편을 주고 다시 통합한 사례가 그 교훈이 될 것이다. 지역감정 그 자체에서 문제를 찾아야지, 엉뚱하게 다른 것에서 찾으면 부작용이 클 수밖에 없다는 말로 받아들여주면 좋겠다.

전라도의 산과 강

전라도의 지형은 소백산맥·노령산맥 줄기의 동남부 산악지대, 그리고 여러 강 유역의 서북부 평야지대로 크게 나눌 수 있다. 두 산맥에서 발원한 물줄기 가운데 하나는 금강·만경강·동진강·영산강이 되어 서해로 흐르고, 또 하나는 탐진강·섬진강이 되어 남해로 흐른다. 작은 강물이 하나로 합쳐져서 큰 강을 이루는 평안도·경기도·경상도와는 달리 전라도에는 여러 개의 물줄기가 흐르는 것이다.

또한 큰 산과 강을 울타리처럼 삼아 타 지역과 경계를 이루는 경상도와는 달리 전라도는 물줄기가 많고 사방으로 열려 있다. 그만큼 개방적이고 다양한 문화를 지닐 수밖에 없다. 이러한 전라도의 지역성에 대해 집단성이 강한 지역에 살고 사람들이 종종 부정적 평가를 해왔다.

다양성이 강한 지역색을 전라도에 대한 부정적 평가의 근거로 삼는 것은 결코 정당화될 수 없다. 오히려 다양성이 우리 역사를 창조적으로 계승·발전시키는 데에 큰 원동력이 되었다고 보아야 함이 온당할 할 것이다.

3. 전북 · 전남과 광주로 나눠지다

전국의 23개 부를 13개 도로 개정하였는데, 수부(首府)의 위치는 경기도는 수원, 충청북도는 충주, 충청남도는 공주, 전라북도는 전주, 전라남도는 광주, 경상북도는 대구, 경상남도는 진주, 황해도는 해주, 평안남도는 평양, 평안북도는 정주, 강원도는 춘천, 함경남도는 함흥, 함경북도는 경성이다. 〈고종실록 33년 8월 4일〉

조선 정부는 갑오개혁을 추진하면서 8도를 23부로 잠시 나눈 바 있고, 곧 이어 1896년에 다시 13도로 개편했는데 바로 이때 전라도가 전라북도와 전라남도로 나뉘어졌고, 전북의 치소는 예전처럼 전주에 두었지만, 전남의 치소는 새로이 광주에 두었습니다. 근래에 광주광역시가 전남에서 분리되어 오늘에 이르고 있습니다. 그러면 이 이전에는 행정적이든 편의상이든 전라도를 나누는 방법은 없었을까요? 좌도 · 우도, 상도 · 하도, 산읍 · 해읍 등으로 나누었던 방법들이 있었는데, 그 의미는 무엇인지에 대해 하나씩 알아보겠습니다.

좌도 · 우도-문화가 다르고

조선왕조는 행정 편의를 위해 한 도를 좌도와 우도, 또는 동도와 서도, 혹은 남도와 북도 등으로 나누어 통치했다. 그 가운데 평안도 · 함경도는 남도와 북도로, 강원도는 동도와 서도로, 그리고 전라도 · 충청도 · 경상도는 좌도와 우도로 각각 나누어졌다. 이 가운데 좌도와 우도는 지도를 펴놓고 서울에서 내려다 볼 때 왼쪽을 좌도, 오른쪽을 우도라고 했다. 남북으로 뻗어 있는 큰 길 따라 그 주변을 각각 좌도와 우도로 묶었던 것이다. 전라도의 경우 좌도(左道)에는 지리산 산록에 접한 24개 고을이 속했고, 우도(右道)에는 서남부 평야 지대에 들어선 33개 고을이 속했다. 우도가 더 넓었음을 알 수 있다.

한 도를 좌도와 우도로 나누었기 때문에, 여러 분야의 국정이 좌도와 우도로 나뉘어 각각 운영되었다. 우선, 수영이 왼쪽 바다를 지키는 좌수영과 오른쪽 바다를 지키는 우수영으로 분설되어 있었다. 그리고 암행어사도 좌도암행어사와 우도암행어사로 따로따로 파견되어 각기 좌도와 우도를 감찰했다. 또한 과거를 주관하는 시험관도 좌도경시관과 우도경시관으로 나뉘어 파견되었다. 이 외에 토지를 측량하거나 작황을 조사하러 내려오는 경차관이라는 관리도 좌도와 우도로 나뉘어졌다. 국정의 여러 분야가 좌도와 우도로 나누어 집행되었던 것이다.

이는 길 따라 통치권을 행사하려는 편의주의에서 비롯된 것이지만, 본질적으로는 좌도와 우도의 지리적 조건이 다른데서 유래된 것이다. 그래서 1519년에 중종 임금은 아예 전라도를 경상도와 함께 좌도와 우도로 분도하려고까지 했다.

"경상·전라 두 도는 각각 좌도·우도로 나누어 두 감사를 두고 싶다."

뜻은 이루어지지 않았지만, 그만큼 좌도와 우도는 풍습이나 문화 측면에 있어서도 서로 상이했다. 가령 농악의 경우 좌도의 '좌도농악'과 우도의 '우도농악'으로 구분되었다. 좌도농악은 복색은 비교적 간소하고, 빠른 가락이 많으며 동작이 빠르고 단체연기에 치중한다. 이에 반해 우도농악은 복색이 화려하고, 느린 가락이 많으나 가락이 다양하고 개인연기에 치중하는 특징이 있다. 판소리의 경우 좌도의 동편제와 우도의 서편제로 구분되었는데, 동편제는 우직한데 반해, 서편제는 애절한 편이다.

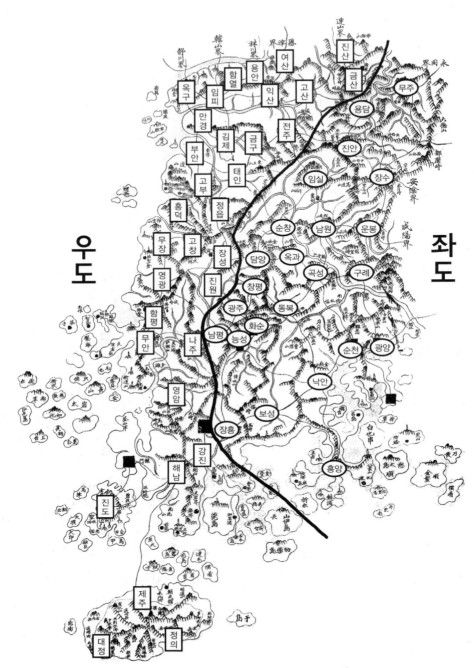

전라도의 좌도와 우도. 57읍 가운데 좌도는 24읍, 우도는 33읍이다.
우도가 9읍이 더 많으니, 그만큼 평야가 많음을 알 수 있다.

상도·하도―노령을 경계로

사람들은 전라도를 상도(上道)와 하도(下道)로 나누어서 파악하기도 했다. 상도와 하도는 조선초기에 조창 관할 구역을 논의할 때에 거론된 바 있었는데, 상도 지역은 어느 조창으로 그리고 하도 지역은 어느 조창으로 각각 세곡을 보낼 것인가를 말할 때 나왔다. 그리고 1601년에 전라도 관찰사 이홍로가 전라감영의 이전 문제를 논하면서, 나주는 하도에 치우쳐 안좋고, 전주는 상도에 치우쳐 또한 적당치 않다고 말한 바 있다. 전라도의 북쪽을 상도라 하면서 전주를 대표 도시로 꼽았고, 남쪽을 하도라 하면서 나주를 대표 도시로 꼽았음에 분명하다.

그러면 상도와 하도의 경계선은 어디였을까? 별다른 의미 없이 단지 위쪽에 있다거나 아래쪽에 있다는 정도로 거론하지는 않았다. 아마 노령(蘆嶺)을 경계로 나누었을 것 같다. 노령을 경계로 전라도를 양분해서 파악했던 사례는 여러 곳에서 발견된다. 유형원은 『반계수록』에서 김제의 벽골제, 고부의 눌제, 익산의 황등제 등 세 저수지가 황폐해져 있는데, 이를 잘 보수하여 물을 가득 담아 놓기만 하면 노령 이북은 영원히 흉년이 없을 것이라고 말했다. 노령 이북은 상도를 지칭할 것 같다. 허목은 광주목사로 부임하는 곽문징을 떠나보내는 글에서 말했다.

"광주는 산수가 아름다운 곳에 위치하고 있는 데다 인구가 많고 물산이 풍부하여 노령 남쪽의 큰 도회로 꼽힌다."

전라도 남부를 노령을 경계로 나누었음에 분명하다. 정약용은 『경세유표』에서 전라도 복판에는 노령이 가로 뻗쳐서 남북 경계선과 같다고 했다. 고종 때에 전주에서 무과 시험이 치러졌는데, 마병의 경우 노령 이북 사람만 응시하게 했다. 반대로 다른 때 시험에서는 노령 이남 사람만 응시하게 했다. 노령 이남과 이북을 나누어서 과거 시험을 운용했음을 알 수 있다.

이처럼 사람들은 노령을 경계로 전라도를 상도와 하도로 나누었다. 광주, 나주 등 전라도 남쪽으로 내려오려면 노령은 꼭 넘어야 할 고개였다. 그래서 고려 현종이 거란 침입 때 노령을 넘어 나주로 피란왔다. 이런 사례로 인해 노령은 옛 글에 자주 등장한다. 한편, 노령은 본래 위령(葦嶺)이라고 했다. 고갯길이 사나워 도적이 떼를 지어 있으면서 대낮에도 살육과 약탈을 하여 길이 통하지 않은 때가 잦았다. 그런데 한림원의 이생(李生)이 사신으로 왔다가 장성의 기생 노(蘆)의 아름다움에 매혹되어 돌아가지 않고 노와 함께 죽어서 고개 아래에 같이 묻혔다. 그래서 '위' 대신 '노'를 넣어 노령이라 부르게 되었다고 한다. '위'와 '노'는 모두 '갈대'라는 뜻이어서 고개 이름을 방언으로 '갈재'라고 한다. 어떠하든 상도와 하도 구분법은 후일의 북도와 남도 구분법과 동일하다는 점에서 의미 있다.

산읍·해읍-세금이 다르고

그리고 조선왕조는 산과 접하고 있느냐 아니면 바다와 접하고 있느냐에 따라 한 도를 산읍(山邑)과 해읍(海邑)으로 분류했다. 세곡선을 출항시키는 해창에서 1백 리 이상 떨어진 고을을 산읍으로 분류했다. 순전히 세금 때문에 산읍과 해읍을 나눈 것이다. 이리하여 전라도의 경우 산읍은 27개, 해읍은 30개 고을이었다. 대부분 좌도를 산읍으로, 우도를 해읍으로 분류했지만, 좌도 가운데 해읍으로 들어가거나 우도 가운데 산읍으로 들어가는 등 일부는 그렇게 하지 않았다.

산읍과 해읍은 처한 지리적 조건의 다름에 따라 산출이 서로 달라 조세 납부 방법에 차이가 있었다. 가령 논이 많은 해읍은 조세를 원래대로 무거운 쌀로 가까운 조창에 납부하도록 했고, 반면에 밭이 많은 산읍은 가벼운 포목으로 바꾸어 먼 조창에 납부하도록 했다. 이는『속대전』이라는 법전에도 규정되어 있다. 그런데 조선후기에 '상평통보'라는 동전이 유통되자 세금을 돈으로 환산하여 납부하기 시작했다. 편리함 때문에 돈으로 내는 것은 확대되고 있었다. 이러한 전국적인 추세 속에서도 유독 전라도만은 편리한 전납(錢納)이나 포납(布納)은 그대로 묶이고 불편한 미납(米納)이 계속 고집되고 있었다. 그리하여 전라도 전세의 경우 포납은 무주 한 군데뿐이었고, 나머지는 전부 미납 지역이었다. 이는 전라도 쌀이 올라와야만 서울의 식량 사정과 관리·군인들에 대한 봉급이 해결되기 때문이었다. 서울 시민과 중앙정부 관리를 위해 전라도 사람들은 불편을 감수할 수밖에 없었다. 그래서 산읍 납세자들은 머나먼 해창 포구까지 쌀을 실어 나르느라 고생이 많으니 포목으로 내도록하여 민폐를 해결해달라고 당국에 요청하기도 했다. 이런 요청에 정부는 점차 전라도 산읍에 대해서도 전납이나 포납을 허용하기 시작했다.

이러한 정부의 정책은 산읍과 해읍 사람들끼리의 반목을 부추긴 면이 없지 않았다. 1658년에 전라도 대동법이 실시될 때에, 전라감사에 의해 찬반 여론조사가 실시되었다. 결과는 13읍이 반대, 34읍이 찬성, 16읍이 미정이었다. 반대는 대부분 산읍에서 나왔고, 찬성은 모두 해읍에서 나왔다. 공물을 놓고 그동안 펼쳐왔던 산읍과 해읍 사람들의 갈등이 폭발하고 만 것이다. 일사천리로 처리하려던 효종 임금은 난감할 수밖에 없어 하는 수 없이 일보 후퇴했다.

"이는 나라의 큰일이니 독단적으로 처리할 수 없다. 대신과 의논해서 결정하겠다."

대동법이란 영세 농민들에게 무거운 공물을 현물 대신 1결당 쌀 12말의 토지세로 납부하게 한 것이다. 이때 공물 부담이 상대적으로 무거운 해읍은 대동법 시행에 찬성했지만, 갖가지가 산출되어 비교적 가벼운 산읍은 극력 반대했다. 그래서 이때는 하는 수 없이 '호남 연해 대동법'이라고 하여 해읍만을 대상으로 한 '반쪽' 대동법이 실시되고 말았다. 하지만 제도 자체가 민생안정에 있었기 때문에, 산읍 사람들도 점차 찬성으로 분위기가 바뀌고 있었다. 소수 양반지주들의 반대에도 불구하고 다수 영세농들의 요구에 의해 4년 뒤 1662년에 산읍에도 대동법이 실시되어 비로소 전라도 전체가 대동법 실시 지역이 되었던 것이다. 이런 산읍·해읍 구분법도 1894년 갑오개혁 때 조세 금납화를 전면 실시함으로써 필요 없게 되었다.

전라도의 산읍과 해읍

전라도(57)	군현
산읍(27)	고산, 곡성, 광주, 구례, 금구, 금산, 남원, 남평, 능성, 담양, 동복, 무주, 순창, 옥과, 용담, 운봉, 임실, 장성, 장수, 전주, 정읍, 진산, 진안, 진원, 창평, 태인, 화순
해읍(30)	강진, 고부, 고창, 광양, 김제, 나주, 낙안, 대정, 만경, 무안, 무장, 보성, 부안, 순천, 여산, 영광, 영암, 옥구, 용안, 익산, 임피, 장흥, 정의, 제주, 진도, 함열, 함평, 해남, 흥덕, 흥양

완남성 · 무남성—12성론

조선 사람들은 한 도를 편의에 따라 좌도 · 우도, 상도 · 하도, 산읍 · 해읍 등으로 나누어 운영했다. 이런 도제(道制) 운영에 문제가 없었을 것 같지는 않은데, 그렇다면 도제 자체에 대한 개혁론은 없었을까? 16세기 학자 율곡 이이가 말했다.

"우리나라의 크기가 사방 수천백리에 지나지 않는데 읍(邑)의 수가 300개가 넘으며 그 결과 읍은 있는데 백성은 없는 곳까지 있다."

이이는 너무 많으니 고을 수를 줄이자고 주장했다. 그러면 백성들 부담도 줄어들 것이라고 덧붙였다. 그렇지만 그는 도제를 개혁하자는 목소리를 내지는 못했다. 대신 임기를 늘리거나 가족을 데리고 갈 수 있는 등 감사의 역할을 강화하자는 말만 했다. 아직까지 개혁의 생각이 도제를 포함한 지방제도 전반에까지 미치지 못했던 것이다.

그런데 이후에는 도제 개혁론이 고개를 들기 시작했다. 서인이나 노론은 관심이 별로 없었지만, 남인은 적극적이었다. 17세기 실학자 반계 유형원이 개혁론의 물꼬를 열었다. 그는 먼저 도 이름을 짓는 방법에 대한 문제점을 말했다. 각 도 이름은 주(州)를 좇아서 이름을 삼는 까닭에 주가 바뀌면 함께 변경되었다. 충주를 현으로 내리면 충청도를 공충도로 삼고, 청주를 현으로 내리면 또 고쳐서 공홍도로 삼고, 공주를 현으로 내리면 또 고쳐서 홍청도로 삼았다. 변함이 잦아서 행정력 낭비가 이만저만이 아니었다. 그래서 유형원은 개혁안을 내놓았다.

"각 도의 이름은 마땅히 산천지형을 기준으로 삼아야 한다."

이에 따라 황해도를 관내도, 충청도를 한남도, 전라도를 호남도, 경상도를 영남도, 강원도를 영동도, 함경도를 영북도, 평안도를 관서도로 바꾸자고 했다. 유형원의 생각은 도시 이름을 조합하는 형태가 아니라 산이나 강을 기준으로 도명을 정하자는 것이다. 이런 생각에 의해 그는 전라도 이름을 호남도로 바꾸자고 했다. 그의 저서 『반계수록』에 나와 있는 내용이다.

이후 18~19세기 학자 다산 정약용도 『경세유표』에서 도제 개혁론을 제시했다. 그에 따르면 전국을 12개의 성으로 나누었는데, 그 가운데 전라도 땅에는 완남성(完南省)과 무남성(武南省)을 두자고 주장했다. 완남성은 완주의 남쪽을 말한 것 같은데 치소를 전주에 두고 지금의 전북 지역을 관할한다고 했다. 무남성은 무주의 남쪽을 말한 것 같은데 치소를 광주에 두고 지금의 전남 지역을 관할한다고 했다. 전주를 치소로 삼은 이유에 대해 다음과 같이 말했다.

"전주는 번성하고 부유해서 큰 도시라고 일컫기에 족하다"

광주를 치소로 삼은 이유에 대해서도 말했다.

"광주란 무주이다. 신라 말부터 항상 큰 진으로 되었고, 고려 때에도 또한 그러하였다. 우리나라에 와서는 창의하는 군사가 이 주에서 먼저 일어났으니 그 고을을 치소로 한 것이 연유가 있다."

정약용은 전라도를 남쪽과 북쪽 두 지역으로 나누었고, 통일신라와 고려 때에 큰 진이었고 조선에 들어와서는 의병을 크게 일으킨 광주를 남쪽의 중심지로 지목했다.

19세기 사람 최성환은 1858년 무렵에 집필을 완성한『고문비략』에서 지금까지 보지 못한 새로운 지방제도 개편론을 주장했다. 주장은 도-부-군·현으로 개편하자는 것인데, 모두 8도-88부-100군·145현 안을 제시했다. 전라도의 경우 도(道) 아래에 11개부를 두고, 다시 부(府) 아래에 몇 개의 군·현을 두자고 했다. 부로는 전주부, 김제부, 고부부, 나주부, 광주부, 남원부, 무주부, 순천부, 능주부, 장흥부, 제주부 등이 보인다. 그리고 각 부마다 2~7개의 군현이 배속되어 있다. 정약용과 최성환의 주장은 나중에 정책에 상당 부분 적용되었다는 점에서 눈여겨볼 만하다.

최성환의 지방제도 개편론

부	군·현
전주부	여산군, 익산군, 진산군, 금산군, 고산현, 용안현, 금구현
김제부	함열현, 임피현, 옥구현, 만경현
고부부	부안현, 홍덕현, 정읍현, 태인현
나주부	영암군, 남평현, 함평현, 무안현
광주부	장성군, 영광군, 고창현, 무장현
남원부	담양군, 순창군, 운봉군, 곡성현, 옥과현, 창평현
무주부	용담현, 임실현, 진안현, 장수현
순천부	낙안군, 홍양현, 광양현, 구례현
능주부	보성군, 화순현, 동복현
장흥부	진도군, 강진현, 해남현
제주부	대정현, 정의현

전주부 · 남원부 · 나주부 · 제주부 – 23부

　조선왕조가 건국 초에 만든 지방제도는 500여 년간 운영되다 갑오개혁 때에 대대적으로 개편되기 시작했다. 동학 농민군이 전주성을 점령하자, 정부는 농민층의 개혁요구를 수렴하기 위해 1894년 7월에 갑오개혁을 단행했다. 갑오개혁은 두 차례로 나뉘어 추진되었다. 제1차 개혁에서는 정치와 경제 분야가 집중 개편되었다. 그리고 소위 을미개혁으로 알려진 제2차 개혁 때인 1895년 5월에 지방제도가 개편되었다. 이때 김홍집을 이어 내각총리에 임명된 박영효는 이노우에 일본 공사가 추천한 일본 고문관의 자문을 받았다. 일본 고문관은 각 도의 이서들을 불러들여 도정 현황을 청취하고 이를 참고로 조사를 진행했다.

　그와 관련하여 전국 8도를 소지역주의에 입각하여 23개의 부(府)로 개편했다. 개편 이유를 8도의 구역이 넓어 정령을 선포하는 데 적당하지 않은 점을 들었다. 그러나 이는 우리 실정에 맞게 개편되었다기보다는, 일본인 고문관이 자국의 3부 72현제를 모방하여 만들었다는 점에서 우리나라 사람들의 반발을 예고했다.

23부와 그 관할 군

부	군	부	군	부	군
한성부	11군	제주부	3군	해주부	16군
인천부	12군	진주부	21군	평양부	27군
충주부	20군	동래부	10군	의주부	13군
홍주부	22군	대구부	23군	강계부	6군
공주부	27군	안동부	17군	함흥부	11군
전주부	20군	강릉부	9군	갑산부	2군
남원부	15군	춘천부	13군	경성부	10군
나주부	16군	개성부	13군	총 23부	337군

이로 인해 전라도는 전주부, 남원부, 나주부, 제주부 등 4부와 그 관할의 54군으로 나뉘어졌다. 전주부는 치소를 전주에 두고 전북의 일원과 전남의 장성·영광 등 20군을, 남원부는 치소를 남원에 두고 전북의 남원·임실·순창과 전남의 구례·곡성·옥과·순천·광양·창평 등 15군을, 나주부는 치소를 나주에 두고 광주를 포함한 전남의 일원 16군을, 제주부는 제주에 치소를 두고 제주도 전역 3군을 각각 관할했다.

부의 치소를 관찰부라고 하고서 수장으로 관찰사가 임명되었다. 그래서 전라도 각 부의 치소는 '전주관찰부', 각 부의 수장은 '나주부관찰사' 등으로 불렸다. 6월에 23명의 관찰사가 일제히 임명되었다. 대부분이 정부 정책을 순종하는 새로운 인물이었다. 전주부 관찰사에는 이도재가 임명되었다. 나주부 관찰사의 경우 2년 동안에 5인이나 임명되어 가장 자주 교체되었다. 이유가 있었다. 23부 설치 6개월 뒤에 단행된 단발령을 개화파 인사들이 강제로 집행한 데에 불만을 품고 나주 사람들이 관찰부로 쳐들어가자 관찰사 채규상이 서울로 피신하여 바뀌었고, 새로 부임한 조한근 역시 남평·광주를 거쳐 서울로 도망쳐 버렸다.

관찰사 아래에는 참서관 1명, 주사 약간 명, 경무관·경무관보 2명, 총순 2명 등을 임명해 두었다. 이로 인해 권세 부리던 영리들 대부분이 실업자로 전락하고 말았다. 이때에 우리 역사상 최초로 징세권이 분리되어 중앙으로 이속되었다. 이리하여 각 부마다 세무서가 신설되었고, 거기에 임명직 세무시찰관이 파견되어 업무를 보았다. 경찰 업무는 여전히 관찰사에게 주어졌지만, 전체적으로 지방권력이 중앙으로 대거 이월되고 말았다.

23부제는 군의 수를 줄이거나 군의 영역을 조정하지 않고 단지 명칭만 통일시킨 채 종전의 것을 그대로 계승하여 별다른 효과를 거두지 못하고 있었다. 그리고 일본의 지방제도인 명치 시기 부제(府制)를 모방했다는 비판을 받기도 했다. 그리하여 향리들의 반발만 사고서 1년 뒤에 다시 개편을 맞게 되었다.

전북·전남-13도

23부제는 백성들 반발에 부딪혀 목적한 성과를 거두지 못했고, 게다가 국가재정의 압박으로 인해 지방경비의 축소가 요구되었다. 이에 조선왕조는 1896년 8월에 23부제를 13도제로 바꾸는 조치를 취했다. 13도는 경기도·황해도·강원도 등 3도를 그대로 두고, 충청도·전라도·경상도·평안도·함경도 등 5도를 남도와 북도로 각각 분리한 것이다. 고종은 『여유당집』을 들이라는 영을 내려 탐독한 뒤, 정약용이 구상했던 12성제를 토대로 13도제를 정했다. 이 말은 황현의 『매천야록』에 들어 있다. 실제 양자는 매우 유사한 면이 있으니, 황현의 말은 허언이 아님이 분명하다. 아무튼 이 13도제가 현재 지방제도의 골격을 이루고 있다는 점에서 의미가 있다. 각 도의 수장을 관찰사라고 하고 그가 근무하는 지역에 관찰부를 두었다. 칙령 제36호 '지방제도와 관제 개정에 관한 안건'에 의해, 경기는 수원에, 충북은 충주에, 충남은 공주에, 전북은 전주에, 전남은 광주에, 경북은 대구에, 경남은 진주에, 황해는 해주에, 평남은 평양에, 평북은 정주에, 강원은 춘천에, 함남은 함흥에, 함북은 경성에 각각 관찰부를 두었다. 옛날 감영 소재지는 그대로 관찰부 소재지로 이어졌고, 나머지 지역은 새로이 정했다. 관찰사가 근무하는 건물을 부청(府廳)이라고 했다. 관찰사 아래에는 주사 6인, 총순 2인, 순검 30인, 서기 10인, 통인 4인, 사령 15인, 사용 8인, 사동 8인을 두도록 했다. 전체적인 속료 숫자는 옛날 감영 때보다 대폭 줄었고, 주사(主事)가 새로이 고위급 실무 행정가로 등장했음을 알 수 있다. 특히 '주사'라는 호칭은 그 직급이나 역할은 다른 채 현재까지 공직의 여러 분야에서 쓰이고 있다.

일제는 주권을 강탈하고서 우리의 지방 행정제도를 대대적으로 개편했다. 1910년 11월에 청사 이름을 바꾸었다.

"도 및 부군의 행정구역과 명칭은 지방관 관제에 의하여 도 · 부 · 군이라 칭하나 그 청사는 도청 · 부청 · 군청으로 칭한다는 것으로 부의가 결정되었으니 양지하시기를 명에 의하여 통첩합니다."

관찰부 부청을 도청으로 바꾸었다. 군청이란 말도 이때 나왔다. 일제는 1919년에 관찰사란 이름도 도지사로 변경했다. 일제가 사용한 도청, 군청, 도지사 말은 오늘에 이른다. 그때 도청의 조직은, 1937년을 기준으로 했을 때, 크게 지사관방(知事官房) 외에 내무부와 경찰부 등 2부로 구성되었다. 일반행정을 관장하는 내무부는 지방과, 학무과, 산업과, 농무과, 토목과, 회계과, 이재과, 여러 사업소로 구성되었다. 치안위생을 관장하는 경찰부는 경무과, 고등경찰과, 보안과, 위생과, 여

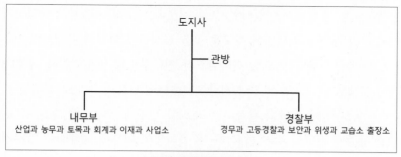

1937년 전북 도청 조직도

러 교습소·출장소로 구성되었다. 오늘날과 비교하여 교육청과 경찰서가 분리되어 있지 않고 도지사 아래에 있었던 점이 차이 난다. 문제는 이들 부서에 근무하는 직원의 절대 다수가 일본인이었다. 가령 전라북도의 경우 지방과의 27명 가운데 과장을 포함하여 일본인이 19명이고, 국내인은 8명에 불과했다. 경무과의 경우 24명 가운데 과장을 포함하여 일본인이 20명이고, 국내인은 4인밖에 안되었다. 군청도 대략 이와 비슷한 상황이었다.

13도 도청 소재지는 일제 강점기 때와 해방 이후에 많이 옮겨졌다. 일제 때에 경기도청이 수원에서 서울로, 경남도청이 진주에서 부산으로, 충남도청이 공주에서 대전으로 각각 이전되었다. 특히 경남도청 이전 때 진주 사람들은 시민대회를 여는 등 격렬한 반대운동을 펼쳤지만, 뜻을 이루지는 못했다. 해방 이후에는 경기도청이 서울에서 수원으로, 경남도청이 부산에서 창원으로, 전남도청이 광주에서 무안으로, 충남도청이 대전에서 내포로, 경북도청이 대구에서 안동으로 각각 이전되었다. 도청이 어디에 있느냐는 그곳 사람들에게 커다란 관심사였다. 그래서 이전될 때마다 갈등이 보통이 아니었다. 또한 떠난 건물과 부지를 어떻게 할 것인가도 관심사였는데, 무안으로 떠난 광주의 구 전남도청 자리에 아시아문화전당이 들어섰다. 이처럼 도청이 일제 강점기 때에는 경제·교통 중심지로 이전되었지만, 최근에는 도청 소재지가 광역시가 되어 도와 시가 분리되면서 새로운 곳을 선정하여 이전이 단행되었다.

13도제에 의해 전라도는 전라남도와 전라북도로 양분되었다. 1018년에 탄생한 전라도가 879년 지난 1896년에 남도와 북도로 분리된 것이다. 이로 인해 전남의 관찰부는 새로이 광주에 두어졌다. 나주를 제치고 광주가 전남의 수부(首府)가 된 공식적인 이유에 대해서는 알려진 바가 없다. 단발령에 대한 항거로 나주에서 시위가 일어나 그러했다는 추정만 있을 뿐이다. 어찌 되었던 이는 광주가 오늘날 호남의 최대 도시로 성장할 수 있는 계기가 되었다. 전남 관찰부는 처음에 광주군 청사를 함께 사용하다가, 점차 새 건물을 지어 독립했다. 전남의 초대 관찰사로 윤웅렬이 부임했다. 윤 관찰사는 신설 관찰부 조직을 짜는 데에 분주하게 움직였고 그에 대한 보답으로 도민들이 선정비를 곳곳에 세우기까지 했으나, 국권 상실 이후 일제로부터 남작의 작위를 받아 친일반민족 행위자로 규정되어 있다. 제4대 전남 관찰사로 온 이근호도 남작을 받은 친일반민족행위자다. 전남은 33군을 관할했다.

반면에 전북은 관찰부를 예전처럼 전주에 두었다. 이리하여 전주는 기록상 통일신라 완산주 때부터 오늘날까지 무려 1천 5백여 년 동안 한 지역의 중심지 역할을 해오고 있다. 전북의 초대 관찰사로 윤창섭이 부임해 근대학교를 세우는 데에 앞장섰다. 윤창섭 다음으로 친일파로 유명한 이완용이 부임했다. 당시 관찰사들은 도 재판소 판사를 겸하고 있었기 때문에, 친일 행위와 함께 항일 의병을 가혹하게 처벌하는 판결을 내리기도 했다. 전북 관찰부는 26군을 관할했다. 이들 군 역시 군세 따라 1~5등 군으로 나뉘어져 있었다.

남도와 북도의 영역은 이후 조금씩 조정되어 갔다. 분도 1년이 지난 1897년에는 전북에 속해 있던 구례군이 전남으로 편입되고, 반대로 전남에 속해 있던 흥덕·고창·무장이 전북으로 편입되었다. 그리고 일제 때인 1914년에 대대적인 행정구역 개편이 있었는데, 이때 충청남도의 어청도와 전남의 고군산 열도가 전북으로 편입되었다.

해방 이후 1946년에는 전남에서 제주도가 독립되어 나갔고, 1963년에는 전남 영광의 위도가 전북 부안으로 편입되고, 전북 금산군과 익

산군 황화면이 충남으로 편입되었다. 1986년 11월 1일 광주시가 직할
시가 되면서 전남에서 분리되어 독립했다.

전남과 전북 소속 군(1896년)

	1등	2등	3등	4등	5등
전남 (33)	광주, 순천, 나주, 영암, 영광, 제주	보성, 흥양, 장흥, 함평, 강진, 해남, 무장, 담양	능주, 낙안, 무안, 남평, 진도, 흥덕, 장성	창평, 광양, 동복, 화순, 고창, 옥과, 곡성, 완도, 지도, 돌산	대정, 정의
전북 (26)	전주, 남원	고부, 김제, 태인	여산, 금산, 익산, 임피, 금구, 함열, 부안, 무주, 순창, 임실, 진안	진산, 만경, 용안, 고산, 옥구, 정읍, 용담, 운봉, 구례, 장수	
합계 (59)	8	11	18	20	2

전남 관찰부

1896년 6월 정부는 전국의 행정구역을 다시 13도제로 개편하면서 전라남도를 만든다. 그런데 이때 당연히 나주에 두어야 할 관찰도가 광주군으로 간다. 조선왕조 5백 년 동안 목으로서 나주는 항상 광주보다 큰 고을이었다. 그런데도 나주가 아닌 광주에 관찰도를 두게 된 까닭은 뭘까? 그건 바로 그해 2월에 단발령에 반발해 일어났던 의병봉기가 영향을 미쳤기 때문이라고 해석된다.

일본인 染川覺太郎이 쓴 『전남사정지』를 보면, "익년 2월 9일에 이르러 단발령에 따른 불평의 무리 다수가 봉기하여 군수를 살해하는 등의 폭역을 행하자 같은 해 3월 4일 진위대의 1중대(274명)는 급거 나주성내로 들어와 폭도의 진멸을 하고 같은 해 6월 관제 개정의 결과 관찰부를 폐하고 관찰도를 광주로 옮기고"라고 적고 있다. 이 의병봉기는 단발령에 저항한 항일운동의 효시라 할 수 있다. 그럼에도 불구하고 이 때문에 나주는 뜻하지 않은 조락을 경험하게 된다. 〈고석규, 「나주의 근대도시발달과 공간의 이중성」〉

4. 전라도, 고려와 조선의 어향

전주는 산천의 좋은 기운이 얽히고 서려 왕적의 기초를 창립했으니, 실로 우리 조선의 근본이 되는 땅이다. (중략) 태조께서 나라를 열고, 열조의 성군이 서로 이어받아 부(府)를 설치하고 윤(尹)을 두어 한 도의 머리가 되게 하니, 대개 영광스럽게 함이었다. 〈서거정, 공북정기〉

이성계는 즉위한 지 20일 만에 전주를 완산부로 삼고, 부윤을 파견했습니다. 이는 전주가 단순히 이성계의 관향이자 선대의 고향이어서가 아니라, 조선 건국에 어떤 계기를 주었기 때문에 그랬을 것으로 판단됩니다. 그러면 그 계기는 무엇이었을까요? 우리는 이 대목에서 황산대첩을 생각하지 않을 수 없습니다. 조선의 근본이 되는 땅을 잘 관리하기 위해 정부는 전주에 어떤 시설을 두었을까요? 경기전을 두었는데, 이는 고려의 어향이었던 나주와 어떤 차이가 날까요? 비교해보고 상상력을 펴보는 것도 역사를 이해하는 데에 도움이 될 것입니다.

혜종사―나주는 어향

견훤은 후백제 건국 이후 영역확장을 위해 서남해 일대를 공략했다. 반면에 후고구려를 건국한 궁예는 후백제 배후를 견제하기 위해 나주지역 공략에 나섰다. 이를 위해 왕건은 후고구려 수군을 거느리고 나주를 장악하여 10년 이상을 나주에 머물며 그곳을 자신의 주요한 세력기반으로 삼았다. 그리하여 나주는 고려 건국의 주춧돌이 되었다.

왕건이 나주에서 연결을 맺은 세력으로는 나주오씨가 대표적이다. 나주오씨는 대대로 나주의 목포(현재 영산포)에서 살며 서남해 해상무역에 종사하여 상당한 부를 축적했다. 그러한 부를 바탕으로 나주오씨 가운데 다련군(多憐君)이 세력가로 군림하고 있던 903년에 왕건은 나주를 공략하여 자신의 편으로 끌어들였고, 곧이어 다련군의 딸 장화왕후와 혼인까지 했다. 왕건이 장화왕후와 혼인한 때는 혜종이 태어난 해인 912년보다 한두 해 이전으로 추정된다. 이때는 왕건과 견훤 사이에 격렬한 공방전이 벌어지고 있던 시기이다. 909년 무렵에 견훤이 일시 나주를 점령했지만, 왕건은 덕진포 전투에서 바람을 이용한 화공(火攻)으로 승리하여 곧바로 되찾고 말았다. 이 밀고 밀리는 공방전에서 왕건의 나주지역 수호는 나주오씨 세력의 전폭적인 지원이 있어서 가능했다.

그리고 왕건은 918년에 대신들에 의해 왕으로 추대되었다. 왕위에 오른 왕건은 국호를 고려라고 한 후 나주지역을 더욱 중요시 했다. 무엇을 어떻게 했는지 알아보자.

첫째, 왕건은 즉위하던 해에 장화왕후가 낳은 아들 무(武)를 태자로 삼으려 했으나, 반대파의 견제로 뜻을 이루지 못했다. 하지만 왕건은 3년 뒤에 최고 신료 박술희와 함께 개경 출신 세력들을 제치고 기어이 무를 태자로 책봉하고 말았다. 아버지가 서거하자, 태자는 고려의 제2대 국왕으로 즉위했다. 나주오씨가 낳은 혜종(惠宗)이 왕건의 뒤를 이어 즉위함으로써, 나주는 고려시대에 어향(御鄕)으로 인식되었다.

둘째, 왕건은 918년에 전시중(前侍中) 구진(具鎭)을 나주도대행대(羅州道大行臺) 시중으로 삼았다. '나주도'란 나주지역이란 말로, 지금의 나주·영암·해남·함평·영광·진도·신안 등지를 가리킨다. '대행대'란 큰 행대라는 말로, 지방을 감찰하는 곳 가운데 가장 큰 곳이라는 뜻이다. 따라서 나주도대행대는 나주지역에 설치되어 그곳에 대한 군사·민정을 고려 중앙정부와는 별개로 독자적으로 수행하는 관부였다. 다시 말하면 나주는 개경 다음가는 제2의 수도였던 셈이다. 이러한 나주도대행대를 설치한 것은 태조 왕건이 나주지역을 매우 중시했다는 점을 말해 준다. 왕건 곁에서 활동했던 장화왕후 오씨 가문을 비롯하여 최지몽·형미·윤다·경보 등이 모두 나주지역 출신 내지 그와 연고를 맺고 활동한 인물들이었던 점도, 그 같은 해석을 뒷받침하는 유력한 근거라 할 수 있다.

이러한 왕건의 나주 우대를 토대로 제4대 국왕 광종의 즉위 이후에는 전라도 출신이 관직에 본격적으로 진출하기 시작했다. 광종은 왕권을 강화하고자 강력한 개혁을 추진했던 국왕으로 유명하다. 그는 개국공신을 비롯하여 개혁에 저촉되는 구 세력을 과감히 숙청하는 한편 시위군을 강화하고 과거제를 시행하면서 신진세력을 발탁했다. 그 과정에서 중국 귀화인과 함께 후백제계와 발해계의 인물들이 다수 중앙에 진출한 것으로 알려져 있다. 말하자면 광종의 개혁정치를 계기로 옛 후백제 지역 출신의 인물들이 관직에 대폭 나아가게 되었다고 할 수 있겠는데, 유방헌(전주), 김심언(영광), 장연우(고창), 전공지(영광) 등이 그 대표적인 인물이다. 이들은 광종~성종 때에 과거급제 등의 경로를 거쳐 중앙에 진출하여 큰 활약을 펼치면서 재상에까지 올랐다.

이러한 활약에 힘입어 제6대 국왕 성종은 전국에 12목(牧)을 설치하면서, 전라도에 전주·나주·승주목을 두었다. 제8대 국왕 현종 때 거란이 침입했다. 현종은 수많은 곤경을 치르며 나주로 피란하여 9일 동안 머물면서 따뜻한 환대를 받았다. 우리 역사상 가장 원거리 국왕 피란에 해당되는 현종의 나주로 피란은 나주에 대한 왕실의 두터운 신임 때문에 가능한 일이었다. 현종은 그에 대한 보답으로 ①나주에서 팔관회(八關會)를 개최하게 했다. 고려의 최대 행사인 팔관회를 나주에서 개최하게 했다는 것은 나주가 개경 다음가는 지위를 갖고 있었다는 점을 말한다. ②나주에 흥룡사(興龍寺)와 혜종사(惠宗祠)를 건립하게 했다. 흥룡사는 혜종의 명복을 비는 사찰이고, 혜종사는 혜종의 제사를 지내는 사당이다. 죽은 임금을 위해 절과 사당을 건립하게 한 것은 유례가 없는 사례로써, 이는 나주가 고려왕조의 어향이라는 점을 확인시켜 준 징표임에 분명하다. 이후 나주 사람들은 혜종사에 혜종의 조각상과 초상화를 모셔 놓고 혜종에 대한 제사를 지내왔다. 조선왕조가 들어서면서 제재가 가해졌지만, 1백 년 이상 버티다 16세기에 가서야 마침내 나주 사람들은 혜종에 대한 제사를 그만두게 되었다. 이는 나주가 한 나라를 만들고 지탱한 곳이라는 나주 사람들 자긍심의 발로였다고 생각된다.

소재동-정도전, 혁명을 꿈꾸고

황산대첩 이후 중앙정계에서 입지를 넓혀가고 있던 이성계는 정도전을 만나게 된다. 둘의 만남은 정도전의 나주 유배가 계기가 되었다. 그래서 정도전은 나주에서 무엇을 체험했을까가 궁금하지 않을 수 없다. 전라도 역사를 말할 때 이 말을 아니 할 수 없으니, 나주 이야기는 이어질 수밖에 없다.

정도전은 실권자 이인임의 외교 정책을 반대하다 1375년(우왕 1)에 32세의 나이로 나주목의 속현인 회진현의 거평부곡에 있는 '소재동'이라는 마을에 유배당하여 2년 2개월을 보냈다. 소재동은 대여섯 가구 넘는 사람들이 농사를 지으며 생계를 유지하는 조그만 마을이었다. 그는 그곳에서 사는 동안 많은 사람을 만나고 여러 상황을 체험했다. 처음에는 민가 빈 방을 빌려 살다가, 초가집을 지어 별도로 거주했다. 책을 보다가 산책을 하고, 하루 일을 마친 농민들과 그들이 빚은 술과 토산물로 만든 안주로 술자리를 즐기며 하루하루를 보냈다. 그러면서 정도전은 무거운 세금과 관리들의 횡포, 적은 농토와 잦은 흉년, 그리고 왜구들의 침입과 군대 징발로 황폐화된 농촌 땅에서 순박하게 생업에 전념하고 있는 농민들을 목격했다. 농민들은 힘써 농지를 개간하거나 화전을 하여 곡식을 거두고 인근 산과 들을 헤매며 먹거리를 구하면서도, 함께 술을 마시며 같이 즐기며 살아오고 외부 사람들에게도 공손히 숙식을 베풀었다. 이런 농민들과 함께 생활하면서 정도전은 자신에 대한 깊은 성찰을 강화했다. 민본의식을 절실하게 느끼며 스스로 반문했다.

  "정치는 의식(衣食)의 풍족에 있으며, 백성은 먹을 것을 하늘로 삼는다."

  백성의 평안을 위해 토지 분배와 세금 부과 등이 적절하게 이루어져야 하며, 그 일을 직접 수행하는 지방관을 비롯한 관료들의 역할이 강조될 수밖에 없었다.

  유배생활을 하면서 정도전은 백성에 대한 인식을 새롭게 하게 되었다. 하지만 유배에서 풀린 후 고향 영주에서 머물다가 부평·김포 등지를 떠돌아다녔기 때문에 새로운 생각을 펼칠 수는 없었다. 그러던 1383년에 정도전은 도원수로 함경도에 가 있던 이성계를 찾아가 만났다. 그들이 무슨 이야기를 나누었는지에 대해서는 알 수 없지만, 나주 유배지에서 체험한 현실과 그에 대한 개혁의 필요성을 논의했을 것이다. 이듬해에 이성계의 추천에 의해 정도전은 10년 동안의 정치적 소외를 청산하고 정계에 복귀했다. 정도전은 위화도 회군 이후 이성계의 측근으로 활동하면서, 조선 건국의 주역으로 떠오르게 된다.

나주의 정도전 초가 배소

이처럼 정도전에게 백성 중심으로 세상을 바라볼 수 있는 안목을 준 게 바로 유배지 나주 사람들이었다. 소재동이라는 작은 공간은 정도전 으로 하여금 민본에 바탕을 둔 통치철학과 건국이념을 낳게 했다. 정도 전은 자신의 새로운 생각을 이성계를 찾아가 펼치며 개혁의 필요성을 주창했다. 이성계는 그 제안을 모두 수용하여 정도전과 손을 잡고 혁명 에 나섰으니, 나주는 조선 건국의 싹을 띄워준 곳임에 분명하다.

황산대첩-이성계, 역성혁명을 마음먹고

왜구들이 고려 말에 한반도 곳곳을 노략질하고 다녔다. 진포(현재 군 산)에 정박해 있던 왜구의 대선단을 최무선이 화포로 크게 무찔렀다.

그러자 왜구들은 내륙으로 들어와 약탈을 자행하기 시작했다. 그 일파가 경상도 함양을 거쳐 운봉 인월역(현재 남원 인월)에 주둔하면서 말을 배불리 먹인 후 장차 북상하겠다고 하여 조정을 놀라게 했다. 이에 조정에서는 이성계를 최고 지휘관으로 보내어 격퇴하게 했다. 이성계는 남원을 출발하여 운봉을 넘어 황산으로 달려가 정봉(鼎峰)이라는 산봉우리에 올라가서 형편을 살폈다. 그리고서는 1380년(우왕 6)에 날랜 군사들을 보내서 적을 앞뒤에서 공격하여 자신의 군대보다 10배가 넘는 적을 채 하루도 걸리지 않고 모두 물리쳤다. 이를 황산대첩(荒山大捷)이라 한다. 그때 상황을 사서는 다음과 같이 기록했다.

"사방으로 공격하여 드디어 크게 깨뜨렸다. 냇물이 온통 붉어져 6~7일 간이나 빛이 변하지 않아 사람들이 마시지 못하였다. (중략) 노획한 말이 1천 600필이었으며 무기는 셀 수 없이 많았다. 처음에는 적이 우리의 10 배였는데, 겨우 70여 명이 지리산으로 달아났다."

다소 과장되었을 가능성은 있지만, 일부는 지리산으로 도망갔다. 그리고 또 일부는 광주 무등산 꼭대기까지 가서 규봉사 바윗돌 사이에 목책을 세워 진을 쳤다. 규봉은 3면이 절벽이고 벼랑을 따라 작은 비탈길만 있어 겨우 한 사람이 통행할 수 있는 곳이다. 전라도 도순문사 이을진이 결사대 1백 명을 모집하여 높은 곳에 올라 돌을 굴려 내리고 불화살을 쏘아 목책을 불사르니, 왜구들이 벼랑에서 떨어져 죽은 자가 많았고 나머지는 바다로 달아나서 배를 훔쳐 타고 도망가고 말았다.

황산대첩과 관련하여 재미있는 지명유래 설화가 전한다. ①15 · 16세의 나이에 온 몸에 갑옷을 두르고 있던 왜장 아지발도가 죽으면서 흘린 피로 붉게 물들여진 바위를 '피바위'라 한다. 피바위는 남원시 운봉면 소재지에서 인월면 소재지로 가는 길의 오른편 냇가 가운데에 있다. ②이성계는 황산에서 캄캄한 그믐밤에 왜구와 싸우게 되었는데, 이성계가 밝은 달을 솟게 해달라고 하늘에 빌자 보름달이 떴고 그 도움을 입어 대승을 거두었다 한다. 그래서 나중에 이곳을 끌 '인[引]'과 달 '월[月]'을 써서 '인월(引月)', 즉 달오름 마을이라고 불렀다는 이야기이다. ③남원에서 운봉으로 넘어가는 고개를 '여원치'라 한다. 이성계가 왜구를 토벌하기 위해 가다가 여원치 고개에 올랐다. 그때 길 가운데에 한 여인이 나타났다가 홀연히 사라지고 말았다. 그 길로 왜구를 공격하여 대첩을 거두었다. 이 대첩은 산신이 도와준 것이 분명하다고 사람들은 믿고 있었다. 이 말은 여원치의 마애여래좌상에 새겨져 있다.

이 대첩 이후부터 왜구 침입은 진정 국면에 접어들게 되었다. 그래서 황산대첩은 민족사에 큰 영향을 미쳤고, 황산대첩을 이끈 이성계는 더더욱 주목을 받지 않을 수 없었다. 이성계는 황산대첩을 거두고서 전주 이씨 종친이 살고 있는 전주를 거쳐 수도 개경으로 향했다. 전주에 들렀을 때에 경기전 인근의 오목대(梧木臺)에서 종친들을 불러 승전을 자축하는 연회를 베풀었다. 그 자리에서 이성계가 중국의 한고조 유방이 불렀다는 '대풍가'를 부르면서 역성혁명을 통한 천하제패의 속마음을 드러냈다고 한다. 그리고 이성계가 상경하자 당시 최고 실력자 최영이 나와서 맞이하며 승리를 축하해주었고 우왕은 상으로 금을 내려주었다. 이후 이성계는 최영과 친밀한 관계를 유지하게 되었고 중앙정계에서 입지를 넓히게 되었다. 또한 이성계는 1년 뒤에 황산을 다시 찾아와서 현재의 대첩비 왼쪽 바위에 자신의 이름과 그리고 함께 이 전투에 참여했던 장수들의 이름을 새겼다. 승전을 스스로 기념하면서 모종의 결단이 임박해 왔음을 예고했다고 보아도 크게 틀리지 않을 장면이다.

세월이 한참 흐른 뒤, 황산대첩을 기념하기 위해 운봉현감이던 광주 출신의 박광옥이 1577년에 '황산대첩비'를 세웠다. 19세기 말기에 나주 출신의 이병수가 여행 중에 들려 읽고 만져보고서 감탄한 나머지 스스로 말했다.

"비각 안의 한 큰 비석은 높이는 3장(丈) 정도고 넓이는 1장(丈) 정도로 두께는 두어 자 남짓 되는데 용머리에 거북등을 하였으니, 거의 하늘이 만들어 내고 땅이 베푼 것 같아 황홀함을 말로 형언할 수 없다. 비석의 이름은 전서(篆書)로 '황산대첩비'라고 새겨져 있고, 비석에 새긴 글자는 판서 김귀영이 지었고, 여성위 주인이 쓴 것이다. 성조께서 개국한 지 2백 년 후에 지방관 박광옥이 임금께 청하여 건립한 것인데, 석각을 어루만져보니 지금부터 3백여 년이 되었는데도 어제 새긴 것처럼 푸른 이끼가 생기지 않았다."

그런데 국권 강탈 후 민족말살정책을 펴던 일제는 이 비석의 글자를 정으로 쪼아 버리고 비신을 폭파하여 두 동강이 낸 후 땅 속에 묻어버리는 만행을 저질렀다. 그때 이것만 한 것이 아니라 전국 도처에서 이런 만행을 저질렀다. 깨어진 비석을 발견한 우리 정부는 1977년에 '파비각'이라는 건물을 지어 그 안에 동강난 비석을 전시해놓고 있다. 일제는 바위에 새겨진 장수들 이름마저 정으로 쪼아 알아보지 못하게 만들어 버렸다. 현재 그곳을 보호하기 위해 태조 이성계의 이름이 새겨져 있다는 뜻의 '어휘각'이라는 건물이 서 있다.

남원의 황산대첩비와 파비각

전라도 산신-이성계를 지지하다

그러면 전라도 사람들은 이성계에게 어떤 태도를 취했을까? 이성계가 역성혁명으로 정권을 장악한 후, 전국의 산신(山神)에게 허락을 맡고자 돌아다녔다. 그때에 다른 산신은 모두 찬성했지만 유일하게 지리산 산신만이 반대했다. 그래서 경상도 땅에 있던 지리산을 전라도로 귀양 보냈다는 설화가 경상도와 전라도에 모두 전한다. 경상도 산 지리산이 이성계의 건국을 반대했고, 그래서 지리산 소속처를 경상도에서 전라도로 넘겨주었다는 말이다. 이 설화는『고려사』기록과 다소 차이가 난다. 고려 때 지리산은 전라도 남원부 소속이었기 때문이다. 조선시대 기록을 보아도 지리산은 남원 관할이어서 국가에서 거행하는 지리산 산신제는 전라도 남원에서 주관했다.

왜 이런 설화가 나오게 되었을까? 이성계가 왕이 되기 전에 있었던 일이다. 어떤 사람이 이성계에게 와서 지리산 바위 속에서 얻었다는 쪽지를 내 밀었는데, 거기에 "木子가 돼지를 타고 내려와서 다시 삼한의 강토를 바로 잡을 것이다"는 말이 쓰여 있었다. '木子', 즉 '李' 성씨가 왕이 된다는 말이다. 그래서 이성계는 왕조 창업의 정당성을 지리산에서 얻으려 했던 것 같다. 북쪽 출신인 이성계에게 남쪽 출신들의 지지가 필요했을 것이다. 그런데 그만 남쪽 사람들이 반대하고 말았던 것 같다. 그때 개성 송악산도 크게 울었다고 하니, 고려 왕실 그리고 그들과 연결되어 있는 사람들이 쉽게 동의할 리가 만무했다.

전라도는 이성계의 조선 건국을 그렇게 반대하지 않았다. 이는 무주 덕유산, 진안 마이산, 임실 성수산, 변산 쌍선봉 등이 이성계 등극을 찬성했다는 설화를 통해서도 확인할 수 있다. 하지만 전라도 땅에도 조선 건국을 반대하는 사람들이 내려왔다. 전라도가 한 덩치로 이성계 지지자만 살았던 것이 아니라는 말이다. 그런 사람으로 진안을 거쳐 전주로 이거한 포은 정몽주의 생질 최양이 있다. 그리고 무등산 자락이나 광주 일원에 은거한 범세동·정지·탁광무·전신민 등도 있다. 또한 이 외에 순창에 은거한 조유, 장성에 은거한 김온, 영암에 은거한 김자진 등도 빼놓을 수 없다. 이들이 전라도를 택한 데에는 전라도가 그들의 본관이기도 하지만 개경에서 멀리 떨어져 있는데다가 물산이 풍부하여 은둔하기에 좋았기 때문이다. 그래서 그런지는 몰라도 광주 무등산신이 이성계의 등극을 끝내 거역했다는 설화도 전라도 지역에 전승되고 있다. 하지만 최양의 자·손이 급제와 음서를 통해 곧 바로 관직에 진출한 사례로 보아, 그들이 모두 조선왕조를 등진 것은 아니었다.

그렇다면 전라도 사람들이 이성계에 협조를 하지 않아서 불이익을 받지 않았느냐고 추측할 수 있다. 실제 건국 직후 3차례 책봉된 개국공신

(52명), 정사공신(29명), 좌명공신(47명)을 보면, 전라도 출신은 극소수에 불과하다. 심효생(전주), 이백유(전주), 오몽을(보성), 김승주(순천), 박석명(순천), 박은(나주), 마천목(곡성) 등이 확인되고 있다. 이렇게 숫자가 적은 것은 이성계 세력 대부분이 함경도 출신의 무인과 개경을 근거로 한 사대부로 구성되었던 데서 비롯된다. 어떠하든 간에 공신이란 막대한 정치·경제적 혜택을 누린 특권층이라는 점을 감안하면 전라도 사람들이 건국 초부터 권력에서 소외당했을 가능성은 충분하다.

경기전-전주도 어향

  이성계 선대는 전주에서 살았고, 이성계는 황산대첩에서 왜구를 대파한 후 전주에 들러 오목대에서 승전 축하연을 열었다. 이성계에게 전주는 남다른 곳이었다. 그래서 조선은 전주에 경기전, 오목대, 이목대, 조경묘, 조경단 등을 두고서 전주를 중요하게 여겼다. 왕실이 전주를 자신들의 고향으로 여긴 결과였다.

  고려 말기에 친원파를 중심으로 형성된 권문세족이 농장을 확대하여 민생을 어렵게 하고 국가재정을 약화시키자, 성리학을 신봉하는 신진 사대부 세력이 등장하여 권문세족과 대립하며 현실 모순을 극복하려는 개혁정치를 주장했다. 또한 홍건적과 왜구가 침입하여 민족적 위기를 맞게 되었지만 신흥 무인세력이 남쪽과 북쪽 각지에서 앞장서 격퇴했다. 이들 사대부와 무인세력이 위화도 회군을 계기로 정권을 장악한 후, 사대부 가운데 급진파가 온건파를 제치고 이성계를 국왕으로 옹립하여 조선이라는 새 왕조를 수립했다.

  태조 이성계(李成桂, 1335~1408)는 본관이 전주이지만, 함경도 영흥에서 출생하여 무공으로 세력을 키워왔다. 쌍성총관부 공격, 홍건적 격퇴, 요동지방의 세력가 나하추 격파, 여진족 격퇴, 왜구 소탕 등의 공헌으로 최영과 함께 신흥 무인세력으로 성장했다. 수상격인 문하시중에 올라 최영과 함께 보수적인 정치인들을 처형하니, 대중들의 인기를 한 몸에 받게 되었다. 명나라가 철령 이북 땅을 내 놓으라 하여 요동정벌이 결정되자, 이성계는 출정 중에 위화도에서 회군하여 최영을 제거하고 우왕을 폐한 후 창왕을 세워 막강한 권력을 장악했다. 다음해에 정도전 등과 함께 창왕을 폐위하고 공양왕을 세우고, 전제개혁을 단행한 후 1392년에 새 왕조를 세워 왕위에 올라 태조가 되었다. 이렇게 건국된 조선왕조는 제27대 왕 순종을 마지막으로 1910년까지 519년간 존속되었다.

이성계의 선대는 전주에서 살다가 함경도 방면으로 옮겨갔다. 시조 이한으로부터 이안사 때까지 19대 동안 전주에서 살았다. 이성계의 고조부 이안사는 관리와 사이가 나빠 강원도 삼척으로 옮겨갔다가, 얼마 뒤 전주 관리가 다시 삼척으로 부임해오자 가족을 데리고 함경도로 갔다. 그곳이 쌍성총관부 설치로 인해 원나라 땅이 되자 원나라에 귀부하여 '다루가치'라 불리는 지방관이 되었다. 이안사의 아들 이행리와 그의 아들 이춘 때까지 원나라에서 벼슬살이를 했다. 그러다가 이춘의 아들 이자춘, 즉 이성계의 아버지가 고려로 와서 무사로 지내다 공민왕의 쌍성총관부 공략에 공을 세워 그곳 병마사로 임명되어 세력을 쌓았다.

이성계의 고조부가 전주를 떴지만, 전주는 영흥과 함께 조선왕실의 어향이었다. 그래서 이성계는 즉위한 지 20일 만에 전주 읍호를 '부'로 정하고, '윤'을 관장으로 파견하도록 명했다. 이는 전주에 대한 파격적인 대우였다. 평양·경주·개성 등 전 왕조의 수도에만 부윤(府尹)을 보냈기 때문이다. 실상은 전주부윤을 별도로 보내는 것이 아니라, 전라

감사로 하여금 겸하게 했다. 또한 전주를 '풍패', 즉 '군왕의 고향'이라
하여 특별히 중시 여기었다. 이런 연유에서 전주 객사 이름을 '풍패지관
(豊沛之館)', 즉 풍패의 객관이라 했다. 그리고 '풍패'의 '풍'자를 따서 전
주성 남문을 풍남문이라 했고, '패'자를 따서 서문을 패서문이라 했다.
전주 곳곳에 이성계의 흔적이 남아 있는 것이다.

　우선 경기전(慶基殿)이 있다. 태조 이성계의 초상화를 봉안한 '태조
진전'이 태종 때에 전주 어른들의 요청에 의해 전주에 설치되었다. 태
조 진전은 세종 때에 경기전으로 이름이 바뀌었는데, '경사스러운 터'라
는 말이다. 관리인으로 종9품의 참봉이 파견되었다. 부안 출신의 김석
홍, 광주 출신의 박광원 등이 젊어서 경기전참봉을 역임한 바 있다. 관
리인은 영조 때에 종5품의 령(令)으로 바뀌었다. 화순 출신의 하백원이
경기전령을 역임한 바 있다. 이들 관리인은 춘추 2회 제사, 매달 초하
룻날과 보름날 분향, 5일 간격의 어진 봉심 등의 임무를 수행했다. 전
주에 들어온 관리나 양반들은 으레 경기전에 들러 참배했다. 이런 경기
전을 1597년 정유재란 때에 남원성을 무너뜨리고 전주에 들어온 왜군
이 불태워버렸다. 이를 경험한 조선 정부는 2백여 년 지나 유사시 태
조 초상화를 옮겨 봉안하기 위해 전주 인근에 위봉산성을 쌓았다. 실제
1894년 동학농민운동 때에 농민군이 전주성을 점령하자 태조 초상화
를 위봉산성으로 옮긴 적이 있다. 태조 초상화가 너무 낡아지자 1872
년 고종 때 다시 그리고 원래 것은 불살라 땅에 묻었다. 현재 태조 초
상화(국보 제317호)는 경기전 뒤에 건립된 '어진박물관'에 소장되어 있
다. 임금 초상화를 어진이라고 하기 때문에 박물관 이름을 그렇게 명명
한 것이다.

　경기전 관내에는 역사책을 보관하는 사고도 있었다. 이는 조선전기에

춘추관, 성주, 충주, 전주에 있었던 4대 사고 가운데 하나이다. 경기전 사고의 건물을 '실록각(實錄閣)'이라 했다. 조선왕조의 실록을 보관하는 것이 주목적이었다. 여기에 있던 태조에서 명종에 이르는 『조선왕조실록』은 태조 초상화와 함께 임진왜란 때에 경기전참봉 오희길, 태인 출신의 유생 안의와 손홍록, 정읍 영은사의 승려 희묵 등에 의해 사비로 정읍 내장산 용굴암으로 옮기어졌다. 그것도 전화가 전라도에 직접 미치지 않은 1592년 6월이었다. 실록은 다시 아산·강화·해주를 거쳐 묘향산으로 옮기어졌다. 손홍록 등은 전주에서 묘향산까지 따라다니며 5·6년간 어진과 실록을 지켰다. 그때 나머지 사고의 실록은 모두 불타 없어져 버렸다. 1614년(광해군 6)에 무주 적상산성에 실록각을 창건하고서 묘향산의 실록을 옮겨왔다. 이후 적상산사고에는 실록 외에 선

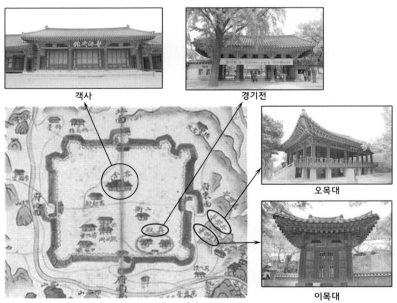

객사   경기전
                                        오목대
                                        이목대

18세기 「해동지도」 속의 전주. 읍성 안에 객사, 진전(경기전),
읍성 밖에 이목대와 오목대가 각각 그려져 있다.

원록, 의궤, 잡서 등이 봉안되었으나, 국권 강탈 이후 일제가 그것들을 규장각으로 이송하면서 사고는 황폐화되고 말았다.

조선 정부는 전란 이후 전주사고 실록을 4부 재인쇄하여 원본은 강화도 마니산에, 나머지는 춘추관·태백산·묘향산·오대산에 각각 두었다. 마니산사고(뒤에 정족산사고로 옮김) 실록은 병자호란 때에 파손되었다가 보수된 후, 일제 강점기 때에 조선총독부로 옮겨졌다가 해방 이후에는 서울대학교 규장각으로 옮겨져 지금까지 보관해오고 있다. 결론적으로 말하면, 전라도 사람들 아니었으면 제1대에서 제13대까지의 실록은 이 땅에 존재할 수 없다. 그렇다면 『조선왕조실록』의 세계기록문화유산으로의 지정도 기대하기 어렵고, 조선의 숭고한 역사문화도 반 토막 난 채 전해질 수밖에 없다.

이 외에 경기전 관내에는 전주이씨의 시조 이한 부부의 위패를 봉안한 조경묘(肇慶廟)가 있고, 경기전에서 멀리 떨어진 건지산 자락에는 이한의 묘가 있는데 묘자리에 단을 쌓고 조경단(肇慶壇)이라 불렀다. 그리고 경기전에서 그리 멀지 않은 곳에는 이안사가 전주를 떠나기 전까지 살았던 터가 있는데 그곳을 이목대(梨木臺)라 한다.

2장
도의 행정과 군사를 나눠 맡다

도의 행정과 군사를
나눠 맡다

조선왕조는 도의 통치를 위해 전라도의 감영을 전주에, 병영을 강진
에, 수영을 순천·해남에 두었다. 감영에는 관찰사가 상주하며 관내를
순찰하고, 도사와 심약이 파견되어 관찰사를 보좌했다. 토착출신의 영
리들로 하여금 행정실무를 맡도록 했는데 그들은 대사습을 열어 판소리
명창을 길러냈다. 전라도를 지키는 육군과 수군이 주둔했던 병영과 수
영에는 자랑스러운 국란극복의 문화유산이 많이 남아 있다. 하멜이 살
았던 병영은 한국을 세계에 최초로 알린 곳이다. 병마절도사가 상주하
는 병영 아래 진영을 5곳 두고 영장으로 하여금 관할 군을 지휘하도록
했고, 유사시 광역방어를 위해 산성을 쌓았다. 좌수영은 이순신에 의해
세계 최초의 특수선 거북선이 건조된 곳이고, 우수영은 13척으로 무려
133척의 왜선을 상대로 싸워 이긴 명량대첩의 현장이다. 수영 아래에
있던 30여 곳의 수군진 가운데 목포진, 군산진은 개항장이 개설되어 근
대도시로 도약하여 오늘에 이른다.

1. 전주 감영, 행정을 총괄하다

> (전주는) 벼·생선·생강·토란·대나무·감 등의 생산이 있어서 천 마을 만 부락의 삶에 이용할 물건이 다 갖추어졌고, 서쪽의 사탄에는 생선과 소금을 실은 배가 통한다. 관아가 있는 곳에는 인구가 조밀하고 물자가 쌓여 있어, 한양과 다름이 없으니 하나의 큰 도회지이다.
> 〈이중환, 택리지〉

한양과 다름없는 큰 도회지 전주에는 누가 살았을까요? 감영이 있었기에 감사, 도사, 심약, 영리 등의 관리들이 살면서 여러 가지 일을 담당했고, 인구가 조밀하고 물자가 쌓여 있는 곳이어서 전주 사람들은 멋스러운 문화를 만들어냈습니다. 최근 1년 동안 전주 한옥마을에 무려 1천만 명이 찾아와서 한복을 입고 비빔밥으로 배를 채운 후 경기전을 찾고 판소리를 듣고 있습니다. 이 힘은 어디에서 온 것일까요? 전주가 우리나라에서 가장 전통이 깊은 도시이기 때문입니다. 고려 때부터 조선 때까지 전라도의 감영 소재지이자, 오늘날 전북의 도청 소재지가 바로 전주입니다. 그래서 전주에는 전라도의 가장 힘 있는 행정 실무자들이 살았고, 그들은 좋은 소리를 후원했고 맛있는 먹거리를 만들어냈습니다.

완영-전라도 수부

고려 때에 도의 장을 안찰사라 했다. 안찰사는 전임관이 아니라 중앙 관직을 띤 채 외직을 겸임했고, 상주하는 외관이 아니라 6개월 마다 교대하는 관리에 불과했다. 그러나 조선의 도 제도는 이전과는 완전히 달랐다. 도의 중심 지역에 감영이라는 관청을 설치하고서 상주하는 장을 관찰사라는 이름으로 파견했고, 관찰사를 보좌하는 여러 직책의 사람들을 두었기 때문이다. 이 제도를 이어받아 현재의 도청이 운영되고 있다. 따라서 감영 제도는 고려에서 조선으로 이어지는 왕조 체제를 거쳐 임명제에서 자치제로 이어지는 현재의 공화정 체제에 이르기까지 1천년 이상의 장수를 누리고 있는 것이다.

먼저, 감영(監營)에 대해 알아보겠다. 도의 중심 지역에 관찰사가 상주하는 감영이 설치되었다. 관찰사는 관내를 봄과 가을에 순찰해야 하기 때문에, 감영을 순영이라고도 하고 그래서 관찰사를 순찰사 또는 순사라고도 했다. 전라감영은 전주에 두어졌다. 전주는 백제·통일신라 때 완산이라 불렀다. 그렇기 때문에 전라감영은 완영(完營)이라고도 했다. 이런 식으로 전라관찰사도 완백(完伯)으로 불리어졌고, 전주에서 출판된 책을 완판본(完板本)이라 했다. 감영이 청주에서 공주로 옮겨진 충청도, 경주에서 상주로 다시 대구로 옮겨진 경상도와 비교하면 전라도는 완전 달랐다. 시종일관 전주 한 곳에 두어졌기 때문이다. 그래서 전주는 전라관찰사가 상주하는 도내 최대 도시로써, 명실상부한 전라도의 중심지 역할을 했다.

4각형 모양의 전주성은 전라도 제1의 성으로 꼽히었다. 4개 성문을 갖추었다. 성문에는 거대한 종이 걸려 있었다. 그런데 정유재란 때에 모두 불타 없어졌다. 이후 우여곡절을 거쳐 남문인 명견루(明見樓, 뒤에 풍남문으로 개칭) 서쪽에 종각을 설치하고서 종을 걸어 두었다. 강점기 때 일제가 전쟁물자 조달을 위해 종을 고철로 징발하려고 했는데, 해방 직후 행방불명되고 말았다.

성 안에는 남북으로 열린 대로를 기준으로 전라감영이 왼편[서쪽]에 있었고, 전주부아(全州府衙)가 오른쪽[동쪽]에 있었다. 고지도를 보면,

두 영역은 확연히 구분되어 있다. 그 가운데 감영 면적은 부아 면적의 배 가까이나 될 정도로 넓었다. 감영 영역에는 '풍패지관'이라는 객사가 들어서 있었다. 전라관찰사가 근무하는 건물을 선화당(宣化堂)이라 했다. 동학농민운동 당시 전주화약 후 전봉준이 대도소라는 자치기구를 설치한 곳이 바로 선화당이다. 포정루라는 거대한 누각이 있어 국가 정책을 선포하는 광장으로 이용되었다. 권력 서열 2위 도사가 근무하는 현도관, 군무 보좌관 중군이 근무하는 주필당 등이 있었다. 그 외에 행정실무와 치안업무 및 군정명령을 맡은 관공서가 들어섰다.

부아 영역에도 전주부윤(실제는 관찰사가 겸함)이 근무하는 건물과 실무자들이 근무하는 건물이 들어서 있었다. 이 사실은 『완산지』라는 전주읍지에 기록되어 있는데, 향사당·작청·관노청·교방 등이 있다. 이런 공공건물 외에 감영과 부아의 구성원들이 사는 주택도 성 안에 있었다.

4개 성문 밖에는 큰 시장이 들어섰다. 2, 4, 7, 9일에 장이 섰다. 『만기요람』에 전국 15개 큰 시장 가운데 전주 읍내장이 포함되어 있다. 18세기 때 충청도 선비 이하곤이 장 안으로 들어갔다. 전주의 풍요로움이 8도 그 어느 곳과 달랐다. 평량자 쓴 남자들, 머리에 다리[가체] 올린 여자들, 색동옷 입은 아동들로 붐볐다. 좌판 위의 유과는 넘쳐났고, 생강 김치는 맛좋았다. 허균은 『도문대작』에서 유과는 전주에서만 만든다고 했다. 그 유명한 부채와 붓을 만드는 공방과 필방도 있었다. 영저(營邸)라는 각 고을의 출장소도 들어섰다. 여기에는 각 고을에서 파견되어 온 영저리라는 향리가 있었다. 수령이 감영에 일보러 가면 가장 먼저 찾는 사람이 영저리였다. 영리 등 유력층이 사는 주택도 성 밖 동쪽에 있었는데, 일제 때에 도내 지주들이 이곳으로 이주해 들어오면서 거대한 기와집이 운집한 현재의 '전주 한옥마을'이 형성되었다.

그러나 전주성과 감영 시설도 근대화와 함께 하나둘 사라졌다. 일제는 도시 개발을 한다면서 그것들을 완전히 해체해 버렸다. 그리하여 성벽이 허물어지고, 성문이 철거되었다. 그 자리에 일본인과 식민통치기관이 들어왔다. 도로 이름이 '대정통', '본정통' 등 왜식으로 바뀌었다. 감사가 정무를 보던 선화당 자리에 전북도청이 들어섰다. 그 결과 오늘날 객사(보물 제583호)와 풍남문(보물 제308호)만 남아 있다. 현재 전주시는 객사에서 풍남문에 이르는 거리를 '역사문화의 거리'로 조성하겠다 하고, 선화당이나 비장청 등을 지어 전라감영의 복원사업을 진행하겠다 하니 그 결과가 주목된다.

감사-일도를 호령하다

고려는 도의 장관을 말기에 안렴사로 변경했다. 조선은 건국 직후 다시 관찰사(觀察使)로 개칭했다. 관찰사를 보통 감사(監司)라 했다. 도백(道伯)이라고도 했는데, 해방 이후부터 지방자치제 선거 때까지 사람들은 관선 도지사를 도백이라 말했다.

관찰사의 임기는 법적으로 1년이었고, 품계는 정2품이었다. 그에게는 관찰사 임무 외에 병마절도사, 수군절도사, 순찰사, 전주부윤 등의 임무가 겸해졌다. 그래서 그의 직함은 상당히 길었다. '전라도관찰사겸병마절도사수군절도사순찰사전주부윤' → '전라도 관찰사 겸 병마절도사 수군절도사 순찰사 전주부윤'이었다. 그에 맞게 임금은 궁궐을 떠나는 관찰사에게 임명 문서인 교지(教旨), 부임지를 잘 다스리라는 내용이 담긴 교서(教書), 군사 지휘와 관련된 유서(諭書), 그리고 병력을 움직일 수 있는 증표인 병부(兵符) 등을 주었다. 전라도 관찰사는 병마절도사와 수군절도사를 겸했기 때문에, 그에게 주어진 병부는 육군과 수군을 모두 움직일 수 있는 증표였다. 병부는 지름 10㎝ 정도의 원형으로 앞면에는 '發兵'이라고, 뒷면에는 '兼全羅道兵馬水軍節度使'라 적혀 있다. 그리고 2등분하여 오른쪽은 근무지로 떠나는 관찰사에게 주어지고, 왼쪽은 궁궐에 두어졌다. 유사시 양쪽을 합하여 확인한 뒤에 군병을 징발할 수 있었다.

임금에게 절을 하고 서울을 떠나 내려온 전라도의 신 관찰사는 도의 초입 여산에서 구 관찰사를 만나 인수인계식을 거행했다. 신구 교대식은 충청도 은진과의 접경지에 있는 황화정(皇華亭)이라는 정자에서 행해졌다. 1833년에 전라감사가 된 서유구가 황화정에서 신구 교대식을 치른 내용이 그의 저서 『완영일록』에 수록되어 있다. 1874년에 전라좌도 경시관으로 임명되어 서울에서 내려오던 한장석이 황화정에 이르러 스스로 '호남의 첫 경계이다'고 말했다. 이런저런 사연으로 이곳을 지나는 선비들은 한장석처럼 그 감회를 읊지 않을 수 없었다. 그런데 정자는 중간에 사라져 버렸다. 1872년 무렵에 작성된 여산 고지도에 '皇華亭 古有今無 只有碑'라고 적혀 있는 것으로 보아, 한장석은 비석만 보았을 것 같다. 비록 황화정은 없어졌다고 하더라도, 그 터는 전라도 역사에서 의미 있는 곳임에는 틀림없다. 그런데 현재 그곳은 충청남도 논산시 연무읍 소속이다. 1963년에 넘어간 것이다. 여산에서 신구 관찰사가 주고받은 것이 '全羅道觀察使之印'이 새겨진 도장이었다. 이를 관인이라고 하는데, 이를 찍어야 문서가 효력을 발휘할 수 있다.

관찰사는 부임하면 도내 고을을 순찰했다. 고을 실태를 살피고, 지방관을 평가하고, 민원을 해결하고, 민의를 파악하기 위해서였다. 1571년에 전라관찰사로 임명된 유희춘의 경우 전주에 도착한 후 곧 바로 순찰 준비에 들어갔다. 우선 언제·어디를 들리는데 어디서 점심먹고 숙박하고, 어느 관리가 맞이하고 접대하는지 등 일정표를 작성했다. 이어 영리와 군관 등 수행원을 선정하고, 타는 말 48필을 마련했다. 준비가 완료되자 바로 순찰에 들어가 전주를 출발하여 임실·순천·해남·나주·금구 등 21개 고을을 경유하여 40일 만에 전주로 돌아왔다. 이런 식으로 6개월 동안 무려 4번이나 도내 순찰을 돌았다. 가는 곳마다 수령이 올리는 보장(報狀)과 주민들이 호소하는 소장(訴狀)을 처리하는 데에 날을 샐 지경이었다. 해남에서는 자신의 집이 있어 집안 제사를 지내고, 순천에서는 조상 산소에 성묘하고, 몇몇 경유지에서는 친지를 방문하는 등 사적인 일도 보았다. 몸이 아파 의원의 진찰을 받고 약을 복용한 적도 있었고, 그래도 이동이 힘들면 일정을 변경하기도 했다. 날씨가 안 좋거나 서울에서 출장관리가 내려오면 역시 일정을 바꿀 수밖에 없었다.

유희춘과 같이 1571년에 황해도 관찰사에 임명된 윤두수가 부임하던 날의 광경을 묘사한 그림이 「유영수양관연명지도」라는 이름으로 국립중앙박물관에 소장되어 있다. 당시 황해도 감영 전경과 관찰사 부임 행렬의 전모를 보여주고 있어 역사적 가치가 매우 높다. 관찰사 부임 행렬을 보면, 어림잡아 50명도 안되는 인원이 50m 정도 되는 거리로 나열되어 있다. 이것저것 감안해도 조촐한 행렬임에 분명하다. 그런데 이런 관찰사 순찰이 조선후기에 이르면 엄청나게 대규모로 변했고 화려해졌다. 『목민심서』를 보면, 관찰사 일행은 영리가 4명, 군관이 수십 명, 하인배가 수십 명 내지 수백 명, 고운 의복에 곱게 치장한 여자가 수십 명, 호위병 5명, 마부 4명, 병부 주머니를 차고 따르는 자 5명, 형구를 싣고 가는 자 4명, 횃불과 초 등 조명 기구를 들고 있는 자 수백 명, 채

찍을 들고 '길 비켜라'하며 백성들을 밀어제치는 자 8명 등 수백 명에 이르렀다. 사람을 태운 말이 1백 필, 짐을 실은 말이 1백 필 등 무려 2백여 필의 말이 동원되었다. 이들은 큰 깃발을 세우고, 큰 일산으로 옹위하고, 큰 북을 치며 큰 나팔을 불며 쌍마교를 타고, 관 머리에 옥으로 만든 해오라기 모양의 장식이 달려 있는 옥로모를 쓰고 갔다. 자연히 이들 대규모 일행을 접대하는 데에 고을이나 역원은 큰 부담이었다. 하지만 악대를 대동한 이 웅장한 행차가 길가 부근 사람들에게는 오랜 만에 보는 큰 구경거리였다. 길가에서 구경하면서 탄식하고 부러워하는 사람들이 수천 내지 수백 명이었다. 여기에 힘 받은 관찰사는 이르는 곳마다 화포를 쏴 그 불빛과 소리에 놀란 백성들 모습을 보고 즐겨 했다. 그래서 정약용은 말했다.

"오늘날 감사 순찰은 천하의 큰 폐단이다. 이 폐단을 고치지 않는다면 부세와 요역이 번거롭고 무거워 백성이 모두 못살게 될 것이다."

관찰사는 순찰이 끝나면 선화당에 머물며 도내의 일반 행정권, 사법 재판권, 군사 지휘권, 치안 유지권 등을 행사했다. 이렇게 한 도의 막대한 권한이 주어졌기 때문에, 임기가 1년에 그쳤지만 나중에 2년으로 연장되었다. 그렇지만 실제 재임 기간은 1년을 갓 넘겼을 뿐이다. 관찰사 명부를 '도선생안(道先生案)'이라 하는데, 전라도의 경우 1358년부터 1896년까지 539년 동안 508번째 관찰사가 거쳐 갔다. 사실상 매년 전라관찰사가 교체되었던 것이다. 그 가운데 원두표는 3회, 홍만조·이서구는 2회 역임했다. 민유중·진원과 서호수·유구는 부자가 홍석보·낙성은 조손이 역임했다. 특정 가계가 겹치기로 맡는 경우는

당쟁이 격해진 조선후기
일이다. 또한 관찰사는
막강한 권한으로 인해 원
칙적으로 자기 고향에의
임명은 금지되었다. 하지
만 전라도 출신으로 소세
양, 송흠, 박수량, 유희
춘, 정철 등이 전라관찰
사를 역임하며 치적을 남

전라도 관찰사 선생안. 1361년에 안렴사로 부임해 온 권
사복부터 기록되어 있다.

겼다. 이 가운데 송순은 순찰 중 소쇄원에 들려 멋진 시를 남겼다. 이런
경우는 사림정치가 꽃피었던 16세기에 일어났던 일이다.

19세기에 들어서면 감영의 폐해가 크게 노출된다. 정약용은 도둑의
등급을 매기면서 배고파 담을 넘는 도둑은 도둑 축에도 들지 않으며, 수
령은 작은 도둑, 감사는 큰 도둑이라고 했다. 그리하여 감사라는 큰 도
둑을 물리치지 않고는 백성이 편안히 살 수 없다고 질타했다. 감사가 큰
도둑이 된 것은 조세제도의 개편이나 사회세력의 변화에 따라 그만큼 감
사의 역할이 높아졌는데, 그것을 견제할 제도적 뒷받침이 예나 지금이나
정쟁으로 무력해진 데에 원인이 있을 것 같다. 예나 지금이나 정쟁은 민
생을 멍들게하는 주범이다.

심약-허준을 배출하다

관찰사는 한 도의 장관으로써 통치와 관련된 거의 모든 권한을 지니
고 있었다. 그 권한을 잘 수행할 수 있도록 관찰사를 보좌하는 사람들도
다양하게 꾸려져 있었다. 『경국대전』에 따르면, 종5품의 도사(都事),

종9품의 심약(審藥), 종9품의 검률(檢律) 각 1명씩 둔다고 명시되어 있다. 도사는 수석 보좌관에 해당되고, 심약은 의약 보좌관이고, 검률은 법률 보좌관이다. 이들은 모두 국가에서 파견한 사람이다. 그리고 후기에 가면 감사가 사적으로 데리고 오는 보좌관 격의 비장(裨將)이 있었고, 군무를 총괄하는 중군(中軍)도 있었다. 특히 비장의 권한이 막강하여 『배비장전』 등의 문학 작품에도 등장한다. 또한 18세기에는 도화서 소속 화원들도 감영에 파견되어 국가기밀에 해당되는 채색 지도를 그리기도 했는데, 강진의 병영에도 파견되었다. 이 중에서 도사와 심약에 대해서 자세히 알아보겠다.

먼저, 도사(都事)에 대해 살펴보자. 도사는 감사 다음가는 사람이었다. 그는 관찰사와 함께 도내를 순찰하며 관리들을 감찰하는 임무를 수행했고, 관찰사와 함께 수령들의 근무성적을 평정했다. 또한 향시를 관장하고 농사 작황을 조사했고, 조운을 감독하고 기민을 구휼하기도 했다. 그리고 감사 유고시에는 감사를 대행했다. 이런 막중한 임무에 걸맞게 대부분 명문가 후예로써 문과 급제자가 임명되었다. 하지만 후대로 갈수록 감사의 권한이 강화되고 영리의 입김마저 강해지면서, 도사 자리는 기피 대상이 되고 유명무실해지더니, 마침내 1882년에는 사라지게 된다.

전라도사를 역임한 사람으로 광주 출신의 눌재 박상(朴祥, 1474~1530)이 있다. 그는 도사로 있을 때 나주 금성관에서 우부리(牛夫里)라는 사람을 매로 때려 죽였다. 우부리는 천인으로써 딸이 연산군의 후궁이 되자 갖가지 행패를 저질렀는데도 불구하고, 어느 누구하나 후궁의 권세를 무서워하여 훈계하지 않았다. 그런데 박상이 벌을 가하여 죽음에 이르게 했다. 화가 미칠 것을 각오하고 서울로 가던 중 정읍 입암

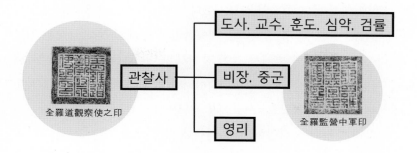

에 이르렀는데 고양이가 길을 인도하여 금강산으로 가게 되었다. 그로 인해 연산군의 명으로 박상을 붙잡으러 내려오던 금부도사와 길이 엇갈렸고, 바로 그때 중종반정이 일어나 화를 면하게 되었다. 전라도사를 역임한 사람으로 화순 출신의 조대중도 있다. 그는 전라도사로서 도내 만경현을 순찰하던 중에 개인적인 사연으로 눈물을 흘린 일이 있었다. 이 일이 정여립 사건 때에 "정여립의 죽음을 전해 듣고 방에 들어와 울고 음식도 먹지 않았다"는 말로 잘못 전해져 죽음을 당하고 말았다. 죽기 전에 형에게 보낸 편지에서 "원통함을 품고 죽습니다. 애매함이 하늘을 찌르지만 실로 이것은 명이니 어찌하겠습니까?"라고 말했다.

둘째, 심약(審藥)에 대해 살펴보자. 전라도에는 전주 감영 1인, 강진 병영 1인, 제주 1인 등 3인의 심약이 파견되어 있었다. 심약은 서울에 있는 전의감·혜민서의 의원 중에서 차출되었다. 그들은 도내 관인과 군인들을 치료하거나 그들이 필요한 약을 조달했다. 또한 의생들을 교육시키거나 진상 약재를 조달하여 상납하는 일도 맡았다. 결국 심약은 중앙과 지방의 의료를 매개하는 역할을 했다. 그리고 그들은 관찰사의 순찰에 동행하면서 질병으로 신음하는 인민을 치료하고 관찰사의 건강과 질환에 대해 상담하고 약을 조제했다. 미암 유희춘이 전라감사가 되어 도내를 순찰할 때 항시 심약을 대동하면서 수시로 건강 상태를 진단받았다. 어떤 때는 한 방에서 같이 자면서 도내를 다니면서 듣게 된 새로운 처방에 대해 논의하기도 했다. 이러한 인연을 계기로 그때 심약은 승진하여 서울로 올라갔고, 서울에서 두 사람의 만남은 계속되었다.

전라감영의 심약을 역임한 사람 가운데 『동의보감』의 저자 허준이 있다. 허준은 청년기를 전라도에서 보내며 전주의 감영에서 심약을 지냈다. 그의 어머니가 유희춘과 동향인 해남 출신이고, 그의 외삼촌이 유희춘 문하에 출입했다. 이런 인연으로 허준 본인도 유희춘과 밀접한 관계를 지니며 유희춘으로부터 매우 유능한 사람이라는 평가까지 받았다. 그 결과 유희춘의 추천을 받아 내의원에 들어갔고, 유희춘의 부탁으로 유희춘 부인의 병 치료를 하거나 나주에 사는 나사침·덕명 부자의 병을 진찰하기도 했다.

영리-감영의 실세

관아에서 행정실무를 담당하는 사람을 이서(吏胥) 또는 서리(胥吏)라 했다. 아전(衙前)이라고도 했는데, 관장이 근무하는 아사(衙舍) 앞에 있어 그렇게 불렸다. 아전 가운데 중앙관청의 아전을 경아전, 지방관청의 아전을 외아전이라 했다. 외아전을 보통 향리(鄕吏)라고 했다. '향의 리'라는 말이다. 그 가운데 감영, 병영, 수영 등 영문의 아전을 영리(營吏)라고 했고, 읍[군현=고을]의 아전을 읍리(邑吏)라고 했고, 진의 아전을 진리(鎭吏)라고 했다. 우리들 귀에 익숙한 표현은 보통 아전과 향리이다. 둘 가운데 풍기는 뉘앙스는 약간 다르다.

감영에는 행정실무를 담당하는 영리가 있었다. 영리는 각 고을의 토착 향리 중에서 선발되어 올라온 사람들이다. 1790년에 편찬된 것으로 추정되는 『전라감영지』에는 30명의 영리가 있다고 기록되어 있다. 감영은 이들 영리로 구성된 영방(營房)을 통해 수령을 감독하고 조세를 책정하는 등 각 고을에 대한 통제력을 유지했다. 영방은 중앙정부의 조직을 본따서 이방, 호방, 예방, 병방, 형방, 공방 등 6방으로 구성되었는데, 이가운데 이방이 으뜸이었다. 영리들은 일정 기간 근무하고 자신의 출신고을로 되돌아가서 자기 고향의 행정실무에 계속 영향력을 미쳤다. 그래서 그들의 위세 및 권위는 일반 향리들에 비하여 우월한 위치에 서 있었다. 그들은 그러한 자신들의 위세를 과시하기 위해 명부를 만들었다.

전라감영의 영리들은 조선전기부터 자신들 명부를 작성했다. 정유재란 때에 불타 없어진 것을 뒤에 새로 작성하여 이름을 『호남영방선생안』이라 했다. 여기에는 영리들의 성명 외에 출신 군현, 차임 연도, 생년, 자, 영리를 앞서 역임한 인물과의 혈연관계 등이 기록되었다. 1530년부터 1817년까지 대략 3백 년 동안 모두 580명이 수록되어 있다. 이를 분석해 보면, 몇 가지 특징이 발견된다. ①지역별로 분류하면 나주

『호방영방선생안』(『호남문화연구』 26). 왼편은 서문(일부)으로 명단을 만든 배경이, 오른편은 명단(일부)으로 이름과 거주지가 각각 기록되어 있다.

72명, 김제 55명, 고부 44명, 전주 43명, 부안 33명, 남원 27명, 영광 27명 순이다. 이와는 달리 조선시대 전 기간을 통하여 영리를 전혀 배출하지 못한 고을이 적지 않았다. ②후대로 갈수록 고부의 은씨, 김제의 조씨, 나주의 나씨, 정읍의 이씨, 운봉의 박씨, 영광의 조씨, 부안의 김씨, 용담의 고씨 등 특정 지역의 특정 성씨 출신들이 영리를 독차지 하며 세습했다. 대체로 전주와 그 주변의 출신이 높은 비중을 차지해갔다. ③이들은 거의 예외 없이 각 고을에서 향리 세계를 대표하는 호장이나 이방을 독차지한 가계 출신이었다.

이들 영리들은 대부분 지금의 전주 한옥 마을 부근에서 살면서 큰 세력을 형성했다. 관찰사와 결탁하여 각 고을의 수령 인사권과 재정 결정권을 막후에서 행사할 정도로 막강한 위세를 부리고 있었다. 전반적으로 향리들의 권한은 후대로 갈수록 커져 가고 있었다. 이 점을 간파한 대원군은 총명한 이서를 통해 중앙관청의 업무를 조종했다. 그래서 장관들은 팔짱만 끼고 서명이나 할 뿐이었다. 이런 식으로 대원군은 영리

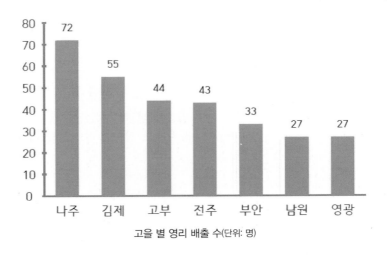

고을 별 영리 배출 수(단위: 명)

를 통해 8도의 감영을 배후에서 조종했다. 그래서 감사가 아전에게 통제될 정도였다. 그 결과 전라감영의 백낙서·낙필 형제와 경상감영의 서은로 같은 영리는 위세가 대단했다. 그 누구일지라도 그들의 뜻을 조금 거슬렀다가는 견책과 파면이 곧 뒤따랐다. 힘을 믿고 백성의 재물을 거두어들이는 앞잡이 노릇도 하니, 백성들이 그들을 잡아먹으려고 했다. 이 이야기는 박제형이라는 사람이 쓴『근세조선정감』에 들어 있다.

전라도 영리 가운데 감영이 들어서 있는 전주 출신의 위세는 대단했다. 그들의 위세에 대해서 정약용은 다음과 같이 말했다.

"전라감영의 아전인 최치봉은 도내 53개 고을 아전들의 수괴였는데, 그는 매년 아전들에게 수십 만 냥을 나누어주면서 창고에서 빼낸 곡식으로 고리대의 밑천으로 삼는 등 많은 백성들을 괴롭혔다."

최치봉은 전주 출신 영리이다. 몰래 빼낸 공금으로 이자놀이를 하면서 백성들을 괴롭히고 자신의 재산을 늘렸다. 오죽 했으면 대원군도 우리나라에 세 가지 큰 폐단이 있는데 충청 지방의 사대부, 평안 지방의 기생, 전라 지방의 향리가 그것이라고 말한 바 있다. 우국지사 황현이『매천야록』에서 전주 아전 김창석의 출세 과정을 말했다.

"전 승지 김창석을 호남균전사로 삼았다. 김창석이라는 자는 전주의 아전 집안사람으로 대대로 부유하여 농장 수입이 만석에 이르렀다. 과거에 급제한 이튿날 10만 냥을 상납하여 국은에 감사드리니 임금이 크게 기뻐하였다. 누차 승진하여 승지에 이르기까지 전후로 진상한 것이 수백만 냥에 이르렀다."

전주 향리 출신의 김창석이 순전히 돈으로 과거에 급제하고서 승지까지 진급했다는 말이다. 승지는 임금을 옆에서 근무하며 어명을 전달하고 민정을 임금에게 보고하는 자리이다. 전주 향리 가운데 과거에 급제하여 고위직에 오른 사람이 또 있다. 이봉구인데, 그는 과거에 급제하여 대사간을 거쳐 갑신정변 이후에 이조참판에 오른 적이 있다. 특히 향리들은 개항 이후 재력을 모으고 변화하는 시세에 잘 적응하여 양반을 딛고 사회 주도층으로 새롭게 떠올랐다. 전주의 백씨, 동복의 오씨, 곡성의 정씨 등은 대표적인 사례로 꼽히고 있다. 그 가운데 전주의 백남신·인기 부자는 관부물자 조달과 세금징수 청부로 이희·이강 등의 왕족이나 박영효·이완용·민영휘 등의 세도가와 어깨를 겨룰 정도의 재력을 지녔다. 백씨 부자는 막대한 재력을 발판으로 대한천일은행의 설립 때 창업 주주로, 전주농공은행 설립 때 임원으로, 전주어음조합 설치 때 조합장으로 참여하여 금융업에 관심을 가졌다. 농장을 설립하고 미곡상을 경영하여 근대 기업가로 성장했다. 일제 강점기에 들어와서는 제조업·무역업·서비스업·농업·부동산업·대부업 등의 분야에서 15개 회사에서 투자자나 경영자로 활동했다. 이렇게 하여 번 돈으로 학회 창립이나 학교 설립 때에 기부금을 내기도 했지만, 친일단체에서 활약하기도 했다.

대사습-명창 등용문

전주감영의 향리들은 판소리에 대한 후원에 나서기도 했다. 이 점을 본격적으로 논의하기에 앞서 우리의 시선을 가까운 시대로 옮겨보자. '여순사건'은 여수·순천 사람들에게, 5·18민주화운동은 광주 사람들에게 엄청난 충격을 가져다주었다. 수많은 사람이 무고하게 죽고 멀

쩡한 사람을 이상하게 조작한 이 사건은 대사건이었다. 여수·순천과 광주 사람들은 그 충격을 '여수야화'와 '임을 위한 행진곡'이라는 노래를 지어 부르며 달랬다. 엄청난 충격을 노래로 달랬다고? 이런 지역은 우리나라에서 전라도가 유일하다. 달라도 너무 다른 모습은 전라도 사람들이 노래를 좋아하고 즐겨 해서 비롯되었다고 보아도 과장은 아닐 것이다. 그런데 김초향 작사, 이봉룡('목포의 눈물'을 부른 이난영의 오빠) 작곡, 남인수 노래의 '여수야화'에 이승만 정권이 철퇴를 내리고 말았다.

"민심에 악영향을 초래할 우려가 있어서"

그리하여 "무너진 여수항에 우는 물새야"로 시작하는 이 노래는 이승만 정권이 내린 대한민국 최초의 금지곡이 되었다. '임을 위한 행진곡'도 보수정권에 의해 한 때 제창이 금지되기도 했다. 지역민들이 애창한 노래가 금지곡이 된 곳도 전라도가 유일할 것 같다.

이제 판소리 이야기를 해보자. 전라도 사람들의 노래를 즐겨하는 전통은 백제 시대의 가요, 즉 지리산가, 무등산가, 방장산곡, 선운산가 등으로 거슬러 올라간다. 더 내려오면 판소리로 이어진다. 우리 문화에 있어서 민족의 고유성을 띄고 있으면서 예술적 가치가 뛰어난 것으로 판소리가 대표적이다. 판소리는 전라도의 무가 또는 민요에 뿌리를 두고 있다. 17세기 말에 전라도에서 민중 노래로 출발했다. 점차 충청·경상·경기도로 확산됨으로써 지역적 범위를 넓혀갔다.

18세기 말에서 19세기 초에 활약한 완주 용진면 출신의 권삼득이 판소리 명창의 시조로 추앙받고 있다. 그는 초기 판소리의 설움조 일변도의 여성적인 경향에 남성적인 창법을 도입하여 판소리 표현 영역을 확대시킴으로서 그 예술적 가치를 한 단계 높인 것으로 평가된다.

19세기에는 판소리의 향유층이 서민을 비롯하여 양반관료, 아전, 지주, 상인 등의 부호에 이르기까지 각계각층으로 넓혀졌다. 19세기 중반 이후에는 명창들이 철종·고종·대원군 등의 앞에서 소리하여 참봉·감찰·통정대부의 벼슬을 받기도 했다. 그리하여 서민들이 향유하던 판소리가 궁궐까지 확산되어 보편적인 민족문화로 정립되기에 이르렀는데, 명창 가운데 명창을 국창(國唱)이라고 불렀던 점을 통해서도 알 수 있다.

판소리는 일제 강점기 때에 이르러서는 신파극과 영화의 영향으로 연희적인 측면이 강조되면서 창극으로 발전했다. 특히 박초월, 박귀희, 김소희 등 전라도 여성 명창들의 창극 활동은 장안에 큰 화제를 불러일으키며 우리나라 예술사에 한 획을 그었다. 판소리의 특정 대목을 가야금이나 거문고를 연주하면서 부르는 병창으로, 또 임진택의 '오월 광주'와 같은 창작 판소리로 발전하기도 했다.

판소리 변천사에 이어 특징에 대해 알아보자. 판소리는 문학, 연극, 음악의 특징이 모두 포함되어 있는 종합예술이라고 할 수 있다. 이러한 판소리 공연에는 소리꾼과 고수, 그리고 청중이 꼭 필요하다. 소리꾼은 창(唱)에다 사설(辭說)인 '아니리'와 몸짓인 '발림'으로 연희해 나간다. 그러나 천하의 명창이라 할지라도 고수 없이는 완전한 소리를 할 수 없다. 고수는 반주만을 하는 것이 아니라 소리꾼을 리드하고 극중의 상대역을 하고, 청중을 대변하기 때문이다. 연희 과정에서는 청중들 역시 '얼씨구, 좋다, 그렇지, 잘한다' 등의 추임새를 매기며 소리판을 이끌어가는데 소리에 더욱 신명이 실리게 하는 요인이 된다. 그래서 '1고수 2

명창 3청중'이라는 말이 있다.

그렇지만 소리꾼의 자질과 명성이 소리판의 성패를 좌우하는 핵심 요인임은 두말할 나위가 없다. 소리꾼의 기본은 목청이므로 가창에 적합한 목소리를 갖추어야 한다. 목청을 갖추어 전문가 수준에 도달하는 것을 '득음(得音)'이라 하는데, 폭포수 옆이나 깊은 산골에서 목에서 피를 쏟을 정도로 훈련을 쌓아야 이 경지에 이를 수 있다. 실제 전라도에는 '득음폭포'로 알려진 폭포가 여러 곳에 있다. 명창이 되려면 '학습(學習) 10년, 독공(獨工) 10년, 유람(遊覽) 10년'이라 하여 적어도 30년은 걸려야 완성된다는 말이 있을 정도로 오랜 시간과 많은 노력이 필요하다.

대사습이란 판소리 명창들의 경연장이자 등용문이다. 조선 숙종 이후 18세기에 전주에서 전주 향리들로 구성된 전주목 통인청(通引廳)과 전라도 각 군현에서 차출된 향리들로 구성된 전라감영 통인청에 의해 성립·발전되었다고 한다. 통인청이란 정규직 향리가 되기 직전 수습직 상태인 통인이 근무하는 청사이다. 동짓날 열리는 행사에 많은 구경꾼들이 몰려들었고, 여러 명창을 배출했다. 판소리 애호가 대원군이 대사습 장원자를 총애하자, 전주의 향리들은 경쟁적으로 나서서 소리꾼을 발굴했다. 여기에 전라도 남자 무당을 총괄하며 각종 공연을 도맡아 왔던 전주 재인청(才人廳)의 참여도 한 몫을 했다. 재인청 소속 무당들이 향리들과 손잡고 판소리 경연대회에 적극 참여하여 분위기를 이끌어왔다는 말이다. 이런 전통으로 인해 현재 전주에는 '한국소리문화전당'이 들어서 있다.

판소리는 19세기 중엽 고창 향리 출신의 신재효에 의해 정리된다. 그는 구전으로만 전해오던 「춘향가」, 「심청가」, 「박타령」, 「수궁가」, 「적벽가」, 「변강쇠가」 등 판소리 여섯 마당을 정리함으로써 판소리가 민족예술로 자리 잡을 수 있는 기반을 마련했다. 그는 사재를 털어 최초의 여성 명창인 진채선 등 많은 명창들을 길러냈고, 부안·영광 등지에서의 공연을 주선했다. 진채선은 대원군이 중건한 경복궁 낙성연에 참석했다고 한다. 이들은 종래의 무당이나 광대 출신과 구분되는 새로운 연행자이다. 이러한 노력을 높이 사 고창에 신재효의 고택이 보존되어 있으며, 그 옆에 그의 아호를 딴 '동리국악당'이 자리하고 있다. 이상의 대사습 놀이와 신재효 사례를 통해 판소리 발전을 후원한 세력은 다름 아닌 전라도 향리였던 것이다.

원래 판소리는 악보가 없는 음악으로 수직적인 전승체계를 가질 수밖에 없다. 선생님은 혈연·지연으로 제자를 소개받아 가르치고 제자는 선생님의 창법을 온전히 따르는 것은 불문률처럼 되어 있다. 이렇게 누대를 지속하다 보니 자연히 유파가 생기게 된다. 즉, 각기 다른 환경적 요소와 수직적 전승 계보에 따라 음악적 특성에 차이가 생기게 되었는데, 이를 제(制)라고 한다. 크게 동편제, 서편제 두 유파로 나누고 있다.

동편제(東便制)는 19세기 전반에 활약한 운봉 출신의 송흥록(宋興祿) 소리를 표준으로 한다. 그는 판소리를 집대성하여 한 차원 높은 예술의 경지로 발전시켜 판소리의 중시조로 받들어지고 있다. 그의 소리는 운봉·구례·순창 지방, 즉 지리산 기슭의 섬진강 지역인 전라도 동쪽에서 불리어졌다. 특별한 기교를 부리지 않고, 선천적으로 풍부한 성량을 바탕으로 목으로 우기는 '막자치기 소리', 즉 우조가 주류를 이루고 있어 웅장 호방한 남성적 창법을 띠고 있다. 동편제는 오늘날 남원이 중심지이다. 춘향전이 남원을 배경으로 한 것이고, 흥부전도 그 무대가 남원이다. 심청전도 남원과 가까운 곡성과 관련이 있다. 그래서 남원에는

'국립민속국악원'이 건립되어 있다.

서편제(西便制)는 박유전(朴裕全, 1835~1906)의 법제를 표준으로 하는 광주·나주·보성 등 영산강 주변의 평야지대인 전라도 서쪽에서 불려지던 소리이다. 다양한 기교에 감칠맛이 나는 발성을 특징으로 잔가락이 많고 애절한 계면조가 주류를 이루고 있어 여성적인 창법이 주류를 이룬다. 이청준의 소설『서편제』와 그것을 토대로 제작된 영화「서편제」는 소리꾼의 애환을 묘사한 것이다.

이러한 유파는 19세기말 일단의 변화를 겪었다. 동편제의 시조 송흥록 가문의 맥을 이은 송만갑(1867~1939)이 동편제의 창법에 애절한 서편제의 맛을 가미하여 독자적인 법제를 만들었다. 이로써 송만갑은 동편제의 반역자로 매도당하고 집안에서까지 파문당한 몸이 되었다. 이후 교통의 발달과 유성기의 보급 등으로 동편제와 서편제가 서로 영향을 주고받았다. 일제 강점기 때 '쑥대머리'로 유명한 광주 출신의 명창인 임방울(1904~1961)은 계면조에 우조의 장점을 받아들였던 가객이었다. 이런 변화에도 불구하고 현재까지도 동·서편제의 유파는 확연히 구분되어 전승되고 있다.

과거와 판소리

인재 등용을 위해 고려 초에 실시된 과거제도가 1894년 갑오개혁으로 폐지되었다. 과거제 폐지는 그동안 시험을 준비해 온 유생들에게는 충격이었다. 그리고 광대들에게도 한 활동 공간이 사라지게 되었다. 과거에 합격하면 합격자는 3~5일간의 유가(遊街), 즉 길거리 축하공연을 열 수 있었다. 유가란 악공들이 악기를 연주하며 앞서가고, 몇 명의 광대가 뒤따르며 춤을 추거나 노래를 부르는 것이다. 소과와 대과를 합치면 전국적으로 그 기회가 매우 많아 동원된 광대 수가 엄청났다. 잔치가 성대하기도 하지만, 잔치 기간 내내 노래를 불렀다. 대우도 괜찮았을 뿐만 아니라 잔치가 끝난 뒤 사례도 후했다. 그런데 과거제도가 폐지되고 말았다. 이 이후 판소리계의 침울함을 명창 정정렬이 회고했다.

"노래하는 이들이 세월이 좋은 때는 갑오 이전입니다. 갑오년의 봄 과거까지 과거가 계속 되었고, 그 후에는 과거가 없어졌으나 우리는 그때가 제일 좋았습니다."
"봄이면 화전놀이, 여름이면 물놀이, 활쏘기 대회, 생일잔치, 환갑 잔치 등에 의례이 광대를 불러다 노래를 부르게 하였으므로 일 년 내내 바쁘게 지냈습니다. 과거가 없어진 뒤에는 우리에게도 화려한 놀이는 없었습니다."

한 제도의 폐지가 그 분야에만 영향을 미치는 것이 아니라, 생각 지도 못한 분야에까지 파급된 사례라고 볼 수 있다.

평안도 병풍. 고수의 북 장단에 맞춰 서서 소리하는 사람이 '명창 모흥갑'이다.

2. 왜구, 전라도를 괴롭히다

근래 전라도에 해적이 점점 성하여 여러 섬에 사는 백성이 하나도 없으니, 적의 침략한 바가 되어 간 것인지 아니면 수적이 되어 숨었는지 알지 못하겠습니다. 나주목사가 일찍이 사람을 보내어 뒤쫓아 잡다가 도리어 적에게 상해를 입었으니, 이는 큰 변(變)입니다. 〈성종실록 17년 12월 20일〉

왜구들은 전라도에 왜 침략하였고 어떤 행동을 했을까요? 두말할 필요도 없이 물건을 빼앗아가고 사람을 못살게 했을 것입니다. 이런 왜구에 맞서 전라도 사람들은 어떻게 대항했을까요? 당연히 도망이나 이사를 가고, 무기를 들고 맞서 싸우고, 빨리 해결되도록 빌었을 것입니다. 그리고 육군과 수군 기지를 설치하고 산성을 쌓아 침략에 대비하기도 했습니다. 이로 인해 전라도 지역사회가 많이 변했을 것 같은데, 그것들을 하나씩 알아보도록 하겠습니다.

양자암-사람을 구한 바위

14~15세기는 고려 말과 조선 초에 해당하는 시기로 역사적 격변기였다. 여기에는 왜구의 출몰이 한 몫을 했다. 왜구란 바다를 건너와서 약탈을 일삼는 일본 해적을 말하는데, 1350년(충정왕 2) 무렵부터 본격적으로 우리나라를 침략하기 시작했다. 시간이 지날수록 그들의 침략 횟수는 잦아졌고, 침략 지역도 제주도에서 함경도에 이르기까지 고려 전체를 망라하고 있었다. 특히 일본과 가까운 데다가, 긴 해안을 끼고 있고 많은 섬을 거느리고 있을 뿐만 아니라, 많은 곡물을 생산하는 전라도는 왜구 침략을 가장 심하게 받은 곳이었다. 그로 인해 전라도의 해안

가까운 수십 리 땅에 사람이 살 수 없을 정도였다. 이에 고려 정부는 정지·이성계 등의 장군을 파견해 격퇴에 나섰고, 공도정책을 펴 섬을 비우게 했다. 뿐만 아니라 바닷가 사람들은 마을을 내륙으로 옮겼고, 매향 신앙을 펼쳐 갯벌에 향나무를 묻었다. 이러한 현상은 토벌과 회유로 왜구 출몰이 진정되는 조선초기까지 지속되었다.

당시 왜구는 바닷가와 내륙을 불문하고 전라도 전역을 침략했다. 순천에 들어와서 해룡창이라는 조창과 유서 깊은 송광사를 공격했다. 또 곡물을 약탈하기 위해 전라도 조운선을 집중 공격 대상으로 삼으면서 국가 재정이 위기에 처하기도 했다. 그래서 공민왕은 전라도 세곡을 바다 대신 육지로 운송하라는 지시를 내렸다. 그리고 왜구는 영산강을 타고 나주까지 들어와 마구 불 지르고 노략질을 했다. 이성계에게 쫓기어 지리산에서 무등산으로 들어온 왜구는 규봉 바윗돌 사이에 진을 쳤다. 1백명의 토벌대가 나설 정도로 그들은 대규모였다. 이때 왜구가 욕보이려 하자 광주의 김씨 여자가 큰 소리로 꾸짖었다.

"너는 곧 나를 죽여라. 의리상 욕은 당하지 않겠다."

그녀는 끝내 목숨을 잃고 말았다. 부안에 상륙하여 호남평야를 휘저으며 전주까지 진격한 왜구의 한 일파는 소와 말 및 곡물을 약탈하고, 사람을 죽이고, 관청에 불을 지르고, 다리를 끊어 교통을 마비시켰다.

이전에 보지 못한 엄청난 피해였다. 노략질을 피해 사람들은 여기저기로 도망갔다. 특히 바닷가 고을은 사람이 없어 텅 빌 정도였다. 전라도의 농지와 인구가 크게 줄었다. 강진, 보성, 장흥, 영암 사람들은 월출산 동쪽의 높이 솟은 넓고 평평한 바위로 처자를 데리고 사다리를 놓고 올라가 모두 죽음을 면했다. 뒤에 사람들은 그 바위 이름을 양자암(養子巖)이라고 했다. 또 그곳 사람들은 돌로 둘레 3천 756자, 높이 9자의 수인산성을 쌓아 산성 안으로 들어가 왜구의 노략질을 피했다. 수인산성은 나중에 전라병영의 배후기지가 되었다.

청자를 만들던 강진·해남·부안 등 바닷가 사람들도 내륙 깊숙한 곳으로 도망갔다. 세계적인 문화유산인 청자 제작이 타격을 입고 말았다. 그들이 새로 터 잡은 곳에서 만든 청자는 예전만 못했다. 고운 흙을 구하지 못해 거친 흙으로 그릇을 만드니 표면이 거칠 수밖에 없었다. 그래서 장인들은 화장하듯이 표면에 백토를 두텁게 발라 제품으로 내니, 사람들은 그것을 청자라 하지 않고 분장회청사기(粉粧灰靑沙器), 줄여서 '분청사기'라고 불렀다. 이리하여 청자가 쇠퇴하고 말았다.

섬진-왜구를 격퇴한 두꺼비

사람들은 도망만 가지 않고 왜구들과 맞서 직접 싸우기도 했다. 동물 두꺼비도 왜구와 싸웠다. 전라도와 경상도를 나누는 강이 섬진강이다. 섬진강은 본래 모래가 많아 모래 '사(沙)' 자를 써서 다사강 또는 사천 등으로 불렸다. 그러다가 고려 말기의 왜구 침입으로 인해 이름이 섬진강으로 바뀌었다. 1385년에 왜구들이 다사강 하구로 쳐들어 왔다. 그때 수십만 마리의 두꺼비 떼가 몰려나와 울부짖는 바람에 왜구들이 광양 쪽으로 달아났다는 전설이 있다. 이로 인해 강 이름을 두꺼비 '섬(蟾)' 자를 붙여 섬강 또는 섬진강이라 했다 한다. 모래가 '두껍다'에서 두꺼비가 나왔을 가능성이 있으니, 판단은 독자들이 내리면 된다.

싸우다 왜구에게 목숨을 빼앗기고 붙잡혀 가기도 했다. 왜구의 칼끝

섬진강 유래 비. 두꺼비가 왜구를 격퇴했다 하여 두꺼비 '섬'자를 써서 강 이름을 섬강이라 했다는 말이 새겨 있다.

에 목숨을 잃은 사람의 숫자가 헤아릴 수 없어 시체가 들판에 널려 있을 정도였다. 1371년 나주 호장 정침(鄭沈)은 전라도 안렴사의 명령으로 제주도 산천에 제사 지내기 위해 배를 타고 가는 도중 왜구를 만났다. 배 안에 탄 사람들이 항복하자고 했지만, 정침만이 화살이 떨어질 때까지 싸우다가 스스로 바다에 떨어져 죽었다. 왜구에 홀로 맞서 싸우다 죽음을 맞이한 정침은 바로 나주 지역의 상징적 인물이 되었다. 납치된 숫자도 적지 않았는데, 나주 사람 가운데 일본에 끌려갔다가 다시 오키나와로 흘러간 사람도 있었다.

이런 노략질에 대해 고려 정부는 왜에 사신을 보내어 회유책을 펼치고 피랍자를 송환해 오기도 했다. 나흥유, 안길상이 다녀온 후 정몽주(鄭夢周)에게 나쁜 감정을 가지고 있던 권문세족들이 정몽주를 규슈에 보내서 왜구 단속을 요청하게 했다. 일행 가운데 다른 사람들은 두려워했으나, 그는 그런 기색 없이 건너가서 9개월 동안 맡은 임무를 완수하고 잡혀갔던 고려 백성 수백 명을 귀국시켰다.

그러나 이런 회유책은 근본적인 해결방안이 되지 못했다. 그래서 고려 정부는 서남해에 장수를 파견하여 왜구를 격퇴하게 했다. 군사를 징발하고 전함을 건조하여 수군을 강화하고, 화약을 제조하고 화포를 제작하여 군사력 증강에 나섰다. 산성을 보수·신축하여 지역방위 체제를 보강하고, 지휘체계도 일원화했다. 최영의 홍산대첩, 이성계의 황산대첩, 정지의 관음포대첩은 이때 왜구를 격퇴한 대표적인 전투였다.

이러한 강온 양면책에도 불구하고 왜구는 계속 침략해오고 있었다. 그래서 정지는 왜구의 소굴 쓰시마와 이끼 섬을 정벌할 것을 자청했다. 마침내 고려 정부는 왜구 본거지를 소탕하기로 하고 1389년에 박위로 하여금 병선 1백여 척을 거느리고 쓰시마를 점령하게 했다. 그는 쓰시마로 가서 왜선 3백 척을 소각하고 고려 포로 1백여 명을 데리고 돌아왔다. 이로 인해 잠시 잠잠하던 왜구가 다시금 침략해오자, 조선 정부는 1396년과 1419년에 각각 또 다시 쓰시마를 정벌했다.

정지-갑옷을 남기다

고려 말에 왜구를 전문적으로 격퇴한 장수가 정지(鄭地)이다. 최영과 이성계에 가려 있지만, 그는 당대 최고의 수군 장수였다. 우리나라 최초로 수군 창설 계획을 입안하기도 했다. 그래서 우리나라 최신예 잠수함이 건조되자 그 이름을 '정지함'이라고 명명했다.

정지는 나주 출신이다. 정지는 왜구 방어책과 민생 안정책을 건의하여 장수로 발탁되었다. 전라도와 경상도 해안에 침입한 왜구를 여러 차례 격퇴하는 데 큰 공을 세웠다. 특히 경남 남해 관음포에서 왜선을 17척이나 격파했고, 왜인 2천여 명을 죽였다. '관음포 대첩'은 세계 해전사에서 함포로 적을 물리친 최초의 전투라는 데에 큰 의의가 있다. 이 점에 대해 정지 본인이 말했다.

"내가 일찍이 왜적을 많이 격파했으나 오늘같이 통쾌한 적은 없다."

큰 승리여서 이후 왜구들이 고려 수군에 대한 두려움을 갖게 되었다. 그는 근원적인 방왜책으로 왜구의 소굴인 쓰시마와 이키를 정벌하자고 건의했다. 위화도 회군에 동참했으나, 이후 이성계 세력과 갈등을 빚고서 광주로 내려와 있다가 세상을 마쳤다.

그가 생전에 입었던 갑옷이 광주 그의 후손 집에 보관되어 있었다. 갑옷은 철편 주위에 구멍을 뚫고 그 구멍을 통해 철편과 철편을 철제 고리로 연결시켜 만든 것이다. 그래서 철의(鐵衣)라고 한다. 고려 시대의 갑옷으로는 유일한 것이라는 평가를 받고 있는 귀중한 유물이다. 이런 가치를 인정받아 현재 보물 제336호로 지정되어 있다. 정지는 이 갑옷을 입고 서남해 일대에서 왜구를 물리쳤다. 왜산지라는 왜구 두목을 무찌를 때 입었다는 말도 전해온다.

이 갑옷이 임진왜란 때에 등장한다. 왜란이 일어나자 광주 사람 김덕령(金德齡)이 무등산 주검동에서 대검을 주조했다. 검이 완성되자 산이 우레 같은 소리를 내고 흰 기운이 골짜기로부터 하늘에 뻗치기를 수일간 지속되었다. 이 칼을 차고서 김덕령이 의병을 일으켰다. 거의한 날 정지의 갑옷을 입고, 정지의 무덤에 제를 올렸다. 출정식을 마치고 김덕령은 담양을 거쳐 남원에 이르러 요천 옆에 있는 밤나무 숲에 진을 쳤다. 경상도 진주에 이르러 진을 치니 정부로부터 '익호장군'이란 칭호를 받았다. 의령 등 경남 서부지역에서 권율, 곽재우와 함께 왜적을 물리쳤다. 왜군과 휴전 협상을 하고 있던 명나라 장수는 전투 중지령을 내렸다. 그래도 김덕령은 거제도, 고성 등지에 상륙하려는 왜적을 공격하여 막아냈다. 그때 충청도 홍산에서 이몽학이 반란을 일으켰다. 김덕령이 이몽학과 내통했다는 무고가 들어왔다. 이몽학이 처음 군사를 일으킬 때에 그의 무리들에게 속여 말했다.

"김덕령이 나와 약속이 있고, 도원수·병사·수사도 다 내통되어 있으므로 반드시 호응할 것이다."

김덕령은 서울로 압송되어 6차례의 형문을 받고 그만 감옥에서 죽고 말았다. 이 소식을 들은 사람들은 도처에서 원통하게 여기고 가슴 아파했다. 대검을 주조할 때에 하늘이 울었고, 그 칼을 차고 출정식을 치를 때 칼이 허리춤에서 떨어진 것이 이 억울한 죽음의 징조였다고 사람들은 쑥덕거렸다. 선조가 패전의 책임자를 찾기 위해 김덕령을 희생 제물로 삼았다는 평가도 나왔다. 나라를 위해 싸우다 죄인이 되어 시신으로 돌아온 김덕령을 목격한 전라도 선비들은 더 이상 의병을 일으키지 않고 자취를 감추고 말았다.

정지 장군 갑옷을 입고 거행하는 출정식은 병자호란 때에도 재현되었다. 주인공은 광주 사람 유평(柳玶)이다. 그는 정묘호란 때에 의병을 일으켜 전주로 달려가서 세자를 보위했고, 화의로 인해 세자가 상경하자 여산까지 전송했다. 그리고 병자호란 때에 청군이 남한산성을 포위했다고 하자, 분을 이기지 못하고 광주목사를 찾아가 뵙고 거의할 뜻을 전했다. 목사가 가상히 여겨 군량과 화살을 주며 고을 유생들을 일으키도록 권했다. 그러자 유평은 광주 읍성 밖에 있는 절양루에서 정지 장군의 철

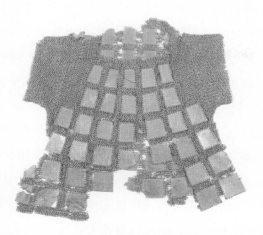

정지 장군 갑옷(광주광역시립민속박물관 소장). 철편을 엮어서 만든 갑옷으로, 후손이 보관해오다 박물관에 기증했다. 특히 임진왜란 때에 김덕령과 병자호란 때에 유평이 의병을 일으킬 때에 각각 이 갑옷을 입고 출정식을 거행했다.

의를 구하여 입고 의병을 일으켰다. 정지 장군 갑옷은 '무언가를 상징하는 메시지'를 담고 있었음에 분명하다. 그래서 유평은 철의를 입고 출정식을 거행했다. 어느덧 정지 장군 갑옷은 광주 사람들에게 국란극복의 신화가 되었다. 후손이 집에서 보관해오다 기증하여 현재 광주시립민속박물관에서 관리하고 있다.

공도정책-영산포로 홍어를

이러한 장군들의 무훈에도 불구하고, 이미 왜구의 침략으로 발생한 백성들의 고통과 혼란은 엄청났다. 따라서 그 속에서 지역민들은 나름대로 자신의 안위를 도모해야 했는데, 이와 관련하여 당시 전라도의 해안지역에서 유행한 매향신앙(埋香信仰)은 눈여겨 볼만하다. 현재 전라도에는 영암 엄길리, 영광 법성포, 신안 암태도, 해남 맹진리, 장흥 덕암리, 신안 도초도, 무안 남촌 등지에서 매향비가 발견되었다. 전국에서 최다 분포를 보이고 있는데, 이들은 모두 해안지역이나 도서지역에 위치하고 있으며 시기도 고려말에서 조선초에 걸친다. 이러한 점으로 보아 왜구를 격퇴하고자 하는 지역민들의 바람을 매향비 조성 이유 가운데 하나로 학자들은 들어왔다.

왜구들의 노략질이 심해지자 방어가 어려운 도서 지역을 텅 비우는 공도정책을 고려 정부는 추진했다. 서해 바다 가운데 영산도(현재 흑산도로 추정) 사람들이 왜구를 피해 나주 남포로 옮겨와서 사니 남포가 영산포가 되었다. 영산포가 삭힌 홍어로 유명해진 시기가 이때로 거슬러 올라갈 수 있는 대목이다. 그리고 만경현 바다 한 가운데에 있는 군산도가 옥구 어느 포구로 옮겨졌기 때문에, 그 포구는 군산포가 되고 옛 군산도는 옛 '고'자를 붙여서 고군산도가 되었다. 군산포에 개항장이 들어서고 오늘날 전북의 유력 도시가 된 것이 바로 여기에서 유래한다.

서해와 남해 상의 도서에 있던 군현도 모두 육지로 옮겨졌다. 가령, 압해도에 있던 압해현도 왜구 때문에 존립치 못하고 나주 육지로 옮겨오니 나주에 속하게 했다. 진도에서도 왜구의 침입으로 성이 함락되고 약탈과 방화가 자행되어 민생이 도탄에 빠지자, 진도 사람들은 자신의 터전을 뒤로 하고서 1350년에 육지로 나왔다. 남의 땅 더부살이 신세로 전락한 채 나주·영암·해남 등지를 전전하던 1409년에 진도는 해남과 합병되어 해진군이 되었다. 이제 진도 사람들은 독자적인 고을마저 잃는 수모를 겪게 되었다. 중간에 환원 조치가 내려졌지만 시기상조라고 취소되었다가, 마침내 1437년에 해진군이 해남현과 진도군으로 분리되고 진도군은 독립된 고을로 회복되어 원 고향 진도 섬으로 돌아왔다. 실로 80년 이상의 유랑 생활에 종지부를 찍었다. 그래서 그런지

19세기 「대동여지도」를 보면, 해남 서남쪽 사포라는 곳과 영암 북쪽 명산이라는 곳이 진도 땅으로 표시되어 있다. 모두 옛 진도 읍치가 있었던 곳이다.

섬만 비우게 한 것이 아니라, 바닷가 마을도 내륙으로 옮겼다. 특히 관아가 들어서 있는 읍치가 주 대상이었다. 장흥은 천관산 남쪽 바닷가에 있던 치소를 고려 말에 왜구로 말미암아 내지로 옮겼다가, 1413년에 지금의 자리로 옮겼다. 낙안도 벌교 가까운 바닷가에 있던 치소를 안으로 더 들어간 지금 자리로 옮겼다. 그때 낙안 상황을 사서는 다음과 같이 기록했다.

"전에 왜적이 침입하여 백성들이 모두 달아나자 기름진 땅이 쑥대밭이 되었다. 땅을 잃게 되고 왜적의 침입은 더욱 심하여 장차 회복하기에도 겨를이 없었거늘 어찌 공관(公館)이 있을 수 있었겠는가. 그 뒤 얼마 안 되어 비록 그 땅은 도로 찾았으나 백성은 아직도 모여들지 않았다."

읍치를 옮겼어도 흔적은 남는 법, 원래 읍치였던 곳은 이후에 고읍(古邑)이 들어간 지명으로 불리었다. 현재 보성군 벌교읍 고읍리는 옮기기 전 낙안 치소가 있었던 곳이다. 이 외에 무장, 영광, 흥양의 치소도 여말 선초의 왜구 때문에 옮긴 적이 있었다. 이처럼 고려말~조선초 왜구는 전라도 지도를 크게 바꾸고 말았다.

을묘왜변–전라도를 흔들다

왜구 때문에 골치를 앓은 고려와 조선 정부는 왜구 소탕에 나설 수밖에 없었다. 야박하다고 말할지 모르겠으나 왜구 소굴로 알려진 쓰시마 섬을 정벌했다. 그럼에도 불구하고 왜구 출몰은 끊이지 않았다. 1403년에 왜구가 낙안 포구에 침입하여 만호를 잡아 가고 병선 4척을 불태우고 군인으로 피살된 자가 86명이고 헤엄쳐서 살아난 자가 1백 85명이었다. 1494년에는 왜선 5척이 진도 남도포를 습격하여 수군 3인을 죽이고 병기를 모두 빼앗아 간 일이 발생했다. 이 일로 인해 남도만호와 진도군수가 한꺼번에 문책을 당하고 말았다. 강진의 경우 1500년에 왜선 11척이 마량에 상륙하여 만호와 군관을 공격했고, 1529년에는 남당포에 사는 어민이 왜구의 습격을 받은 일이 발생했다. 1553년에는 흑산도에도 왜구가 나타났다.

이어 1555년(명종 10)의 을묘왜변(乙卯倭變) 때에는 왜구의 대규모 습격으로 전라도 사람들은 큰 피해를 입었다. 왜구 6천여 명이 70여척의 선박을 타고서 영암 해안에 상륙했다. 먼저 인근의 마을을 약탈·방화하고, 이어서 달량진성(현재 해남군 북평면 남창리)을 포위했다. 당시 가리포첨사 이세린의 보고를 받은 전라병사 원적은 장흥부사 한온, 영암군수 이덕견과 함께 군사를 이끌고 가서 맞서 싸웠으나 식량이 다함에 따라 항복함으로써 달량진성이 함락되었고, 원적과 한온은 피살되고 이덕견은 항복하고 말았다.

계속해서 왜구들은 동쪽으로 나아가 강진의 가리포진(현재 완도군 완도읍), 마도진(현재 강진군 대구면 마량리)을 습격했고, 강진읍성, 병영성, 장흥읍성을 차례로 함락시켰다. 다른 무리는 진도의 금갑도진(현재 진도군 의신면 금갑리), 남도포진(현재 진도군 임회면 남동리)을 무너트리고 진도를 쑥밭으로 만들어버렸다. 또 다른 무리는 서북쪽으로 올라가 해남의 어란포진(현재 해남군 송지면 어란리)을 점령한 후 온갖 방화와 약탈을 일삼으며 해남읍과 영암읍에도 침입했으나, 격퇴 당하고 말았다. 해남은 현감 변협의 뛰어난 지략과 주민들의 용맹으로 읍성을 지켜냈다. 이때 성을 지킨 공훈을 기념하기 위해 당시 해남 동헌 앞뜰(현재 군청)에 소나무 한 그루를 심고 이름을 '수성송(守城松)'이라고 칭하여 오늘에 이른다.

이 해남과 영암에서의 승전으로 왜구는 퇴각하기 시작했으나, 퇴각 중인 6월 1일에 흥양의 녹도진(현재 고흥군 도양읍 녹동리)을 포위했다가 다음날 금당도로 물러났고, 보길도와 추자도를 거쳐 6월 21일에는 제주도까지 침입했으나 제주목사 김수문이 격퇴했다. 이로 인해 당시 위정자들은 이를 조선 건국 이래 대변란으로 인식할 만큼 남해안과 서해안 일대가 왜구들에 의해 크게 유린당했다. 이때의 상황을 장흥 출신의 문장가 백광훈이 「달량행」이라는 시로 표현했다.

> 하늘은 멀고 땅은 넓어 천지간에 막막한데
> 장수로서 갑옷 벗고 옷을 던지다니 생사가 결딴나게 되었구나.
> 슬프다 병사들이여, 부모의 사랑하는 자식 누군들 아니랴!
> 무고한 생명이 모두 함께 칼날 아래 피를 흘렸더라오.
> 버려진 시체 물어뜯고 훔쳐가고 까마귀 솔개에 늑대가 덤벼들어
> 가족이 와서 찾을 때는 머리가 떨어지고 다리는 달아나고.
> 산천은 삭막하기 그지없고 초목도 구슬피 우는데
> 사람 사는 지경인들 무사했을까 잿더미만 남아 황량하구나.
> 흉악한 왜구놈들 무인지경처럼 들어오게 하여
> 늘어선 방어진지 허무하게 무너졌단 말인가.
> (중략)
> 나주에 주둔한 일천의 군사 끝내 하릴없이 되었고

영암의 일전의 승리도 실패를 보충하기 어려우리.

월출산 높고 높은데다 구호(九湖) 물 깊숙하지만

물 마르고 산이 깎인들 이 치욕 씻겨질 건가!

지금도 바다가 음산하여 비바람 몰아칠 땐

귀신의 울음소리 들린다는데 상기 그날의 싸움을 원통히 여기는 듯.

이 사연 읊어서 원혼들에게 바치노니

당일에 실전한 장수 얼굴이 응당 뜨거워지리.

이때 진도에도 왜구가 상륙한 바람에 진도 사람들은 큰 피해를 입었다. 남도만호 송중기가 해남성을 지키기 위해 해남으로 나가 있는 사이에 왜구가 남도진과 금갑진에 상륙하여 두 진성을 불태워버렸다. 왜구가운데 일부는 진도 남쪽 곳곳을 헤집고 다니며 온갖 만행을 저질렀다. 이에 놀란 진도군수 최린이 진도를 버리고 육지로 나와 버려서 고을 백성들도 서로 뒤따라 도망하여 피하느라 온 섬이 비어 버리게 되었다. 진도는 왜구 때문에 출륙하여 80여 년간 나주·영암·해남 등지를 떠돌다 세종 때 되돌아간 적이 있다. 그런데 120년 만에 또 다시 고향을 뜨게 되었다. 이때 을사사화로 진도의 안치 마을에서 유배 생활을 하고 있던 노수신은 일단 지력산으로 들어가 지력사라는 절로 몸을 숨겼지만, 왜구가 추격하지 않을까 전전긍긍할 수밖에 없었다. 군수도 출륙하고 없는 상황에서 한 치 앞을 기약할 수 없는 노수신은 결국 출도를 결심하고 5월 24일 개인 노비와 진도군 좌수·아전 등의 일행과 함께 벽파진을 거쳐 해남으로 나왔다. 그리고 목포, 무안, 함평, 나주, 광주, 순창, 광주, 영암, 해남을 돌아 벽파진을 거쳐 7월 19일에 진도로 돌아왔다. 무려 67일간의 힘든 피란생활이었다.

3. 강진 병영, 하멜이 살다

다음날 길을 떠나 오후에 전라병영이라 불리는 커다란 고을에 도착했는데, 그곳에는 지방군 사령관인 병사의 저택이 있습니다. 병사는 총독 다음의 서열입니다. 우리를 호송해 온 하사관은 국왕의 편지와 함께 우리를 사령관 앞에 인도했습니다. 그 하사관은 작년 도성에서 내려온 세 명의 동료를 이곳에 즉시 데려오라는 명령을 받았습니다. 그들은 약 12밀렌 떨어진 성채에 있었는데, 그곳에는 부제독이 살고 있었습니다. 우리는 곧 전원이 함께 살 수 있는 커다란 집에 수용되었습니다. 〈하멜 표류기〉

위 기사는 하멜 일행이 서울에서 강진 병영으로 옮겨지는 장면을 묘사한 대목입니다. 병영은 큰 성곽 안에 병사(兵使)라는 지휘관과 일반 군인들이 주둔하는 군사기지이고, 성곽 밖에는 군인과 장인·상인들이 사는 마을이 있었습니다. 그들은 왜 이곳으로 이송되었을까요? 하멜 일행은 7년 동안 살다가 병영을 떠나게 됩니다. 그들은 병영에 무엇을 남겨놓고 떠났을까요? 아울러 병영의 이모저모와 병영 혁파 이후의 이야기도 알아보도록 하겠습니다.

설성-향토 방어의 중심

조선왕조는 건국과 함께 국토방어를 위해 군사제도를 개편했다. 중앙군은 새로 형성된 왕권과 관료조직을 유지하기 위한 장치였기 때문에 몇 차례 변화를 맞다가 5위 체제로 자리를 잡았다. 지방군은 각 도마다 육군 사령관이 주둔하는 병영, 수군 사령관이 주둔하는 수영을 두어 각기 지휘하도록 했다.

전라도의 경우 처음에는 광주에 병영을 두었다. 그래서 오늘날 광주

공군 비행장 주변에 '고내상'이라는 지명이 지금까지 남아 있다. 내상 (內廂)이란 절도사 군영을 말하기 때문에, 고내상이란 옛날에 병영이 있었던 곳이라는 뜻이다. 아마 영산강 수로가 배후에 있으므로 수륙 합동작전을 펼 수 있어 그곳에 전라병영이 들어섰던 것 같다.

그러다가 1417년(태종 17)에 바닷가 가까운 강진으로 전라병영을 옮겼다. 고려 말 이래의 극심한 왜구 침입에 신속하게 대비하기 위해서였다. 옮긴 곳은 옛 도강현 치소 부근이었다. 이때 도강과 탐진이 합쳐져서 강진이 되어 치소를 옛 탐진 치소 자리에 두었다. 그래서 전라병영은 강진 병영이었다. 그런데 전라병영이 도의 한쪽에 치우쳐 있다고 하여 다른 곳으로 옮기자는 주장이 일어났다. 을묘왜변 때에는 왜구의 공격을 받고 성이 함락된 적도 있었다. 임진왜란 직후 방어력이 더 좋은 곳이라고 하는 장흥으로 전라병영이 옮겨지고 말았다. 장흥읍성에 들어오니 비좁을 뿐만 아니라 되레 장흥 사람들 부담만 늘어서 6년 만에 다시 강진으로 돌아왔다. 되돌아온 이후부터 전라병영은 줄곧 강진에 있었다. 그래서 강진은 조선시대 전라도 육군 지휘부가 들어선 곳이었다. 병영을 일반적으로 세류영(細柳營)이라 했기 때문에, 강진 땅에는 지금도 '세류'라는 지명이 남아 있다. 그리고 '강진에 있는 영'이라 하여 강영(康營)이라고도 했다.

병영의 최고 지휘관을 병마절도사, 줄여서 병사(兵使)라고 한다. 초대 전라병사로 마천목 장군이 부임했다. 마천목은 두 차례의 왕자의 난 때에 태종을 도와 좌명공신에 오른 인물이다. 그는 작천 황금들녘 평지에 성곽을 착공한 지 석 달 만에 완공했다. 그때 마천목은 일망대(日望坮)에 올라가서 활을 당기면서 말했다.

"후세에 활 쏘는 자들 중에서 내가 쏜 곳까지 미치는 자가 없을 것이다. 또한 적의 화살도 이르지 않을 것이니 내 화살이 떨어진 곳에 성을 쌓도록 하라"

축성과 관련하여 다음 일화도 전한다. 성곽 자리를 못 잡고 걱정 하던 중 꿈에 한 노인이 나타나 자리를 잡아 주었다. 이른 아침에 일어나서 가보니 간밤에 내린 눈이 거의 다 녹아 있었다. 그런데 눈이 녹지 않고 그대로 남아 있는 곳이 있어서 그곳을 따라서 성을 쌓아 완성했다. 눈을 따라서 성을 쌓았다고 하여 병영성 이름을 눈 '설'자를 넣어 설성(雪城)이라 했다. 그래서 현재 병영에 가면 '설성'이라는 상호를 적지 않게 볼 수 있다. 마천목은 전라병사 임기를 마치고 노모를 봉양하기 위해 고향 곡성으로 돌아왔다. 효성이 지극하여 고기를 잡아 어머니를 모셨다. 더 많은 고기를 잡기 위해 어살을 만들려고 주워온 돌이 하필 도깨비가 변한 것이었다. 돌을 찾으러 온 도깨비들에게 마천목은 섬진강에 어살을 막아주면 돌을 돌려주겠다고 하여 도깨비들이 어살을 막아주었다는 이야기가 전한다. 이 도깨비 설화는 우리 지역의 역사문화 콘텐츠의 원천 자료로 종종 활용되고 있다.

전라병사는 성 안에 운주헌이라는 병사 집무실과 연희당이라는 누각을 두었다. 전라감사였던 김종직이 순찰을 돌면서 연희당에 올라와서 멋진 시를 읊었다. 병사의 역할은 막강했다. ①봄과 가을에 두 번 군사 훈련을 실시했고, 관내 군현을 순찰하여 군병과 병기를 점검했다. ②병사는 도내 각 진영의 영장 및 산성별장에 대한 근무성적도 평가했다. ③ 유사시에 대비하여 배후에 수인산성이라는 산성을 두었는데, 그곳에는 향리와 군인 및 주민을 배치하고 식량과 무기를 두어 관리하게 했다. 산

「수인산성 수보전 분파 절목」(1870년). 산성 관리비를 충당하기 위해 병영에서 산하 마을에 본전을 내려 주고 이자를 불리라는 문서.

하멜 풍차(강진 병영). 이 옆에 하멜 기념관이 있다. 하멜의 병영에서의 생활을 기념하기 위해 세웠다.

성 관리비 충당을 위해 병영에서 돈 1천냥을 마련하여 기금으로 조성한 뒤 관할 4개 면에 분파해서 이자를 거두었던 문서가 「수인산성 수보전 분파 절목(修仁山城 修補錢 分派 節目)」이라는 이름으로 남아 있다. ④ 성 밖 4개 면(현재의 병영면, 작천면, 옴천면)을 직할 지역으로 두고서 세금을 걷고 인력을 충원했다. 강진 읍내 남당포에 병영창이라는 창고를 두고서 곡물을 관리했다. ⑤조총 등의 무기를 갖추고, 편제군은 1만명 이상이지만 500~600명에 이르는 상비군을 훈련시키며 외적 침입에 대비했다.

병상-송상과 쌍벽을 이루다

병영이 들어서 있는 병영면의 가호가 수 천호에 이른다고 했다. 병영 군인들은 성 아래 4개 마을에서 가족과 함께 거주했다. 그곳에는 군인

외에 다양한 사람들이 살았다. 그래서 병영은 대도회였다. 어떤 모습이었을까? ①병영에는 군수물자를 만드는 장인이 살았다. 병사는 매달 또는 명절 때마다 궁중에 활·화살·조총·가죽·부채 등을 진상했으므로 이를 만드는 장인이 있었다. 군영에서 사용하는 각종 병기류를 만드는 장인도 있었다. ②병영에는 많은 상인이 거주했다. 18세기의 경우 병영장은 매 달 3·6·8일 열리었다. 월 6회 열리는 주변 장과는 달리 월 9회 열리는 대형 장시였다. 그곳 박약국 주인은 공주, 전주, 대구까지 약재를 사러 갔다. 갈 때 병영의 다른 상인들과 함께 그룹을 이뤄 가면서 현금 외에 오늘날 수표와 같은 환(換), 목면·명주·참빗 같은 장진 특산품도 가지고 갔다. 제주도, 부산, 서울, 평양에서도 약재를 매입했다. 더 좋은 약재를 더 값싸게 사기 위해 거래처를 각지에 개설해 놓았던 것이다. ③병영에는 군악을 연주하는 악공들도 살았다. 그래서 예능인도 다수 배출되었는데, 중요무형문화재 제23호 가야금산조의 보유자인 명인 함동정월이 바로 병영에서 악공의 딸로 태어났다.

이처럼 병영 마을은 매우 번화한 곳이었다. 번화했기 때문에 다양한 사람들이 병영을 거쳐 갔다. 『강진군 마을사』병영면편을 보면, 진도 운림산방 출신의 허미산(許米山)이 병영 성동리에 거주하면서 남농(南農)을 낳았고, 뒤에 남농은 목포로 나가서 대 화가로 성장했다. 남도 사람 가운데 어지간하면 남농 그림을 가지고 있을 정도로, 남농은 남도에 널리 알려진 인물이다.

하지만 강진 병영도 근대개혁이 추진되던 1895년에 폐영되고 거대한 성곽과 웅장한 건물 또한 사라지고 말았다. 그와 함께 사람들도 도처로 떠났다. 『황성신문』1905년 보도에 의하면, 떠난 사람이 10 가운데 8·9나 된다고 했다. 떠난 사람들은 본래 지니고 있던 상업적 수완을 마음껏 발휘하여 '병영 상인'의 후예라는 말을 만들었다. 목포 중앙시장이나 광주 충장로의 상권을 병영 사람들이 장악한 때가 있었다. 강진 무명베를 병영장에서 사서 멀리 만주까지, 그것도 어린 딸을 업고 가서 판 여성도 있었다. 작천면 구상마을 출신의 박세정은 어려서 병영을 무대로 부친과 행상을 하면서 상술을 배워 나중에 대선제분을 창업하여 굴지 기업으로 키웠다. 그는 아들에게 병영 상인임을 자랑스럽게 말했다.

"병영상인들은 붓 한 자루를 가지고 나가면 달포 안에 한 달 먹을 음식을 벌어 온다."

병영 산모가 출산 때 돈을 던지면 애기가 바로 나왔다는 말도 전한다. 남은 사람들은 지역발전을 위해 광무개혁 때에 지방군대로 신설된 진위대를 유치했다. 2개 소대를 유치하여 이전에 병영 군인이었던 사람들로 충원했고 옛 병영 건물을 주둔지로 사용했다. 그러나 이도 곧 폐지되고 말았다. 또한 남은 사람들은 양로당을 조직하여 자신들의 결속을 다졌고, '사립 융흥학교'라는 근대학교를 설립하여 재기를 도모했다. 그러는 사이에 병영성도 허물어지고 말았다. 병영성은 을묘왜변과 임진왜란 때에 왜군의 공격으로, 그리고 동학농민운동 때에 농민군과 수성군의 공방전으로 파괴되기도 했지만, 곧장 복구되었다. 사라진 병영성 자리에 초등학교와 면사무소 및 민가가 들어섰다. 현재 강진군에서는 그것들을 전부 이전하고 병영성을 복원하고 있다.

병영과 예능인

중요무형문화재 제23호 가야금산조의 보유자인 명인 함동정월 (1917~1994) 선생이 병영에서 탄생해 성장했다는 것도 병영성과 밀접한 관계가 있다. 함동정월 선생은 병영의 경제사정에 대해 몇 가지 이야기를 했는데 다음 기사가 참조된다.

"병영에는 병사부가 있었지. 우리 집 이웃에는 재산가들이 많았어. 재산가들은 집안에 가야금과 거문고, 단소, 피리, 생황 등 별것을 다 가지고 있었어. 참 호화스러운 악기들이었지."

1900년대 초반 병영성을 중심으로 형성돼 있던 문화생활의 단 면을 보여주는 대목이다. 함동정월의 부친 함일곤 씨는 병사부에서 일하던 악공이었다. 이를테면 병사부의 전속 연주가였던 셈이다. 함동정월은 병영을 오가는 수많은 명인명창들의 눈에 띄어 가야금 을 배우게 되고, 훗날 인간문화재로 지정됐다. 전라병영성이 가야 금 명인을 키운 셈이다. 이처럼 병영성을 중심으로 엄청난 사람들 이 모여들었으나 병영면의 면적은 예나 지금이나 작은 규모에 속했 다. 지금 병영면의 면적은 27㎢다. 이는 인근 옴천면의 29.86㎢ 보다 적은 면적이다. 주민들이 경작할 땅도 그만큼 적어서 자연스 럽게 상업을 통해 생계를 이어가는 사람들이 많을 수밖에 없었다. 병영상인의 출현은 이렇듯 병영성의 출현과 이에 따른 인구의 대량

유입, 각종 군수용품이나 생필품 수요의 폭증, 좁은 면적의 지리적 조건이 어우러지면서 장장 600여 년의 상업역사를 이어왔던 것이다. 〈주희춘, 『강진인물사』 1〉

수인산성 절벽에 전라병사와 강진현감의 이름이 새겨져 있다.

하멜─네덜란드 담장을 남기다

우리나라를 서양에 소개한 사람은 네덜란드 출신 하멜이 최초일 것이다. 바로 그 하멜이 강진과 여수에서 살았는데, 그 생활상이 『하멜표류기』에 담겨 있다. 따라서 하멜은 전라도를 서양과 인연을 맺게 해준 장본인이라는 점에서 중요하다.

하멜은 동인도 회사에 취직하여 네덜란드에서 회사 본사가 있는 인도네시아 자카르타에 왔다. 자카르타에서 가죽 등의 상품을 싣고 일본 나가사키로 항해하다 그만 폭풍을 만나 1653년에 일행 36명과 함께 제주도에 표착했다. 이들은 해남에 도착하여 영암·나주·장성·정읍·전주·여산을 거쳐 서울로 이송되었다. 현지 사람들의 말을 듣고 네덜란드 언어로 하멜이 기록한 것을 다시 우리말로 풀어보니 그렇게 해석된 것이다. 이미 표착해 온 같은 나라 사람 박연의 주선에도 불구하고 서울 생활에 적응을 못하고 탈출을 시도하는 소란을 피우자, 불과 3년 만에 정부는 33명(도중에 3명 사망)을 감시가 용이한 강진 땅 전라병영으로 유배 보냈다. 병영은 전라도 육군 총사령부가 있는 곳이어서 많은 수의 감시가 용이하기 때문에 그런 조치를 내렸다.

하멜 일행은 1656년(효종 7) 3월에 강진 병영에 도착했다. 처음에는 한 곳에 수용되었으나, 나중엔 서울에서 가지고 온 자산과 제주도에 방치되어 있던 상품을 판매한 것 등을 모아서 각자 자기 집을 장만해 살게 되었다. 아마 이 마을 저 마을의 군인들 주택을 활용했을 것 같다. 어떤 전라병사는 그들에게 호의를 베풀었지만, 어떤 후임자는 화살을 줍거나 잡초를 뽑도록 하는 강제 노역을 시키기도 했다. 그러는 동안 그들은 병영 분위기에 익숙해지고 한국말도 능숙해져 생활 자체는 자유로웠다. 돌을 지그재그 방향으로 눕혀 올리는 그들 방식대로 집 담장을 쌓았는데, 박동리 등지에 현재까지 남아 있다(등록문화재 제264호). 허락만 있으면 여행도 가능해 보름 정도 여행을 떠난 적도 있었다. 남해 연안 포구에도 자주 드나들었고, 청어를 사다 소금에 절였더니 사람들이 깜짝 놀랐다. 청어 염장은 네덜란드를 부국으로 끌어올린 신기술이어서 이를 안 하멜 일행도 청어를 구매해서 염장한 것이다. 인근 사찰에 들려 스님으로부터 후한 대접을 받기도 했다. 땔감을 모아서 판매한 돈, 모험담이나 외국 이야기를 해주고 받은 돈, 구걸을 통해 얻은 돈을 모아 월동 준비를 하거나 잡다한 물건을 구입하기도 했다. 우리나라 여성과 결혼하여 가정을 이루고 자녀를 둔 사람도 있었다. 벨테브레[박연]에게 박씨 성을 내려주었지만, 하멜 일행에게는 병영을 본관으로 하는 남씨 성을 내려주었다는 말이 전해 온다. 인도네시아 지역을 당시 '남만(南蠻)'이라고 불렀기 때문에 '남'이란 성을 내렸을 것 같다. 한 일행이 병영 사람들에 대해 평가했다.

"사람들이 온순하고 너그럽고 성격이 좋고 인정이 있으며, 법을 잘 지킨다."

평생 살 것 같은 분위기를 엿볼 수 있는 말이다. 그런데 상황이 뒤바뀌고 있었다. 많은 사람들이 굶어죽고 생계형 좀도둑이 날뛰는 대기근이 들었기 때문이다. 당시는 불순한 기후, 더 정확하게 말하면 기온이 내려가는 '소빙기 기후'로 인해 연거푸 대기근이 들었다. 전라병사는 이 많은 하멜 일행에게 식량을 대줄 수 없다고 중앙에 보고했다. 하는 수 없이 정부는 1662년(현종 3)에 이들을 전라도 안에 분산 수용하도록 명했다. 그리하여 그 사이 11명이나 사망했으니, 병영 어딘가에는 그들의 묘가 있을 것 같다. 현존하던 22명은 전라 좌수영(현재 여수)에

12명, 순천에 5명, 남원에 5명씩 분산되었다. 하멜은 병사에게 그동안의 호의에 감사하다는 인사를 하고 7년 동안 살았던 병영을 뒤로 한 채 좌수영으로 떠났다. 사실 하멜 일행은 떠나고 싶지 않았다. 그래서 하멜은 그 심정을 이렇게 기록했다.

"우리는 이렇게 헤어지는 것을 몹시 슬퍼했습니다. 그동안 우리는 이곳에 정착해서 이 나라 방식에 따라 집과 가구와 작은 정원들을 살 만하게 장만해 왔던 것입니다. 이 모든 것을 장만하느라 힘깨나 들었는데, 이제 다 버리고 떠나야만 했습니다. 새로운 마을에 도착해도 시련을 겪게 될 터이니, 다시 편리한 집과 살림살이를 장만하자면 쉬운 노릇이 아닐 것입니다."

유배인은 원칙적으로 가족을 데리고 갈 수 없다. 그래서 그들도 가족을 남겨 놓고 홀로 좌수영 등지로 떠났다. 병영에 남은 가족들은 언제 돌아올지 모르는 남편과 아버지를 기다릴 수밖에 없었다. 하멜은 좌수영에서 3년 동안 살며 돈을 모아 배를 구입한 후 일본 나가사키로 탈출했다. 그곳에서 네덜란드 사람들을 만나 나머지 일행을 거느리고 본국으로 돌아갔다. 그리고 여행기를 남겨 병영을 서양에 소개했다. 이를 기념하여 강진에서는 1백여 점의 유물이 소장된 하멜 기념관을 건립하여 관광자원으로 삼고 있다. 이에 뒤질세라 여수도 하멜 공원을 조성했다. 제주에도 하멜 전시관이 있다.

영장−군 지휘관

조선왕조는 전국 지방군을 1357년(세조 3)에 진관체제로 조직했다. 이는 주진(主鎭) 아래에 몇 개의 거진(巨鎭)을 두고, 거진을 중심으로 제진(諸鎭, 여러 진)을 묶는 거점 방위체제였다. 도 단위 군 지휘체계가 주진→거진→제진으로 짜여 있었다.

육군의 경우 『경국대전』에 따르면, 전라도에는 최고 지휘관으로 병마절도사 2인이 있었다. 1인은 '겸병사'라 하여 감사가 겸했고, 1인은 병사가 맡았다. 절도사 아래에 전주·나주·남원·장흥·순천 등 5개의 거진이 있었고, 거진 아래에는 4~18개 고을이 제진으로 편성되어 있었다. 예를 들면 남원진관에 담양, 순창, 임실, 무주, 곡성, 진안, 용담, 옥과, 운봉, 창평, 장수 등이 속해 있었다. 거진과 제진의 지휘관은 모두 각 읍 수령이 겸했다. 예를 들면 운봉 땅에서 전쟁이 발발하면 1차적으로는 해당 지역의 수령인 운봉현감이 지휘관이 되어 대처하고, 2차적으로는 운봉이 속한 남원진관의 최고 지휘관인 남원부사가 남원과 예하 군현의 군대로 대처하고, 3차적으로는 전라감사와 전라병사가 도내 5개 진관 군대를 모두 동원하여 대처했다.

진관체제는 16세기에 수령의 지휘권 약화 등 여러 허점이 드러났다. 특히 북쪽의 야인과 남쪽의 왜구 침입을 받으면서 사실상 와해 상태였다. 그래서 나온 것이 제승방략 체제였다. 제승방략 체제란 외적이 쳐들어오면 주변의 군인들이 집결하고 중앙에서 파견된 장수가 그 군인들을 지휘하는 것이다. 얼마 지나지 않은 17세기 전반 인조 때에는 제승방략 체제가 다시 진영체제로 바뀌었다. 진영체체란 병마절도사의 지휘를 받는 5개 진영이 관할구역을 방어하는 것이다.

전라도의 경우 순천에 전영(前營), 운봉에 좌영(左營), 전주에 중영(中營), 나주에 우영(右營), 여산에 후영(後營)이 있었다. 이들 5진영에는 인근 고을이 배속되어 있었다. 가령, 전영에는 순천, 장흥, 진도, 낙안, 보성, 강진, 흥양, 동복, 광양, 해남 등 10개 군현이 속했고, 개

병영(강진)	전영(순천) 전임 영장	순천, 광양, 동복, 낙안, 흥양, 보성, 장흥, 강진, 해남, 진도
	좌영(운봉) 겸임 영장	운봉, 남원, 장수, 구례, 곡성, 옥과, 창평, 담양, 순창
	중영(전주) 전임 영장	전주, 금구, 김제, 임실, 만경, 진안, 고부, 부안, 태인, 정읍
	우영(나주) 전임 영장	나주, 광주, 능주, 영암, 무장, 영광, 함평, 무안, 남평, 화순
	후영(여산) 겸임 영장	여산, 임피, 옥구, 함열, 용안, 익산, 고산, 진산, 금산, 용담

별 군현의 군대 지휘자는 여전히 수령이었다. 나머지도 이런 식이었다.

이들 5진영의 장을 영장(營將)이라고 했다. 정3품으로 임기는 2년이었다. 영장은 예하 군현의 속오군을 지휘했고, 도둑을 체포하는 일도 전담했다. 동학농민운동 때에 나주읍성과 운봉 치소를 공략하던 농민군이 수성군에게 패퇴한 바 있다. 이는 진영군의 가세가 한 몫을 한 것이었다. 5영장 가운데 여산 후영장과 운봉 좌영장은 소재 군현의 수령, 즉 여산부사와 운봉현감이 각각 겸하도록 했다. 나머지 순천 전영장, 전주 중영장, 나주 우영장은 전임관으로써 정3품 무신을 별도로 임명했다. 그래서 이들 전임관이 상주하는 곳에는 진영 시설이 해당 고을 읍치에 별도로 설치되어 있었다. 가령, 순천 고지도를 보면, 부사가 근무하는 청사가 읍성 안의 서쪽에 있고, 전영장이 근무하는 청사가 동쪽에 별도로 그려져 있다. 전주 중영의 진영시설과 나주 우영의 진영시설은 각각 읍성 남문 밖에 들어서 있었다. 그러면 이런 고을에는 장이 수령과 영장 두 사람이나 있어 주민들에게 큰 부담이 아닐 수 없었다. 특

히 순천의 경우 관내에 전영장 외에 순천부사보다 더 높은 좌수사가 있
는데다가 고돌산진 진장, 방답진 진장, 곡화목장 감목관까지 있어 주민
들 부담이 매우 무거웠다. 이리하여 조선후기 육군 지휘계통은 군현(수
령)→진영(영장)→병영(병사)→중앙(국왕)으로 짜여 있었던 것이다.

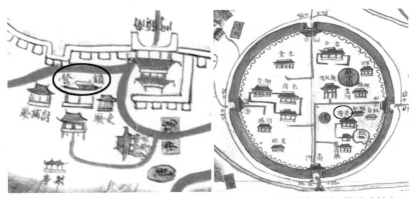

나주의 전라우영은 읍성 남문 밖에 있다.　　　순천의 전라전영은 읍성 안 남동쪽에 있다.

나주영장 전일상

　전일상(田日祥)이 1727년(영조 3)에 나주영장이 되어 도둑을 매우 혹독하게 다스렸으니, 무릇 장물이 많거나 재차 잡혀 들어오는 자는 모두 죽였다. 도둑들이 이를 근심하여 밤에 금성산으로 모여들어 그를 꾸짖고 욕하는 소리가 몹시 추악하였다. 전일상이 몰래 나가서 소리나는 곳을 따라가 왼쪽 산등성이에 있는 도둑들 틈에 끼어 있었는데, 곧 오른쪽 산등성이에서도 꾸짖고 욕하는 소리가 왼쪽 산등성이의 도둑들과 같았고, 왼쪽 산등성이의 도둑들 역시 그 소리를 따라가서 함께 모이게 되었다. 전일상이 말하기를 "나는 순창의 도둑이오. 우리 무리들이 전일상에게 거의 다 죽었고 이제 내 차례가 되어가오, 내가 그놈 배를 찌르고 싶지만 힘이 약해서 할수가 없소." 하였다. 또 허리에 차고 있던 돈을 풀어 졸개에게 주면서 "급히 술과 안주를 장만하라" 하였다. 잠시 후 졸개가 몇 동이 술을 짊어지고 왔으며, 또 개 한 마리를 묶어 와서 장작을 지펴 구웠다. 전일상은 즉시 술동이 하나를 기울여 다 마시고 손으로 개고기를 반으로 쪼개어 뼈째 씹어 먹었다. 도둑들이 열 지어 절하고 말하기를 "장사시군요. 참으로 우리 장군이십니다." 하였다. 전일상이 "내일 밤에 다시 여기서 만나자" 하였다.

　전일상은 술과 고기를 더 많이 가져갔고, 모인 자들이 또 몇 명 늘었다. 전일상이 말하기를 "우리들 수십 명이 7, 8명씩 모은다면 어찌 전일상뿐이겠는가. 나주성도 전복시킬 수 있다. 너희들과 약조 하건대 우리 무리 몇 명은 내가 다 데려올 수 있다. 너희들도 너희 무리를 다 데려오라. 모일에 모이기로 하자." 하니, 무리들이 좋다고 하였다. (중략) 전일상은 곧 은밀하게 성 안의 장사를 선발하였으며, 약속한 기일이 되자 모두 편안한 옷에 몽둥이를 가져가도록 하고 당부하기를 "일단 나를 따라 약속 장소에 도착하면 반드시 나를 친구처럼 대하라. 그렇지 않으면 돌아와 곤장을 칠 것이다." 하였다. 또 산의 사방 구석진 곳에 건장한 군졸을 매복시키고 약속하기를 "내 휘파람 소리를 들으면 즉시 나가서 덮쳐라" 하였다. 전일상이 10여 명을 거느리고 도착하니, 모인 자가 60, 70명인데 모두 건장한 도둑으로 각각 칼과 몽둥이를 지녀 기세가 매우 사나웠다. 전일상이 말하기를 "너희들이 다 왔으니, 오늘 밤은 우선 함께 취하는 것이 좋겠다." 하니, 무리들이 알겠다고 하였다. 소 몇 마리를 잡고 술이 두 번 돌자, 전일상이 말하기를 "많은 사내들이 취했는데 즐길 만한 것이 없구나. 노래 부를 자는 노래 부르고 춤출 자는 춤을 출 것이며, 손뼉놀이를 하든 씨름을 하든 각자 하고 싶은 대로 하라." 하였다. 도둑들은 좋다고 하며 모두 칼과 몽둥이를 풀어 놓았다.

전일상의 부하가 칼과 몽둥이를 치워 버렸다. 전일상이 비로소 일어나 춤을 추다가 홀연히 긴 휘파람을 불자 부하들이 다 같이 휘파람을 불었고, 매복해 있던 군사들이 모두 일어나니, 도둑들은 손도 못쓰고 전부 사로잡혔다. 이로부터 나주 주변 고을에는 개 짖는 소리가 없어졌다. 〈성해응, 『초사담헌』〉

산성-유사시 광역 방어기지

고려 시대까지 고을마다 읍성이 있어 그곳을 중심으로 외침에 대비했다. 그런데 고을 단위 대비책은 몽골 침입 때 한계를 드러내고 말았다. 많은 지역에서 별다른 저항 없이 항복하거나 함락되곤 했다. 그래서 나온 것이 산성 입보책이었다. 이에 따라 읍치로부터 멀리 떨어진 곳, 산속의 험준하고 깊숙한 곳, 고도가 높은 곳에 읍성보다 더 큰 규모로 산성을 증축하거나 신축하기 시작했다. 이제 산성은 여러 고을을 하나로 묶어 광역 단위를 대상으로 한 방어 기지가 되었다. 바로 그때 몽골군이 전라도 여러 섬을 공격하려 했다. 전라도에서 수도 개경으로 올라가는 조운선을 약탈하려는 목적이었던 것 같다. 이를 안 강화도 정부는 장군 이광·송군비로 하여금 수군을 거느리고 내려가서 막게 했다. 두 장군은 남하하던 중 영광에서 몽골군을 만나 이광은 섬으로 들어갔고, 송군비는 장성 입암산성으로 들어가니 성 안의 장정들은 모두 적에게 투항하고 오직 노인과 어린이들만 남아 있었다. 하루는 송군비가 약한 자 몇 사람을 성 밖으로 내어보내니 몽골군이 성 안의 식량이 다 된 것으로 생각하고 군사를 거느리고 성 아래에 이르렀다. 이에 송군비가 정예병을 거느리고 들이닥쳐 이를 격파하니 살상이 심히 많았고 4명의 관인을 사로잡았다.

조선시대 들어와서 전라도에는 위봉산성, 남고산성, 입암산성, 금성산성, 적상산성, 교룡산성, 수인산성 등이 있었다. 별장(別將)이라는 장이 있고, 그 아래에 행정 업무를 보는 진리와 산성을 지키는 군병이 있었다. 그래서 이들이 근무하는 청사가 있었다. 그리고 성 안에 마을과 민가도 있었는데, 간첩 소탕을 위해 1970년대에 철거되기 시작하여 오늘날에는 거의 남아 있지 않다. 사찰도 성 안에 있었다. 사찰은 산성을 수호하도록 했는데, 전주의 위봉산성에는 위봉사가 있었다. 의승군이 바로 이 절들의 승려이고, 승장은 이 절들의 책임자였다.

전라도의 산성 방어체제

구분	위치	군병 소속	군량 소속	수호 사찰
위봉산성	전주	전주, 진안, 임실, 남원, 금구, 태인, 김제, 만경, 임피, 함열, 용안, 익산, 금산, 장수, 용담, 진산	전주, 진안, 임실, 금구, 익산, 김제, 고산	위봉사
입암산성	장성	장성, 고창, 흥덕, 정읍, 태인	장성, 나주, 광주, 영광, 고창, 태인, 정읍	안국사
금성산성	담양	담양, 순창, 창평, 동복, 옥과	담양, 순창, 창평, 동복, 옥과	보국사
적상산성	무주	무주	무주	호국사
교룡산성	남원	남원, 곡성, 구례	장수, 옥과, 창평	용천사

이들 산성은 각기 관할 지역을 두어 군병과 군량을 조달받았다. 가령, 조선후기에 편찬된 『전라가고(全羅可攷)』라는 자료를 보면, 전주 동 30리에 있는 위봉산성은 군병 속읍이 16곳, 군량 속읍이 7곳이다. 그래서 성 안에는 이들 고을의 군기고와 군량고가 각각 건립되어 있었다. 산성이 무너지면 소속 고을별로 구간을 나눠 보수했다. 가령, 전주는 도솔봉에서 동쪽으로 1천파, 익산은 전주 이어서 800파, 김제는 이어서 800파, 임실은 이어서 650파, 진안은 이어서 600파, 고산은 이어서 650파, 금구는 이어서 597파를 각각 담당했다. 산성을 관리하고 지키기 위해 별장 1인, 대장 1인, 승장 1인, 의승군 40명이 있었고, 별장군 2천 812명, 수첩군관 600명, 산성군관 116명, 별파진 95명 등이 편재되어 있었다. 특히 장기 저항을 하려면 취사용 간장과 된장이

있어야 했기에, 2칸 규모의 장 창고에 장독이 2개나 있었다. 이런 내용은『호남진지(湖南鎭誌)』라는 자료 속에도 나와 있다.

이들 산성에도 고비 때마다 역사적 사연이 있다. 입암산성은 전북 정읍과 전남 장성 경계의 험준한 입암산 자락에 있다. 고려 때 몽골군이 산성 안으로 들어오자 송군비 장군이 피란민들과 함께 싸워서 물리쳤다. 임진왜란 때 윤진이 별장이 되어 입암산성에 포루를 설치하고 창고를 만들어 군량미를 비축했다. 정유재란 때에는 왜 대군이 미치자 사람들이 피할 것을 권했다. 그러자 윤진은 정색을 하며 말했다.

"이 성이 곧 내가 죽을 곳이다."

마침내 성이 함락됨에 적의 칼에 목이 베어 장렬하게 죽었고, 그의 아내도 칼로 자결하고 말았다. 그를 기리는 순의비가 산성 안에 세워져 현재까지 남아 있다.

임진왜란 때에 왜군이 남원으로 향하자 조선군은 배수진을 교룡산성에 치려고 했다. 그러나 전시 작전권을 쥐고 있는 명나라 장수가 산성을 싫어하는 바람에 그의 말을 따라 평지성인 남원성으로 들어갔다가 성 함락과 함께 큰 희생을 당하고 말았다. 희생당한 분들은 나중에 '만인의총'에 안치되었고, 교룡산성은 1713년에 대대적으로 복구되었다. 서문은 고쳐 만들고, 동문은 무지개 모양의 아치로 새로 만들었는데 지금도 거의 원형 그대로 유지되어 있다. 동학 창시자 최제우가 교룡산성에서 교리를 저술하고 포교 활동을 했으며, 교룡산에 올라가 '칼노래'를 불렀다고 전한다. 동학농민운동 때에는 농민군 지도자 김개남이 남원성을 점령하고서 교룡산성을 거점으로 활약한 바도 있다.

고려 말 왜구가 침략하자 강진 주변 사람들은 수인산성으로 피신했다. 수인산성은 병영의 배후 산성으로써 병영의 폐영과 함께 수인산성도 방치되었다. 한말에 함평 출신의 심남일이 의병을 거느리고 이 성 안에서 일본 군경과 항전했다. 한국전쟁 때에는 빨치산의 거점이 되기도 했다. 이런 저런 일을 겪으며 수인산성은 많이 퇴락했다. 무너진 성벽과 성문, 흔적 없이 사라진 봉수대, 관아터와 사찰터에 나뒹굴고 있는 절구통이나 기와장이 세월의 무심함을 느끼게 한다. 집터의 우물과 온돌은 사람이 살았던 온기마저 느끼게 한다. 청악(淸岳)이라는 스님이 석벽에 새겨놓은 여러 전라병사 이름(김태욱, 이교창, 이문영, 이정규)이 예전에 이곳이 병영 소속이었음을 알려주고 있다.

담양 금성산성. 2중으로 된 성곽과 함께 동문, 서문, 남문, 북문이 보인다. 성 안에 각종 건물이 들어서 있다. 별장이 공무를 수행하는 진아, 각 읍의 군향고, 화약고, 식수원 역할의 방축, 호국사, 소금을 보관하는 염고, 장을 저장하는 장고 등이 보인다.

4. 순천·해남 수영, 나라를 구하다

통영과 여러 도 수영에 해골선(海鶻船)을 만들라고 명하였다. 이때 전라좌수사 전운상이 해골선을 만들었는데, 몸체는 작지만 가볍고 빨라서 바람을 두려워할 걱정이 없었다. 좌의정 김재로가 통영과 수영으로 하여금 그 제도에 따라 만들게 할 것을 청하니, 그대로 따랐다.
〈영조실록 16년 윤6월 18일〉

전라 좌수영은 거북선을 만들어 임진왜란 때에 왜적을 격파하는 데에 큰 공을 세웠고, 그로부터 150년 지나 그 어디에도 없는 해골선이란 쾌속선을 만든 것도 좌수영 사람들이었습니다. 해골선은 주력 전투함인 판옥선보다 속도가 빨랐고, 배의 모양이 머리는 낮고 꼬리는 높으며, 앞은 크고 작은 것이 송골매 모양이었습니다. 또한 양쪽 가장자리에 부판을 달아 파도가 세차도 기울어질 염려가 없고, 안에서는 밖을 내다볼 수 있지만 밖에서는 안을 보지 못하기 때문에, 노군과 사수·포수가 모두 몸을 숨기고 노를 저으며 활·포를 쏠 수 있었습니다. 개량 거북선 같은데, 전함을 만들고 다루는 좌수영 사람들의 뛰어난 기술은 국란극복 과정에서 어떤 결과를 냈을까요? 우수영은 어떤 모습이었고, 근대화 과정에서 수군진은 어떻게 되었는지도 궁금합니다. 함께 알아봅시다.

좌수영-구국의 본영

왜구 침입에 대응하기 위해 고려는 1377년(우왕 3)에 전라도 수영(水營)을 처음으로 무안 대굴포에 설치했다. 전라도 수영은 조선 세종 때 더 아래로 내려가 해남 황원곶으로 옮겨졌다. 왜구가 순천 내례포에 침입하여 군기와 화약을 탈취해 간 사건을 계기로, 1479년(성종 10)에는 전라도 수영이 좌수영과 우수영으로 나누어졌다. 좌수영은 순천 내 례포(현재 여수)에 새로이 두었고, 우수영은 그대로 해남 황원곶에 두 었다. 이리하여 왜구가 가장 먼저 도착하는 전라도에는 경상도와 함께 두 개의 수영이 설치되어 있었다.

전라 좌수영은 순천부에서 동쪽으로 80리 떨어진 여수면에 설치되었 다. 지휘관으로 정3품의 좌수사(左水使)가 파견되었다. 연산군 때 이량 좌수사가 영 앞바다 장군도와 돌산도 사이에 돌로 수중성을 쌓아 왜구 가 들어오는 것을 막고자 했다. 임진왜란 때 이순신 좌수사가 연승을 거 두자 1593년에 경상충청전라삼도통제사를 두고서 전라좌수사로 하여 금 겸하게 했다. 좌수사 아래에 부사령관에 해당되는 정4품 우후 1인, 데리고 온 대솔군관 9인, 화가인 화사 1인, 중국어 통역관인 한학(漢 學) 1인, 일본어 통역관인 왜학(倭學) 1인, 성 관리 책임자인 수성중군 (守城中軍) 1인, 문서를 작성하는 사자관(寫字官) 1인 등이 있었다. 규 모가 넓이 3천 339척에 이르는 성곽도 축조했다. 문루가 동·서·남 에 있었고, 성곽 안에 75칸의 객관[진남관]과 30칸의 동헌(결승당, 운 주헌) 등의 관공서, 군향고·군기고·진휼고 등의 창고가 들어섰다. 그 리고 군선이 정박해 있는 선소(船所)가 성곽 아래 바닷가에 마련되었 다. 군선에 대해 19세기말 『좌수영지』에는 전선 4척, 해골선 1척, 방 선 4척, 사후선 11척으로, 『호좌영사례』에는 전선 3, 귀선 1, 병선 5, 방선 1척, 사후선 11척으로 각각 기록되어 있다. 성곽 좌우에는 행정 요원과 군인 및 뱃사람과 어부가 사는 마을이 조성되었다. 그 마을의 호 수가 모두 1천 682호나 되었다. 이 숫자가 이른바 좌수영 사람들이다. 이 외에 좌수사의 지휘 아래에 있는 지역도 있었다. 여수면, 삼일면, 소라포면, 율촌면 등 4개 면이 그곳이다.

전라 좌수영은 왜구가 전라도로 들어오는 것을 막아야 했다. 이를 위해 산하에 전기에는 사도진, 여도진, 녹도진, 발포진(흥양-현재 고흥), 돌산포진(순천), 회령포진(장흥), 마도진(강진), 달량진(영암) 등을 두었다. 그런데 중간에 군현도 수군에 편입되어 순천, 광양, 낙안, 보성, 흥양, 장흥이 좌수사 지휘 아래 들어왔다. 군현은 수령이 진장을 겸하지만, 수군진은 종3품의 첨사 또는 종4품의 만호가 파견되었다.

전라도 수군 편제(『만기요람』)

구분	읍	진
좌수영	장흥, 순천, 보성, 낙안, 광양, 흥양	사도, 방답, 회령포, 여도, 녹도, 발포, 고돌산
우수영	나주, 영암, 영광, 진도, 무안, 해남, 함평	법성, 고군산, 가리포, 고금도, 임치, 군산, 위도, 임자도, 마도, 신지도, 검모포, 다경포, 목포, 어란, 남도포, 금갑도, 이진, 지도, 격포, 섬진

이들 수군진에도 많은 이야기가 담겨 있다. ①오늘날 녹동에 있는 녹도진은 왜적을 물리치는 데에 늘 앞장섰던 곳으로 유명하다. 1587년에 일본 규슈 왜구들이 신무기 조총으로 무장하고 손죽도(현재 여수)를 침략했을 때, 녹도만호 이대원이 막으려다 장렬하게 목숨을 잃었다. 그때 왜구들은 손죽도에서 강진 가리포(현재 완도)까지 습격했고, 출동한 전라 우수군을 무찌르고서 우리나라의 사람 수백 명과 많은 군선을 납치해 갔다. 이는 조선에 충격이어서 기축옥사 같은 국내정치와 통신사 같은 외교정책에 큰 영향을 미쳤다. 그들은 이전에 납치해 갔던 우리 백성들을 현지 정보요원이나 안내원으로 앞세워 1592년(선조 25) 임진왜

란 때에 들어왔다. 그러자 녹도만호 정운이 조선 수군의 선봉에 서서 왜 군과 맞서 싸우다 부산포 해전에서 장렬하게 순국했다. 이후 녹도진 사 람들은 순국한 이대원과 정운을 오래 기억하기 위해 진성 안에 '쌍충사' 란 사당을 지어 매년 정기적으로 제사를 지내오고 있다. ②이순신이 무 과에 급제하고서 군관이나 임시 지휘관을 지내다 최초로 정식 지휘관이 된 곳이 발포진의 만호였다. ③회령포진은 이순신이 백의종군 상태에 서 통제사로 복귀한 후 처음으로 군선을 인계받은 곳이다. ④마도진은 현재의 마량으로 서남해 제주도·고금도·신지도 등지로 유배 가는 사 람들이 배를 타고 내렸던 곳이다. 특히 제주도에서 공물로 올라오는 말 [공마(貢馬)]이 내리는 곳이어서 지명도 그것에서 유래한다는 현지인들 의 전언이 있다. ⑤달량진은 을묘왜변 때에 왜구들이 제일 먼저 상륙하 여 공략했던 곳이다.

이순신-좌수사에서 통제사로

임진왜란 때에 이순신이 맡았던 관직이 바로 전라 좌수사였다. 이순 신은 본래 충청도 사람으로서 서울에서 태어났다. 본인의 뛰어난 지도 력도 있었지만, 그는 좌수영 사람들의 전폭적인 지원으로 해전에서 승 리를 거두어 위기에 처한 나라를 구한 결과 민족의 영웅으로 추앙받고 있다. 이순신은 떠났지만, 그가 남긴 흔적은 여수 땅 곳곳에 여러 분야 에 걸쳐 전해오고 있다.

그 가운데 음식 이야기를 먼저 해보자. 여수에 가면 '군평선이'라 부르 는 물고기가 있다. 그것을 파는 어물전과 구어서 내놓는 요리 집도 많 다. 흔히 '딱돔'이라 한다. 이순신이 좌수사로 와서 '평선'이란 관기 집에 서 식사를 했다. 못생겼지만 맛있는 생선이 상에 올랐다. 이름을 물으니 아는 사람이 아무도 없었다. 그때 이순신이 이름을 지었다.

"앞으로 이 고기를 평선이라 불러라"

이후 군의 관기 평선이가 구운 고기라 해서 '군평선이'로 불렸다 한다.

또한 이순신이 순절한 지 6년 뒤, 좌수영 군인들이 장군의 덕을 추모하기 위해 세운 '타루비'(보물 제1288호)도 여수에 있다. 부산포의 왜군 본영을 공격하라는 어명을 어긴 죄인으로 여기고 있는 선조 임금이 살아있던 때에, 이순신을 위해 눈물을 흘린다는 비석을 세웠다는 것은 그곳 군인들의 충정심이 매우 맑고 높았음을 알게 해준다.

좌수사는 본영인 좌수영을 지키며 직할 전함을 관리했다. 그리고 예하 읍·진의 장수, 즉 수령과 진장을 지휘하고 감독했다. 이순신 휘하에는 이들 장수 외에 참모 역할을 하는 군관(軍官)도 있었다. 당시 이순신 휘하의 군관은 확인된 숫자만 30명 정도 되었는데, 대부분 무과 출신이거나 하급관료 출신이어서 상당한 식견을 지닌 인물이었다. 그리고 그들 대부분은 지형 지리와 해양 전술에 능한 전라도 연해지역 출신이었고, 일부는 인척을 포함하여 이순신이 부임하면서 데리고 내려온 인물이었다. 이러한 배경을 토대로 좌수영의 군관들은 뛰어난 무술, 강한 용기, 높은 충성심, 깊은 신의, 유창한 문필력, 사려 깊은 생각을 겸비했다. 이러한 인물이었기에, 그들은 전라 좌수영의 지휘부 일원이 되어 임란 해전을 승리로 이끄는 데에 큰 역할을 했다. 그들은 이순신을 지근거리에서 수행하며 주장 개인의 희노애락을 함께 했을 뿐만 아니라, 전략과 전술을 숙의하여 전달하고, 각종 공문서와 전령 및 서간을 전달하고, 상부기관과 마찰을 빚는 업무를 해결하고, 적정을 정찰하여 보고하고, 군기강을 세우기 위한 감찰활동을 펴고, 군수물자 조달에도 앞장섰다. 또한 전투에 참여해서는 장수로 혹은 참모로 목숨을 아끼지 않고 전과를 올렸다. 이러한 활약을 토대로 '전라 좌수군'은 조선 수군의 주력부대로 임진왜란을 극복하였던 것이다.

이들 좌수사 이순신과 그 휘하의 수령, 진장, 군관, 군인, 선원의 첫 작품은 제1차 출전인 옥포해전(玉浦海戰)에서 나왔다. 왜군이 해상에 나타나자 경상좌수사 박홍은 제대로 싸우지도 못하고 도주했고, 경상우수사 원균은 바다를 건너오는 왜병들에 대해 대적할 수 없는 형세임을 알고서 전함과 무기를 모두 물에 침몰시키고 1만여 명에 이르는 수군을 해산시킨 후 육지로 도망가려 했다. 이때 옥포만호 이운룡이 항거하며 전라도 수군에게 도움을 요청하자 하니, 원균이 그 뜻을 따라 율포만호 이영남을 이순신에게 보내서 말하게 했다.

이순신이 각 고을과 군진에 글을 보내니, 여러 장수들이 좌수영에 도착했다. 이영남의 말을 듣고 여러 장수들은 대부분 이렇게 말했다.

"우리가 우리 지역을 지키기에도 부족한데 어느 겨를에 다른 도에 가겠습니까?"

그런데 녹도만호 정운과 고흥 출신의 군관 송희립만은 분개하여 눈물을 흘렸다.

"적을 토벌하는 데는 우리 도와 남의 도가 따로 없습니다. 적의 예봉을 먼저 꺾어놓으면 본도도 보전할 수 있습니다."

두 사람의 말에 이순신은 크게 기뻐하여. 드디어 5월 1일 출정하게 되었다. 이때 이순신은 전선 24척과 보조선 51척을 거느리고, 원균의 남은 선박 6척과 한산도에서 합류하여 6일 옥포 앞바다로 나아갔다. 이 때 적선 30여 척이 사면에 휘장을 두르고 기다란 장대를 세워 홍기와 백기를 현란하게 달아 위세를 과시했으며, 나머지 왜적들은 육지로 올라가 마을 집들을 불사르고 약탈하고 있었다. 왜적들은 수군을 보고는 서둘러 노를 저어 진지를 나와 아군과 바다 가운데서 만났다. 그러나 아군의 기습에 당황한 왜적은 곧 도주하기 시작했으며, 이에 아군은 포탄을 퍼부으며 추격하여 적선 26척을 불살라 버렸다. 이것이 옥포해전으로 임진왜란의 첫 승리였다. 이 승전은 해로를 통해 일본에서 전달되는 왜적의 보급을 막는 실질적인 효과와 함께 육전을 수행하던 왜군들의 사기를 꺾고 우리 민관의 왜군 격퇴 의지를 고양하고 전열을 정비하는 데 결정적인 계기가 되었다.

19세기 후반 전라 좌수영. 영성(營城) 안에 진남관('左水營'으로 적힌 건물)이 있고, 남문 바로 앞에 시장('場'으로 적힌 건물)이 있고, 이어 돌로 축조된 군선 정박소가 있고 그 안에 '龜船'(거북선) 한 척이 그려져 있다.

거북선─최신 전투함

전라 좌수영은 구국의 본영으로 평가받고 있다. 전라 좌수영이 한국 역사의 한 페이지를 장식했다는 말인데, 그것은 이순신과 함께 거북선이 있어서 가능했다. 당시 거북선 이름은 한자로 귀선(龜船)이었다. 일본인들은 맹선(盲船), 즉 '장님배'라 했다. 거북선이 좌수영에 있어 왜란 때에 적선을 물리치어 전세를 뒤집는 데에 크게 기여했음은 부정할 수 없는 사실이다. 그런데 거북선은 임진왜란 때에 처음 등장한 것이 아니다. 2백여 년 전 태종 때에 이미 건조된 바 있다. 그때 그 우수성이나 필요성을 역설한 사람이 광주 출신 탁신(卓愼)이라는 관리이다. 태종이 1413년에 임진강 가에서 거북선과 왜선이 서로 싸우는 모습을 구경했다. 실전을 가상한 군사훈련이었다. 2년 뒤에 탁신이 여섯 가지의 국방 정책을 건의하면서 여섯 번째로 말했다.

"거북선의 법은 많은 적과 충돌하여도 적이 능히 해하지 못하니 가히 승리의 좋은 계책이라고 하겠습니다. 다시 견고하고 교묘하게 만들게 하여 전승의 도구를 갖추게 하소서."

탁신은 거북선의 우수성을 어디에서 들었을까? 모르긴 몰라도 지긋지긋한 왜구를 격퇴할 방안에 대해 늘 고민하던 고향 사람들에게서 들었을 것 같다.

임진왜란이 일어나기 1년 2개월 전, 1591년 2월에 이순신은 전라 좌수영에 부임했다. 이순신은 지난날 발포만호, 전라감사 군관, 정읍 현감을 역임했기 때문에 비교적 전라도 사정에 밝았다. 그래서 그는 부임 직후 각종 군기를 정비하고, 군사시설을 보수하고, 군사를 훈련시키는 등 왜침에 대비하기 시작했다. 점검 결과 부실함이 발견되었을 경우 당사자를 가차 없이 처벌했으며 민폐를 끼치거나 탈영하는 자는 군율을 엄격하게 적용하여 목을 베기까지 했다. 그 가운데 가장 관심을 쏟은 것은 거북선을 건조하고 좌수영 앞바다에 쇠줄을 가설하는 일이었다.

그동안 말 한마디 없던 거북선이 갑자기 200년 만에 나타났다. 그것도 중앙정부의 지시에 의해서가 아니라, 우리의 주력 함대인 판옥선의 전투력을 증대시키기 위한 좌수영의 독자적 판단에 의해서였다. 기획은 이순신이 했지만, 건조는 나대용이 맡았다. 나대용은 나주 출신으로 무과에 급제한 후 당시 이순신의 군관으로써 전함 건조와 군병 관리의 책임을 맡고 있었다. 좌수영 선소, 순천 선소(현재 여수 시전), 방답진 선소에서 각각 1척 등 모두 3척이 건조되었다. 한산도에 진영을 두었을 때에 그곳에서 2척을 더 건조했다고 한다. 이순신이 만든 거북선은 이전과 상당히 달랐다. 이순신이 말했다.

"앞에는 용머리를 붙여 그 입으로 대포를 쏘게 하고 등에는 쇠꼬챙이를 꽂았으며, 안에서는 능히 밖을 살필 수 있어도 밖에서는 안을 들여다볼 수 없게 하여, 비록 적선 수백 척의 한가운데라 할지라도 쉽게 돌입하여 포를 쏠 수가 있습니다."

용머리, 함포, 쇠꼬챙이, 차단막 등을 갖추고 속력과 회전력을 증가시켜 전투 역량을 극대화했다. 건조 후 시험 운행, 함포 실험, 현장 적응훈련 등을 마치고서 실전 배치를 완료했다. 그때가 임진왜란 발발 1개월 전이다. 부임한 지 1년 만이다. 마침내 전라 좌수군의 제2차 출전(사천전투), 제3차 출전(한산도 대첩) 때에 거북선이 참가했다. 불을 품으며 이상하게 생긴 용머리는 적에게 공포심을 주기에 충분했다. 지붕 위 쇠꼬챙이는 적의 장기인 승선 육박전을 불가능하게 했다. 거북선은 좌우 14개에 이르는 위력적인 함포를 쏘며 재빠르게 돌격하여 적선을 들이받아 적군의 대열을 흩트렸다. 특히 적의 대장선을 기습 공격하거나 집중 공략하여 적의 지휘체계를 와해시켰다.

겁을 먹고 적선에 다가가기를 두려워하던 장졸들을 덮개판 밑에 안전하게 수용했다. 우리 장졸들에게 사기를 북돋워 용기 있게 적선을 향해 돌진하도록 했다. 그리하여 거북선은 초기 전투에서 적선을 격파하여 전투를 승리로 이끄는 데에 크게 기여했다. 하지만 왜란 중에 모두 격침되고 말았다. 전쟁이 끝난 후 다시 건조되어 여러 곳에 배치되었다. 18세기에 전라 우수영, 신지도진, 마도진에 각각 1척, 나주에 2척 등 모두 5척 있었다. 19세기 전반에 나온 『만기요람』에는 30척 있다고 적혀 있다. 수군 훈련 그림에는 최대 40여 척까지 그려져 있다. 편제상인지 아니면 실제인지에 대해서는 확인하기 어렵다. 좌수영에는 19세기 말까지 거북선이 정박되어 있었다. 나중에 개화파 인물이 된 김윤식이 1860년 무렵에 와서 보고나서 말했다.

"떠들썩한 어시장은 저녁 성곽으로 통하고, 적막한 거북선은 빈 언덕에 매어있네"

사람들은 거북선을 육지에 올려놓고 사용하지 않고 있었다. 하지만 거북선의 무용담이나 모습은 곳곳에 오래도록 퍼져 있었다. 1884년에 좌수영에 들린 광양 출신의 매천 황현이 전한 말이다.

전라 좌수영 남문을 활짝 열어젖히고

둥둥둥 북 울리며 거북선을 발진시키니.

거북 같으나 거북 아니요 배 같으나 배도 아니요

판옥은 푹 솟은 데다 큰 물결을 소용돌이쳐대네.

네 발은 수레바퀴처럼 빙글빙글 돌게 하고

양쪽 옆구리엔 비늘을 펼쳐 창 구멍을 만들고.

스물네 개의 노를 물속에서 춤추듯 저어라

노 젓는 수군은 수면 아래서 앉고 눕고 하였네.

코로는 검은 연기 내뿜고 눈은 붉게 칠하여

펴면 헤엄치는 용 같고 움츠리면 거북 같은데.

왜놈들 하늘만 처다보며 통곡하고 애태워라

노량 한산 대첩에서 붉은 피가 넘쳐흘렀지.

구조와 성능이 기상천외한 거북선 때문에 왜놈들은 하늘만 처다 보며 통곡하고 애만 태웠다. 그래서 근래에 거북선을 복원하여 구국수호의 상징으로 전시하려는 곳이 많다. 군사기관에서 지자체까지 여러 곳이다. 이런 시도와 함께 2층이냐 3층이냐 등 거북선의 구조에 대한 논쟁도 뜨겁다. 이순신 때 만든 것인지, 아니면 2백 년 뒤에 만든 것인지에 대한 구분이 모호하여 더욱 그렇다.

영조 때에 전라좌수사 전운상이 해골선(海鶻船)이라는 새로운 전함을 만들었는데, 몸체는 작지만 가볍고 빨라서 바람을 두려워할 걱정이 없었다. 그래서 정부는 이를 전국에 배치하라고 명했다. 전라도 사람들의 뛰어난 배 만드는 기술과 높은 구국 의지를 엿볼 수 있는 대목이다. 우리는 이 배의 흔적을 찾는 데에도 관심을 두어야 할 것이다.

거북선 노래. 1930년 '거북선표 고무신'의 광고이다. 세계의 첫 발명이어서 조선의 큰 자랑이라는 가사가 눈에 띈다. 우리나라 CM송의 원조격이다.

우수영-많은 수군진을 거느리다

전라 우수영은 해남 황원면에 있었다. 최고 지휘관은 정3품의 우수사 (右水使)가 맡았다. 우수사는 본영인 우수영을 지키며 직할 전함을 관리했다. 그의 아래에는 우후 1인, 한학 1인, 왜학 1인, 비장 2인, 그리고 장교 28인, 향리 30인, 이외 여러 군교와 관노 및 나졸 등이 있었다. 영성(營城) 뒤에는 진산을 두고 그 옆에 망해루 누각을 두었다. 성

앞의 바다에 있는 양도(洋島)를 안산으로 삼아 사람들의 거주를 금지시켰다. 성곽 넓이는 3천 843척이나 되었다. 네 개의 성문은 인양루(동문), 진금루(서문), 진해루(남문), 공북루(북문) 등의 누각으로 조성되었다. 성 안에는 복파관(伏波館)이라는 객사, 제승당(制勝堂)이라는 동헌이 있었다. '관서재'라는 서당을 설치하고 학장을 초빙하여 '학장미(學長米)'라는 이름의 보수를 주면서 무인들에게 유학을 공부시켰다. 성 밖 선소에 정박해 있는 군선은 전선 4척, 해골선 1척, 방패선 1척, 병선 3척, 사후선 8척이었다. 성 밖 동쪽으로 15리 떨어진 곳에 원문(轅門)이 있었다. 우수영으로 들어오는 길목 좌우에 성을 쌓아 외부인의 출입을 통제했다. 이 원문 안, 즉 '문내(門內)'가 영저(營底)였다. 영저란 영의 지휘를 받는 지역으로, 우수영 영저는 마을이 36개이고 호수가 560호였다.

그리고 우수사는 아래에 있는 여러 읍과 진을 지휘했다. 위기 때마다 체제를 바꾼 나머지 19세기 전반 때 편찬된 『만기요람』을 보면, 우수영 휘하의 수군읍진이 매우 많다. 읍은 7곳에 이른다. 그 가운데 나주는 전선 2척, 병선 2척, 사후선 2척이 있었다. 선소는 영산강 죽포(竹浦)에 있었다. 선창에 뻘이 쌓이기 때문에 매년 굴착 작업을 했다. 부근의 시랑, 용문, 수다, 아계 등 4개 면 가운데 1년에 1~2개 면씩 돌아가면서 동원되었다. 우수사 휘하의 진은 20개에 이른다. 좌수영에 비해 그 수가 월등히 많다. 17~18세기에 바다의 중요성이 높아지면서 수군진을 증설한 결과이다. 이들 우수군은 왜구가 전라도를 빠져나가는 것을 막아야 했다.

1895년에 우수영이 폐영되었다. 그러자 우수영 영리 출신 5·6명이 돈 수만 냥을 들고 서울로 올라가서 신설 지도군을 우수영 자리로 옮겨주라고 로비를 펼쳤다. 그런데 진정 우수영 일반 백성들은 그동안 수사와 관속의 수탈을 당해 온 터라 반대하고 있었다. 그래서 지도군 이설안은 불발로 그치고 말았다. 영리들은 서울에 4·5년간 머물며 지도군 소속 몇 개의 섬, 해남군 소속 몇 개의 면, 진도군 소속 몇 개의 섬을 합쳐 옥산군(玉山郡)이라는 군을 우수영 자리에 신설하려고 했다. 옥산은 고려 때 있었던 '옥산현'에서 나온 말이다. 거짓으로 허가가 났다고 꾸며 청사 건축을 위해 소나무를 베고 돈을 거둔데다가, 전후 경비로 수만 냥이 들었다고 하여 주민들에게 호당 거금을 분담시켰다가 1903년에 주민의 신고로 들통 나고 말았다. 결국 군 신설 노력도 무산된 채 곧바로 해남군의 문내면(門內面)으로 편성되었다. 군보다 상급인 영문(營門)이 면으로 편성되어 군 아래에 놓이게 된 것이다.

19세기 후반 전라 우수영. 성 안에 공공건물, 감옥, 장시가 보인다. 동문 밖에 '충무공비각'이 있는데, 이 안에는 이민서가 쓴 '명량대첩비'가 지금도 서있다. 남문 밖 선소에는 가운데 구선 1척이 정박해 있다.

1918년 우수영. 포구 쪽만 철거되었고 나머지 성곽은 거의 온전한 상태로 남아 있다. 하지만 이후 성곽은 거의 사라지고 말았다.

명량대첩-우수사 김억추

정유재란 때에 강진 사람 김억추가 전라 우수사를 맡아 이순신과 함께 명량대첩을 거두었다. 전라 우수영은 비록 사라졌지만 명량대첩으로 오래도록 기억되고 있다. 그래서 명량대첩 때 우수영은 어떤 역할을 했는지를 알아볼 필요가 있다.

조선을 침략한 왜군은 초반엔 승승장구하여 평안도·함경도까지 진격했으나, 수군·의병·관군·명군의 반격으로 점차 수세에 몰린 채 경상도 지역으로 후퇴하고 말았다. 이후 지루한 강화회담이 열리며 전황은 소강상태에 빠졌다. 그러나 1596년에 이르면 강화회담이 결렬되고 왜군이 내년 2월에 재침할 것이라는 정보가 알려지자, 조정은 한산도에 머물고 있는 이순신으로 하여금 부산 앞바다로 나가라고 명했다. 그러나 이순신은 전력상 열세를 들어 왜수군의 거점을 본인의 수군과 아군의 육군이 합동으로 공격할 것을 조정에 촉구하면서 조정의 해상작전 명령에 신중하게 임했다. 이에 진공론을 주장해 온 선조와 서인들은 이순신을 내심 못마땅하게 생각하며 비난하기 시작했다.

이순신에 대한 선조의 불신은 1597년 1월에 정유재란이 발발하자 더 깊어졌다. 그때 많은 대신들도 선조 편을 들어주었고, 영의정 유성룡만이 이순신은 직무를 잘 수행할 사람이라며 두둔했지만 분위기는 넘어가고 있었다. 드디어 이순신이 체임되고 원균이 후임 통제사로 임명되었다. 이순신은 압송되어 국문을 받고 투옥되기에 이르렀다. 이순신은 4월 1일 특사로 출옥한 후 고향 아산 선영으로 향했다. 그리고 어머니의 부고 소식을 들었다. 가슴을 치고 뛰며 슬퍼하니 하늘의 해조차 캄캄해 보였다. 가슴이 찢어지는 슬픔을 이루 다 적을 수 없었다. 이순신은 도와주던 친구에게 말했다.

"뼈가 가루가 되어도 잊지 못하겠다"

금부도사의 재촉에 영정을 뒤로 한 채 경상도 초계의 도원수 권율의 막하로 이순신은 향했다. 이리하여 백의종군이 시작되었다. 그러면서 그는 자신을 이렇게 만든 원균의 동태에 바싹 귀를 기울였다.

조선 수군은 7월에 기습을 받아 통제사 원균, 전라 우수사 이억기, 충청 수사, 그리고 여러 장수들이 많은 피해를 입었다. 이 소식은 왜선들이 서진한다는 말과 함께 서울에 전달되었다. 다급해진 선조가 대신들을 불러 대책을 묻자, 이항복이 단호하게 말했다.

"지금의 계책으로는 통제사와 수사를 차출하여 계책을 세워 방수하게 하는 길밖에 없습니다."

선조도 동의하여 그 자리에서 바로 이순신을 전라좌도 수군절도사 겸 경상·전라·충청 삼도 통제사로 삼았다. 이때 전사한 이억기 후임으로 강진 출신 김억추도 전라 우수사에 임명되었다.

이순신은 진주에서 통제사 임명장을 받고 걸어서 하동을 거쳐 구례에 이르렀다. 곡성, 옥과, 순천, 낙안, 보성을 거쳐 8월 18일에 드디어 수군진이 있는 장흥 회령포에 이르렀다. 이때 이순신이 접수한 전함은 경상 우수사 배설이 거느리고 온 10척뿐이었다. 김억추도 회령포진으로 내려가 이순신을 만났다. 두 사람은 만나서 오직 전선을 모집하고 구국의지를 불태울 것을 다짐했다. 이순신은 회령포에서 2척을 새로이 확보했다.

이순신은 영암의 이진으로, 그리고 어란포로 계속 이동했다. 김억추는 전선 1척을 거느리고 어란포로 내려가서 또 이순신을 만나 전해 주었다. 이로써 이순신 함대는 총 13척이 되었다. 이순신은 진도 벽파진으로 이동하여 16일 동안 머물며 적정을 살피고 전력을 보강했다. 그런데 적선 200여 척 가운데 55척이 어란 앞 바다에 들어왔고, 그들이 조선 수군을 섬멸한 후 서울로 올라가려 한다고 정탐병이 전해오자, 이순신은 15일에 여러 장수들을 거느리고 우수영 앞바다로 진을 옮겼다. 일전의 순간이 다가왔다.

통제사 이순신은 전투함을 지휘하면서 전체를 통솔했고, 우수사 김억추는 그의 통솔 하에 철쇄를 설치·사용하고 피란선을 관리·활용하는 등 크게 두 가지 일을 공조로 수행하여 명량해전을 승리로 이끌었다. 우선 김억추는 목이 좁아 물살이 빠른 명량해협에 철쇄를 몰래 설치하여 사용하는 일을 맡았다. 아군 전함이 지나가면 내려놓았다가, 적군 전함이 지나갈 때에 올려 적선을 전복시키기 위해서였다. 그런데 아무도 무거운 철쇄를 들 수 없자, 김억추가 마치 조총 같이 움직여 걸었다. 적선이 명량의 철쇄 걸어놓은 곳에 이르자, 아군은 일자로 늘어서 함께 나아갔다. 일시에 퍼붓는 함포와 올라간 철쇄를 만난 적선 수백여척은 일시에 파몰되고 말았고, 그 무렵에 뒤바뀐 조류는 더 이상의 저항을 불가능하게 만들었다. 이순신 함대는 바로 이 철쇄를 이용하여 적을 물리쳤던 것이다.

김억추는 피란선을 관리하고 활용하는 일을 맡았다. 당시 호남 사람들 상당수가 배를 타고 피란을 갔다. 왜적이 침입하여 인심이 흉흉하자, 함평 사람 정희득은 가족과 함께 배를 타고 바다로 나갔다. 같은 마을 정호인 일가도 동행했다. 피란을 가기 위해 9월 16일에 영광 백수면 구수포에서 배를 타고 서해로 나갔다. 폭풍을 만나 신안 임자도에 딸린 재원도로 표류했다. 바람이 잦아들자 서울로 가기 위해 북쪽으로 항해하기 시작했다. 9월 26일, 영광 백수면 대신리 묵방포에서 왜군에 붙잡히고 말았다. 정호인의 어머니, 처, 며느리 등 8인의 여성이 칼날에 죽고 바다에 몸을 던졌다. 어머니는 바다로 뛰어들면서 말했다.

"살아서 가문과 나라의 이름을 더럽히느니보다 죽는 것이 옳다."

정호인을 포함한 남자들은 죄다 일본 시코쿠의 도쿠시마로 끌려가 3
년만에 고향으로 돌아왔다. 이들의 순절 이야기는 『동국신속삼강행실
록』에 소개되어 있다. 고향 지변 마을에 '8열부정려각'이 세워져 그들의
행적을 기리고 있다. 강항은 영광에서 가족과 함께 배를 타고 바다로 나
갔다가 왜군에 붙잡혀 일본으로 끌려갔다 돌아왔다.

일부는 왜군에 붙잡혔지만, 이런 식으로 우수영으로 내려온 피란선이
많았다. 그 가운데 흥덕에서 내려온 오익창이 있었다. 또한 장흥, 해
남, 영암, 흥양 등지에서 올라온 마하수, 백진남, 정명열, 김안방, 김
성원, 문영개, 변홍원, 김택남, 임영개, 백선명, 정운희 등도 와 있었
다. 몇 백 척이 되었는데, 이순신의 피란령에 의해 일부는 육지로 올라
가 좌우 산 중턱이나 정상에 매복하고 있었다. 속설에 의하면 이순신 장
군이 명량해협에서 중과부적의 군사로 왜적과 맞서기가 어렵게 되자 아
낙네들을 모아 군복을 입히고 수십 명씩 무리를 지어 산봉우리를 돌게
하여 멀리 떨어져 있는 왜적에게 마치 수만의 대군이 산봉우리를 내려
오는 것처럼 보이게 했다. 이 때 부녀자들이 산봉우리를 돌면서 서로 손
을 잡고 노래를 부르며 춤을 추었던 것이 바로 강강술래라는 것이다. 하
지만 100여 척에 이르는 선박은 명량 해역을 떠나지 않고 있었다. 이들
피란선은 김억추의 지휘 아래에 우수영 선창 앞에 있는 양도(洋島) 앞에
횡대로 열지어 서 있었다. 양도 밖에서 일자로 진을 치고 있는 이순신
함대 뒤에서 군세를 크게 보이도록 하기 위해 바다를 가로 질러 진을 치
고 있었던 것이다. 이 피란선은 가만히 서있지만 않고 군량·군복 등을
조달하며 조선수군을 지원했다. 그 가운데 오익창은 본진과 피란선단을

오가며 군수물자를 제공했다. 마하수는 실전에 뛰어들었다가 탄환을 맞고 목숨을 잃고 말았다. 이런 활동은 전승의 동력으로 작용했다. 이 일을 진두지휘 한 사람이 바로 김억추이다.

1597년 9월 16일, 적선 113척이 우수영으로 올라왔다. 13척의 이순신 함대는 적선을 유인했다. 그때 김억추는 바다 밑바닥에 내려져 있던 쇠사슬을 끌어 올렸고, 조류까지 바뀐 상태에서 쇠사슬에 걸린 적선은 제어를 못한 채 허둥지둥하기 시작했다. 그 순간 이순신 함대는 일제를 함포를 쏘았다. 적선 33척이 격파되었다. 바다 위의 피란선과 산 위의 주민들의 열렬한 호응에 겁먹고 왜군은 바로 퇴각하고 말았다. 구루시마 장수 등 죽은 왜군 시신은 썰물을 타고 진도 고군면 내동리 뒤편 바닷가로 밀려왔다. 동내 사람들이 시신을 거두어 뒷산에 묻어주었다. 세월이 흐르면서 그 산 이름은 왜덕산(倭德山)이 되었다. 이기순 이장이 이 사실을 군청에 제보하여 진도와 구루시마 고향 이마바라 사이에 화해의 추모제가 열린 바 있다.

명량(울돌목). 왼쪽이 진도이고, 오른쪽 다리 끝 부분이 우수영이다.

어란 여인과 이순신

어란 여인의 이야기는 일본에서 기록으로 남겨진 것이 발견되었다. 일제 강점기 해남의 일본인 순사 사와무라 하찌만다로(1898~1988) 유고집에 이런 이야기가 있다. 정유재란 때 일본 장수 칸 마사가게(菅正陰)가 해남군 송지면 어란진에 주둔했다. 그의 연인 '어란'이 출병의 기일을 알게 되었다. 여인은 이 사실을 우수영에 있던 이순신 장군에게 은밀히 전했다. 명량 해전에서 이순신은 대승을 거두었다. 여인은 마사가게가 해전에서 전사한 것을 애달파하다 달 밝은 밤 명량 바다를 바라보며 투신했다. 어란진의 여낭 바위가 그곳이다. 여인이 투신한 낭떠러지라서 '여낭 터'이다. 어느 어부가 그 시신을 수습하여 바닷가에 묻어주었다. 들머리 해안에 석등롱을 세우고 그녀의 영혼을 달랬다.

목포진·군산진-근대도시로

좌수영과 우수영 아래에는 19세기 전반의 경우 모두 27개의 수군진이 있었다. 그곳의 지휘관을 통틀어서 진장(鎭將)이라 한다. 이들은 수군을 배치하고 훈련하는 일, 군병들의 양곡을 보관하는 일, 군기를 수리하는 일, 군선을 유지·보수하는 일, 전망대를 관리하는 일 등을 관장했다. 이 외에 관사를 수리하는 일, 성곽을 보수하는 일, 국정을 홍보하는 일, 조운선을 호송하는 일, 표류인을 조사하는 일, 부세를 징수·상납하는 일 등을 관장하기도 했다. 이들 가운데 선정을 베풀면 주민들이 선정비를 세웠는데, 그런 선정비가 오늘날까지 곳곳에 남아 있다.

진이 설치되면 진을 보호하기 위한 성곽이 들어서는 것이 보통이다. 진성(鎭城)의 규모는 읍성보다는 약간 작은 편이다. 진 사람들만으로는 쌓을 수 없어 주변 도내에서 동원되었다. 법성진성의 경우 진원, 창평, 광양, 보성, 해남 등지에서 동원된 사람들이 성곽을 일정한 길이씩 할당받아 축조했다. 진성의 기본적인 구조는 읍성과 같았다. 성 안에는 공무를 수행하는 각종 공공건물이 들어서 있었다. 그와 관련하여 임금의 전패를 모시는 객사가 있었다. 완도에 있었던 가리포진의 객사는 청해관(淸海館)이라 했으니, 장보고 청해진의 위업을 계승하려는 뜻을 담았던 것 같다. 나중에 완도군이 개설될 때 청사로 활용되어 지금에 이른다. 만호가 근무하는 아사(衙舍), 진리가 근무하는 이청(吏廳)이 있었다. 또한 진에는 군선과 군선이 정박하는 선소가 갖추어져 있었다. 군선의 경우 보통 전선 1척, 방선 1척, 병선 1척, 사후선 2척 정도 있었다. 이와 함께 이들 배를 다루는 선군이 편재되어 있었는데, 전선 1척당 122명이 정원인 적이 있었다. 그러면 진리, 장교, 군졸 등 300명 내외의 인력이 수군진에 상주하게 되었다. 이들은 현지의 어민이거나 뱃사람 출신이었다.

그리고 수군진은 몇 개의 마을을 자기의 직속지로 가지고 있었다. 가령, 19세기 고지도를 보면, 목포진의 관할 마을로는 서평리, 남평리, 쌍교촌, 산정리, 용당리, 관해동 등 6개가 있었다. 이 가운데 서평리와 남평리가 성 안에 있었고, 나머지 4개 마을은 성 밖에 있었다. 이를 보통 진촌(鎭村)이라고 하는데, 진촌은 군현의 간섭에서 벗어나 진의 통제를 받았다. 그래서 이들 마을에 사는 사람들을 보통 진민(鎭民)이라고 했다. 이리하여 수군진은 진장을 수장으로 하여 진속, 수군, 어민, 선원, 상인 등이 거주하는 하나의 독립된 행정구역과 같았다. 규모는, 목포진의 경우 19세기에 132호 정도였으니, 인구 수 측면에서 군현에 있는 일개 면만도 못한 수준이었다. 한적한 포구라고 해도 과언이 아닌 목포진이 1897년에 개항을 하여 오늘날 서남해의 대표적인 항구이자 도시로 성장해 있다. 군산도 마찬가지이다. 군산진에 개항장이 들어서고, 일본인이 거주하면서 군산부가 되고, 군산부가 해방 이후 군산시가 되어 오늘에 이른다.

1895년 7월에 군사 관련 기관이 모두 폐지되었다. 칙령 제139호로 통제영이 폐지되고, 제140호로 병영과 수영이 폐지되고, 제141호로 진영(鎭營)이 폐지되고, 제142호로 진보(鎭堡)가 폐지되었다. 이에 따라 전라도의 두 수영과 많은 수군진이 역사 속으로 사라지고 말았다. 좌수영의 자리에는 2년 지난 1897년 5월에 순천 4개의 면을 영역으로 하는 신설 여수군이 자리를 잡았다. 본래 독립된 여수현이 있었으나, 조선초기 태조 때에 순천부에 합속되었고, 그 자리에 태종 때에 좌수영이 신설되었다. 구 여수현 사람들은 자신들 지역의 인구와 토지가 많아지자 복읍 운동을 18세기 벽두부터 줄기차게 전개했다. 순천부 사람들의 방해와 보복은 물론이고 정부의 가혹한 처벌에도 불구하고, 1722

년(경종 2)에 순천 18개 면 가운데 5개 면과 부속도서를 묶어 여수부라 하고 부사를 좌수사로 하여금 겸하게 했었지만 곧 혁파되고 말았다. 그래도 여수 사람들은 온갖 고통을 이겨내며 계속해서 복읍을 주장했다. 복읍이 가시화되어 가던 1896년 4월, 조사관이 민심을 살피고자 4개 면민들을 덕양역에 모이게 하고서 큰 종이 양쪽에 순천과 여수를 적어 놓고 순천을 따를 사람은 순천에 점을 찍고 여수를 따를 사람은 여수에 점을 찍게 했더니 모두 여수에 찍었다. 너무 일방적이어서 이상하기에 5월에 다시 조사관이 내려와서 성생원에 모이도록 한 후 순천과 여수 깃발을 들고 원하는 대로 모이라고 했더니 모두들 여수 깃발 아래에 모였다. 마침내 1년 뒤에 여수군이 되살아났다. 기쁜 나머지 여수 사람들은 순식간에 읍치 시설을 완성하고 읍지까지 발간했다. 이와는 달리 우수영은 끝내 한적한, 그러면서도 꽤 큰 마을로 전락하고 말았다.

군사기관이 폐지된 지 5년 지난 1900년에 이르자 그 시설은 역사 속으로 사라지고 있었다. 군부대신 윤웅렬이 말했다.

"이전에 병영, 수영, 첨사, 만호, 찰방, 별장, 권관이 있던 관청은 한 번 폐지된 후로 관리하고 지키는 사람이 없어 거의 대부분 허물어졌습니다."

그러한 가운데 좌수영은 오늘날 여수시의 기반이, 목포진과 군산진은 목포시와 군산시의 기반이 되었다. 그리고 수영과 수군진의 성곽과 관아 모두 다 없어지고 진도 남도진성, 좌수영 객사였던 진남관(국보 제304호), 가리포진 객사였던 청해관 정도만 남아 있다. 이 가운데 진남관은 근대학교 교실로 사용되었고, 해방 직후 1945년 8월 20일 진남관에서 수많은 사람들이 참석한 가운데 '여수건국준비위원회'가 발족되었다. 또한 성 밖에는 에스 자 형태의 선소와 그곳에 정박되어 있던 전함 모두 하나도 남아 있지 않다. 현재 여수에 있는 순천 선소는 거북선을 건조한 곳으로 유명한데 나중에 복원된 것이다. 이제야 몇몇 지자체에서 일부분 남아 있는 성벽을 보존하고 사라진 성곽을 복원하려 한다.

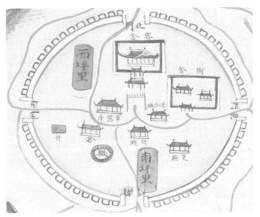

목포진. 성 안에 관공서와 마을이 보인다.

가리포진. '호남제일번' 문 뒤에 청해관이 보인다.

3장
고을을 두고 관아를 설치하다

고을을 두고
관아를 설치하다

　군현이 형성되면 치소를 갖추어야 한다. 고려의 치소는 대부분 산을 끼고 있었고 그런 군현을 조선은 대거 통폐합했다. 따라서 조선왕조에게는 군현의 통치시설을 평지로 옮기어 새롭게 갖추는 작업이 기다리고 있었다. 읍성을 쌓거나 관아를 건설하고, 진산을 정하거나 제단을 설치하여 축제를 거행하고, 학교를 설립하거나 역원을 두는 일 등이 시급했다. 군현은 장승을 두고 숲을 조성하여 지역민의 무사안녕을 기원했다. 객지 출신의 수령이 파견되어 동헌에 앉아 군현을 다스린 후 선정비에 이름을 올리기도 했다. 양반들은 향청을 두어 읍정의 자문에 응하면서 자신들끼리만 향안을 만들어 운영했다. 향리들은 질청에서 행정실무를 수행한 후 퇴임 후 양로당에서 활동했다. 이렇게 하여 조선이 남긴 문화유산은 매우 다양하고 많았다. 그 가운데 상당수는 근대화 과정에서 사라지고, 남아 있는 것은 현재 그 지역의 소중한 자산이 되고 있다.

1. 고을, 갈수록 줄어들다

이것은 단지 김숙명 한 사람 뿐만 아니라 근래 삼남 및 여러 도에서 설읍을 요청하는 사례가 허다하게 있습니다. 때문에 김숙명도 남의 좋지 못한 일을 흉내 내어 일어난 것입니다. 〈비변사등록 영조 10년 6월 4일〉

함경도 갑산 유생 김숙명이라는 사람이 혜산진이나 운총진에 읍을 설치하자는 상소를 올리자, 이를 반대하던 관리가 임금에게 올린 글입니다. 왜 전국 도처에서 설읍이나 분읍 주장이 빗발치고 있었을까요? 이는 원래 오랜 동안 독립되어 있던 고을을 조선왕조가 통폐합한 데서 비롯됩니다. 그동안 잊고 살아온 지역 정체성에 대한 생각이 바뀌면서 '우리도 고을을 독립하자'고 했던 것입니다. 일제는 고을을 더 줄이면서 부(府)라는 행정구역을 신설했고, 부는 해방 이후 시(市)가 되어 오늘에 이릅니다. 일제는 왜 이런 정책을 폈는지도 함께 알아보면 좋겠습니다.

104군현-많은 속현

중앙에서 파견된 수령이 보좌진을 거느리고 통치하는 지역을 고을이라 한다. 백제는 전국에 5방(方)을 두고서, 방 아래에 몇 개의 군(郡)을 두었다. 백제 멸망 당시 37개의 군이 있었다고 한다. 군 밖에는 200여개에 이르는 크고 작은 성(城)이 있었다. 따라서 그러한 군과 성이 하나의 독립된 행정구역으로서 역할 했다.

신라는 삼국을 통일하고서 지방통치 제도를 대대적으로 개편했다. 757년(경덕왕 16)에 우리말로 붙여진 이름을 전부 한자로 바꿔버렸다.

예를 들면, 고사부리군(古沙夫里郡)을 고부군(古阜郡)으로, 무시이군(武尸伊郡)을 무령군(武靈郡)으로 바꾸었다. 신라 때 있었던 고을의 수, 이름, 영역은 고려 왕조에 들어와서 일부만 개편되었을 뿐 대부분은 그대로 이어졌다. 그래서 오늘날 불리는 고을 이름 가운데 고려초에 등장한 것이 상당수 있다. 그런 고을에서는 2018년이 1천 년 되는 해여서 기념행사를 거행했다. 전라도에서는 담양군과 보성군에서, 경상도에서는 울주군과 칠곡군 등지에서 행한 것으로 보도되었다.

『고려사』의 지리지를 보면, 고을 수는 경 4, 목 8, 부 15, 군 129, 현 335, 진 29 등 모두 520여 개에 달한다. 이는 고려 초기를 기준으로 한 것이다. 목, 부, 군, 현 가운데 군과 현이 가장 많기 때문에 고을을 통틀어 '군현'이라 했다. 그리고 고을을 '읍'이라고도 했다. 읍(邑)이란 부족국가 시대의 지역 공동체를 읍락(邑落)이라 한데서 유래한다. 이리하여 고을, 군현, 읍이란 같은 말이다. 고려의 520개 전체 고을 가운데 116개 고을에만 수령이 파견되었고, 나머지에는 파견되지 않았다. 전자의 고을을 '주현'이라 하고, 후자의 고을을 '속현'이라 한다. 주현이 속현을 행정적으로 간섭하지만, 속현도 독자적인 통치조직을 지

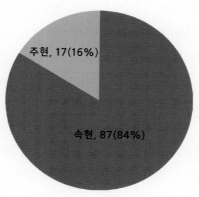

고려시대 전라도의 주현과 속현

니고 향리들에 의해 운영되었다. 이를 이른바 '주현·속현 체제'라 하는데, 고려 지방통치 제도의 가장 큰 특징이라 할 수 있는 것이다.

전라도가 탄생한 1018년 무렵을 기준으로 관내에는 2목, 2지사부, 18군, 82현 등 104개의 군현이 있었다. 이 가운데 전주와 그 관할의 남원, 고부, 임피, 진례, 김제, 금구 등 7개 군현, 나주와 그 관할의 장흥, 영광, 영암, 보성, 승평, 해양, 진도, 능성, 탐라 등 10개 군현 등 도합 17개 군현만 수령이 파견되는 주현이었다. 나머지 87개 군현은 수령이 파견되지 않은 속현이었으니, 속현이 전체의 84%나 되었다.

속현을 많이 거느린 주현을 들면 다음과 같다. 전주의 속현으로는 금마군, 낭산현, 옥야현, 진안현, 우주현, 고산현, 운제현, 마령현, 여량현, 리성현, 이성현, 함열현 등 12개가 있었다. 나주의 속현으로는 무안군, 담양군, 곡성군, 낙안군, 남평군, 철야현, 회진현, 반남현, 안로현, 복룡현, 원율현, 여황현, 창평현, 장산현, 진원현, 화순현 등 16개가 있었다. 적게는 2~4개의 속현을 거느린 주현이 있었고, 광주처럼 속현이 없는 주현도 있었다. 주현과 속현의 영속관계는 불변한 것이 아니었다. 중간에 속현이 주현으로 승격되고, 향·소·부곡이 속현이나 주현으로 승격되었기 때문이다. 오늘날 사람들 가운데 속현을 '예속된 현'으로 보는 이가 더러 있는데, 이는 속현도 나름대로 독립성을 가지고 있었던 당시의 역사상을 무시한 해석이니 주의 해야 한다.

57군현-대대적 통폐합

조선왕조는 건국 직후 대대적인 지방행정제도 개편에 들어갔다. 전국을 8도로 재편하면서, 고을의 경계를 지형지리에 따라 다시 구획하고 고을의 호칭을 인구·토지에 의거하여 재조정했다. 특히 '복주', '패주',

'담주' 등 '주'자를 사용하는 고을을 대폭 줄였다. 고을을 없앤 것이 아니라, 담주를 담양으로 바꿨던 것이다. 그리고 고을을 통폐합하여 그 수를 대폭 줄였다. 이 과정에서 고을의 이름을 새로이 만들고 등급을 조정하였고, 그 고을에서 범죄가 발생하면 등급을 강등했다가 환원하기도 했다. 또한 이전과는 달리 고을을 통치하는 수령이 왕명에 의해 모든 지역에 파견되었다.

군현 단위 행정구역 개편은 고을을 병합하여 그 수를 대폭 줄이는 방향으로 추진되었다. 고려초기에 520개, 조선 건국 직전에 580개 정도 있었던 전국 고을이 조선초기에는 329개로 줄어들었다. 이런 경향은 전라도에서도 나타났다. 고려초기에 전라도 땅에는 104개의 고을이 있었고, 고려 시대 전 기간 동안에는 126개 정도 있었다. 그런데 조선 건국 이후 1백년 가까이 지나 반포된 『경국대전』에 따르면, 전라도에는 1부, 3목, 4도호부, 12군, 37현 등 57개의 고을이 있었다. 이전에 비해 고을의 수가 47개 또는 69개나 줄어들어 46% 또는 55%가 축소되었다. 간단하게 절반 가까이가 줄어든 셈이다. 이는 규모가 작은 고을을 대상으로 하여 거리가 가까운 인접 고을을 대대적으로 통폐합한 결과였다. 그리하여 고을의 규모가 이전에 비해 더 커지게 되었다. 통폐합은 크게 두 가지 방법으로 이루어졌다. 하나는 작은 고을을 큰 고을에 폐합시키는 것이고, 나머지 하나는 작은 군현끼리 동등하게 통합시키는 것이다.

첫째, 작은 고을이 이웃의 큰 고을로 흡수되어 사라진 경우가 많았다. 가령 영산·압해·여황·회진·안로·복룡·반남·장산 등 8고을이 나주에 흡수되었다. 이리하여 나주는 도내에서 가장 큰 고을이 되었다. 그리고 리성·이성·옥야·우주 등 4고을이 전주에 흡수되고, 회령·수령·장택·두원 등 4고을이 장흥에 흡수되었다. 또 그리고 평교·수동산·명량 등 3고을이 김제에, 죽산·황원·옥산 등 3 고을이 해남에, 여수·돌산·부유 등 3고을이 순천에 흡수되었다. 또 한 삼계·임치 등 2고을이 영광에, 복흥·적성 등 2고을이 순창에, 조 양·복성 등 2고을이 보성에 흡수되었다. 이 외에 부리가 금산에, 회 미가 옥구에, 운제가 고산에, 곤미가 영암에, 철야가 남평에, 거령이 남원에, 원율이 담양에, 구고가 임실에, 마령이 진안에, 장계가 장수 에 흡수되어 사라졌다. 사라진 고을 이름은 나중에 면 이름으로 사용되 었다. 예를 들면, 나주의 경우 여황면, 안로면, 반남면이 있고, 장수의 경우 장계면이 있다.

둘째, 작은 고을끼리 1:1로 병합된 경우도 있었다. 이때 신설 고을 이름은 Aa:Bb를 1:1로 조합하여 짓는 경우가 가장 많았는데, 다음과 같은 형태가 있었다.

 ① AB형-<u>무</u>송+<u>장</u>사=무장, <u>무</u>풍+<u>주</u>계=무주, <u>태</u>산+<u>인</u>의=태인.
 ② Ab형-<u>함</u>풍+모<u>평</u>=함평, <u>부</u>령+보<u>안</u>=부안, <u>여</u>량+낭<u>산</u>=여산.
 ③ aB형-은<u>풍</u>+<u>기</u>천=풍기(경상도).
 ④ ab형-도<u>강</u>+탐<u>진</u>=강진, 고<u>흥</u>+남<u>양</u>=흥양.

앞 자를 하든 아니면 뒷 자를 하던 간에 사이좋게 서로 한 자씩을 따 서 새로운 고을 이름을 지었다. 이리하여 8곳의 새로운 고을이 탄생했 다. 자세히 말하면, 함평현은 1409년에 함풍현과 모평현을 합친 것이 다. 1416년에 화순현과 능성현을 합쳐 순성현이라고 했다가, 2년 뒤 에 원래대로 분리되었다. 그리고 1417년에 도강군과 탐진현을 합쳐 강 진현이라고 했으니, 2017년은 강진 탄생 600주년이 되는 해였다.

1:1로 통합할 때 고을 소재지를 어디에다 둘 것인가를 놓고 조용히 끝난 곳이 있었지만, 양 쪽에서 실랑이를 벌린 곳도 있었다. 예를 들면, 강진의 경우 처음에 탐진 쪽에 두었다가, 병영이 있는 도강 쪽으로 옮긴 후, 다시 탐진 쪽으로 옮기어 오늘에 이른다. 강진이 탄생할 때에 옛 탐진현의 산성을 읍치로 삼았는데, 현재의 강진읍 보은산 자락이다. 그런데 강진 사람들이 그곳 성터가 비좁을 뿐만 아니라 물이 없다며 읍치를 옮겨주라고 요구했다. 이 외에 화재로 인한 관사의 소실, 산을 넘고 강을 건너야 하는 영암 등 주변 지역과의 교통의 불편함, 전라 병영이나 수영을 비롯한 제주를 오가는 사신 접대의 번거로움 등도 거론되었다. 이를 접한 정부는 관리와 지관으로 구성된 조사관을 강진 현지에 내려 보냈다. 그들은 정부에 보고했다.

　"옛날 도강 경내의 송계 옛터가 산천에 아늑하게 싸여 있어 읍을 정하기에 적당합니다"

　조사관은 송계부곡(松溪部曲) 자리를 추천했다. 임금이 의정부와 육조에서 의논하여 보고한 대로 시행하게 했다. 마침내 12년만인 1429년에 송계리로 통합 강진 치소를 옮겼다. 그곳은 현재의 성전면 수양리 수양마을이다. 고려 때에 존재했던 부곡의 치소가 있었던 곳이다. 고을 치소로서의 기본적인 조건이 갖추어져 있어 이전은 쉽게 단행되었을 것 같다. 그래서 수양마을에는 옛 고을의 동헌이 있었다는 '동헌터', 그리고 옛 고을의 관아 앞에 있는 들이라는 '관앞들'이라는 지명이 전해오고 있다. 그리고 이곳을 흔히 고강진(古康津)이라고 한다. 이곳에서 다시 탐진 쪽으로 옮긴 것이다.

이와는 달리 무장은 무송과 장사의 중간 지점에 새로이 신도시를 지었는데, 그러다보니 옛 무송현 치소가 있었던 '고무송'과 옛 장사현 치소가 있었던 '고장사'라는 지명이 각각 남게 되었다. 태인도 태산과 인의 두 고을의 중간 지점에 있는 거산역 옛 객사를 새 객사로 삼아 읍치를 조성했다. 이런 갈등을 이겨내지 못하고 끝내 분리된 곳도 있었는데, 용안과 함열이 안열로 병합되어 소재지는 용안에 두었으나 7년만에 원래대로 되돌려졌다.

조선왕조의 병합 정책에 의해 비록 많은 고을이 사라졌지만, 그 흔적은 아직까지 남아 있다. ①여수의 경우 18세기에 복읍 운동이 일어나더니, 19세기 말기에 4개 면을 토대로 순천에서 독립되어 오늘에 이른다. 나주 관할의 서남해 도서에 고을을 설치하자는 주장도 18세기에 일어나더니 19세기 말기에 지도군이라는 이름으로 독립되었는데, 그때 완도군도 함께 탄생했다. 이 지도군을 이은 것이 현재의 신안군이다. ②압해를 본관으로 하는 정(丁)씨(실학 집대성자 정약용 집안), 반남을 본관으로 하는 박씨(개화 사상가 박규수 집안), 회진을 본관으로 하는 임(林)씨(문장가 임제 집안), 장택을 본관으로 고씨(임란 의병장 고경명 집안), 함풍을 본관으로 하는 이씨(녹도 만호 이대원 집안)가 사라진 군현의 역사 흔적을 전한다. 물론 이들 성씨는 나중에 행정구역 개편을 수용하여 본관을 나주, 장흥, 함평으로 각각 바꾸었지만, 여전히 예전처럼 말하고 있는 사람이 적지 않고 또 그렇게 아예 되돌리자는 사람도 있는 실정이다. ③도내 곳곳에 '고군(古郡)', '고현(古縣)', '고읍(古邑)'이라는 지명이 있다. 이는 옛날에 군, 현, 읍의 소재지가 있었던 곳이다. 예를 들면, 강진에 있었던 고군내면(현재 병영면), 태인에 있었던 고현내면(현재 정읍시 칠보면) 등이 그것이다. ④김정호는 「대동여지도」에

대동여지도. ●이 찍힌 곳은 조선에 들어와서 행정구역 통폐합으로 사라진 고을이다.

조선에 들어와서 사라진 고을을 검은색 큰 점(●)으로 표시하고 그 옆에 '무송', '임치', '육창' 등등을 적어 놓았다.

조선정부의 고을 통폐합 정책은 태종 때에 일단락되었다. 세종 이후에도 통폐합 시도는 있었지만, 주민들의 반대에 부딪혀 더 이상 성사되지 못했다. 이리하여 고려 때에 있었던 고부, 고산, 고창, 곡성, 광양, 광주, 구례, 금산, 김제, 나주, 낙안, 남원, 남평, 능성, 담양, 동복, 만경, 무안, 보성, 순창, 순천, 옥과, 옥구, 용담, 용안, 영광, 영암, 운봉, 익산, 임실, 임피, 장성, 장수, 장흥, 정읍, 진도, 진산, 진안, 진원, 함열, 해남, 화순, 흥덕 등은 조선에 들어와서도 독자적이든 인근 고을을 흡수하든 원래 이름 그대로였다. 그런가 하면 강진, 무장, 무주, 부안, 태인, 함평, 흥양 등은 조선왕조에 들어와서 새로 생긴 이름이다. 바로 이 고을 이름을 가지고 '호남가'라는 노랫말을 지었고, '호남시'라는 시를 읊었다.

전라도의 행정편제(『경국대전』)

도		전라도	
군현		좌도(24)	우도(33)
부	부윤(종2)		전주
대도호부	대도호부사(정3)		
목	목사(정3)	광주	나주, 제주
도호부	도호부사(종3)	남원, 담양, 순천, 장흥	
군	군수(종4)	낙안, 보성, 순창	고부, 금산, 김제, 여산, 영광, 영암, 익산, 진도, 진산
현	현령(종5)	능성, 용담, 창평	금구, 만경, 임피
	현감(종6)	곡성, 광양, 구례, 남평, 동복, 무주, 옥과, 운봉, 임실, 장수, 진안, 화순, 흥양	강진, 고산, 고창, 대정, 무안, 무장, 부안, 옥구, 용안, 장성, 정읍, 정의, 진원, 태인, 함열, 함평, 해남, 흥덕

• 진원현은 1600년(선조 33)에 혁파되어 장성에 편입
• 능성은 현에서 1632년(인조 10) 인헌왕후의 관향이어서 목으로 승격
• 장성은 현에서 1655년(효종 6)에 입암산성 주진관이 되어 도호부로 승격
• 무주는 현에서 1674년(현종 15)에 사고가 설치되어 도호부로 승격
• 진도는 군에서 1866년(고종 3)에 도호부로 해방을 위해 승격되었다가, 7년 뒤에 환원

진원현-왜란으로 사라지다

앞에서 말한 것처럼, 조선왕조는 고을 수를 대폭 줄였다. 그렇게 했을 때 고을 간의 거리는 얼마나 되었을까? 이는 지방 통치에 있어서 매우 중요한 사실이어서 읍지 앞부분에 기록되어 있고 각종 공무 지침서에도 정리되어 있다. 여기에 덧붙여 전라도 각 고을에서 서울까지 일정도 정리되어 있다.

첫째, 고을 간의 거리를 알아보면, 전주의 경우 서남쪽으로 금구가 30리, 북쪽으로 고산이 50리 거리에 각각 있어서 당일 도보로 이동이 가능했다. 하지만 여산은 30리 삼례역까지 가서 숙박을 한 후 다시 40리를 가야만 했고, 임실은 20리 신원까지 가서 숙박을 한 후 다시 50리를 가야만 했다. 금구는 동쪽으로 전주 30리, 서쪽으로 김제 30리, 남쪽으로 태인 40리에 있어 당일 이동할 수 있었다. 하루 이동 거리가 30리 내외여서 짜여진 교통망이었다. 이런 식으로 대부분 고을은 당일 이동이 가능했고, 그렇지 않은 고을을 위해 중간에 역이나 원을 두어서 중계 역할을 하도록 했다.

둘째, 전라도 고을에서 서울까지 거리는 짧게는 5일 소요되었는데, 여산, 고산, 용안, 익산, 진산, 함열 등 6개 고을이 그러했다. 그리고 길게는 18일까지 소요되었는데, 진도, 흥양 등 2개 고을이 그러했다.

고을 간의 거리가 가깝기 때문에 여행자들은 민간 숙박업소에 들어가서 자비로 경비를 지출하는 것이 아니라, 고을 읍내에 들어가서 수령의 지원비로 숙식을 해결하곤 했다. 그로 인해 백성들 부담이 늘어날 수밖에 없었다. 그래서 고을을 더 줄이자는 의견이 조선시대 내내 나오지 않을 수 없었다. 일찍이 이이가 여러 개의 군현을 합하여 하나로 만들자는 주장을 편 바 있다. 특히 실학자들은 놀고먹는 관리들이 많다면서 민

전라도 각 고을에서 서울까지 일정(『전라가고』)

일정	고을
5.0일정	여산, 고산, 용안, 익산, 진산, 함열
5.5일정	금산, 무주, 임피
6.0일정	전주, 옥구, 금구, 김제, 용담, 태인, 만경
6.5일정	진안, 부안, 임실, 정읍, 고부
7.0일정	흥덕, 고창, 장성, 무장, 남원
7.5일정	영광, 장수, 순창
8.0일정	곡성, 운봉, 함평, 옥과, 담양, 구례, 광주, 나주
8.5일정	창평, 능주, 남평, 동복, 무안
9.0일정	영암, 보성, 화순, 순천
10.0일정	광양, 장흥, 낙안, 강진
11.0일정	해남
18.0일정	진도, 흥양

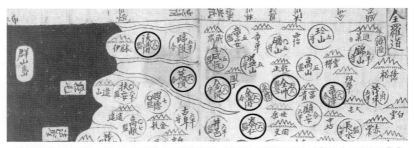

옥구(沃溝) 옆 '六'은 서울까지 거리가 6일정이라는 말이다. 전라도에서 서울까지 6일정 고을은
옥구 외에 전주, 만경, 김제, 금구, 태인, 용담 등 7읍이다.

생안정 차원에서 감축안을 논리적으로 제시했다. 유형원은 군현의 수를
1/3로 대폭 축소할 것을 제안했고, 정약용도 군소잔읍 31개(10%) 정
도를 인근으로 병합할 것을 제안했다. 장흥 출신의 실학자 위백규는 대

읍은 1만 5천 호, 소읍은 5천 호 이상은 되어야 한다고 주장했는데, 계산해보면 전체 군현의 36%가 통폐합 대상이 되었다.

그러나 조선왕조 기간 동안 자체적으로 병합된 경우는 극소수에 불과하다. 이와는 달리 외부 충격에 의해 병합되었다가, 다시 복구되었던 사례는 여러 곳에서 보인다.

첫째, 기근으로 병합된 사례가 있다. 만경현은 1620년에 흉년으로 주민들이 모두 흩어지자 인접 김제군에 합속되었다. 그 무렵 만경현령의 수탈도 한 몫을 한 것 같다. 2년 뒤에는 전주로 이속되었다. 그러다가 1637년에 이르러서야 인구가 늘었다면서 다시 현을 두었다.

둘째, 정유재란을 겪고 나서 병합된 사례가 있다. 이때 전라도는 큰 피해를 입었다. 김시양이 『부계기문』에서 전라도의 참혹한 상황을 증언했다.

"적이 호남을 경유하여 길게 몰아 진격하는데 그들이 지나는 곳은 잔인하기가 임진년보다도 심하여, 사람을 만나면 죽이고 그 코를 베었으며, 마을을 만나면 불질러서 숲과 나무도 남기지 않았다."

이로 인해 화순현은 객사, 동헌, 향교, 누정이 소실되고 인명이 살상되는 등의 피해를 입고 현을 유지할 능력을 잃게 되었다. 현민들의 요청에 의해 1597년에 능성현에 합쳐지고 화순현은 폐지되고 말았다. 14년 뒤 1611년에 이르러서 읍세가 어느 정도 회복되자 능성현에서 분리되어 다시 화순현으로 독립했다. 이때 부임한 화순현감은 객사, 동헌, 아풍정, 척서루 등을 복구하고 향교를 재건하는 등 치소의 모습을 갖추는 데에 노력했다. 복현 기념으로 객사 앞에 심은 은행나무 2주가 현재 군청 경내에 있다. 인근의 곡성현도 전란 직후 남원에 합병되었다가, 1609년 겨울에야 복구되었다. 이러한 일은 전라도의 광양, 운봉, 진원 등에서도 일어났다. 그것을 정리하면 아래 표와 같다.

임진왜란 이후 전라도 군현 변천

고을	폐읍 시기	사연	병합 고을	복구 시기
곡성현	1597년(선조 30)	전란으로 탕잔	남원부	1609년(광해군 1)
화순현	1597년(선조 30)	관아 소실, 인명 살상	능성현	1611년(광해군 3)
광양현	1598년(선조 31)	왜란으로 함락	순천부	곧이어 복구
운봉현	1600년(선조 33)	전란으로 주잔	남원부	1611년(광해군 3)
진원현	1600년(선조 33)	전란으로 쇄잔	장성현	

이 가운데 진원현(珍原縣)은 남하하던 왜군들의 길목에 처하여 큰 피해를 입었다. 왜장들이 전공을 위해 본국에 보낸 코와 귀 숫자를 적어놓은 문서를 보면, 진원에서 압도적으로 많았다. 이 피해로 자립이 불가능해지자, 종전 직후 1600년에 진원은 장성에 편입되고 말았다. 그런데 영원히 복구되지 않았다. 독립 고을 가운데 임진왜란 이후 영원히 사라진 사례는 진원현이 전국에서 유일하다. 물론 경상도에서도 병합된 고을이 있었다. 단성현이 전란으로 쇄락해지자 1599년에 산청현에 합속되었지만, 14년이 지나 바로 복구되었다. 따라서 경상도 남해안처럼 여러 해 동안 점령당한 고을을 제치고, 불과 2~3개월 점령당한 고을이 폐읍되었다는 것은 그만큼 진원에 들어온 일본군의 만행이 가혹했다는 것을 반증할 것이다. 진원현은 사라졌지만, 진원을 본관으로 하는 박씨(보성의 임란 의병장 박광전 집안), 1583년에 세워진 진원현감 최희열 선정비 등이 옛 진원의 역사를 말해주고 있다.

38부 · 군-일제 차별정책

갑오개혁을 추진하던 김홍집 내각은 지방제도 개혁을 착수하면서, 1895년에 부, 목, 부, 군, 현으로 되어 있는 고을 명칭을 군(郡)으로 통일하고, 부윤, 목사, 부사, 군수, 현감, 현령으로 되어 있는 지방관 호칭을 군수(郡守)로 일원화했다. 그러면서 군을 토지 면적에 따라 등급제화 하여 1등군에서 5등군으로 나누었다. 그로 인해 등급에 따라 군수의 봉급과 관속의 숫자는 물론이고 예산도 차이가 났다.

또한 정부는 전국의 군을 337개에서 154개 또는 220개로 통폐합하려했다. 목적은 어려운 재정 문제를 타개하기 위해 지방경비를 줄이려는 데에 있었다. 그렇게 되었을 때 군현의 향리와 군교들이 대거 실직될 거라는 우려 속에서 통폐합은 실제 단행되지 않았다. 그렇지만 이때에 병영, 통영, 수영, 수군진, 역, 그리고 목장 등은 폐지되었다. 대신 새로운 군현이 등장했다. 1896년에 완도군, 돌산군, 지도군이 신설되었다. 그때 고종은 지시했다.

> "영암 · 강진 · 해남 · 장흥 4군에 있는 여러 섬은 완도군에서, 흥양 · 낙안 · 순천 · 광양 4군에 있는 여러 섬은 돌산군에서, 나주 · 영광 · 부안 · 만경 · 무안 5군에 있는 여러 섬은 지도군에서 관할하게 한다."

육지에서 관할하던 섬을 분리시켜 독립 군현으로 삼았다. 섬은 섬사람들로 하여금 알아서 하라는 취지이다. 이에 따라 조선왕조의 건국과 함께 사라졌던 해읍(海邑), 즉 섬을 다스리는 고을이 다시 등장하게 되었다. 돌산군은 혁파된 방답진 자리에, 완도군은 가리포진 자리에, 지도군은 지도진 자리에 각각 치소를 두었다. 초대 군수가 파견되어 향교를 짓고 읍지를 편찬했다. 그리고 고종은 1897년에 순천군의 여수·율촌·소라·삼일 등 4면을 분리하여 여수군으로 신설하게 했다. 여수군은 좌수영 자리에 치소를 두었다.

을사조약을 강제 체결한 일제는 3~4개 군 또는 2~3개 군을 1개 군으로 병합하여 전국 군을 170개 또는 219개로 줄이려 했다. 『황성신문』에는 군 통폐합으로 인해 군민 간의 대립이 야기된다거나 향리가 반발할 것을 우려하는 기사가 보도되었다. 반발 때문이었던지 1908년에는 옥과군과 낙안군이 폐지되는 정도에 그치고 말았다. 이때 옥과군은 통째로 창평으로 넘어 갔지만(곧 이어 환원), 낙안군은 순천군과 보성군으로 분리되어 편입되는 비운을 맞게 되었다. 이 때문에 낙안읍성은 개발에서 벗어나 온존하게 오늘에 이른다.

일제는 주권을 강탈한 후 행정구역 통폐합 기준을 제시했다. 군의 경우 면적 약 40만 ㎡와 인구 1만명 정도로 하여 그 이하는 인접군에 병합시키자는 것이었다. 그 결과 1914년에 317군 가운데 전체의 31%에 해당되는 97군이 통폐합되어 12부와 220군으로 줄어들었다. 이때 전라남도는 1부와 22군으로, 전라북도는 1부와 14군으로 개편되었는데, 당시 경상북도가 1부와 23군으로 가장 많았고 그 다음이 전남이었다.

일제에 의해 전라도의 군도 통폐합 되었다. 형태는 세 가지 있었다. 첫째, 4군을 하나로 통합한 곳이 있었다. ①익산·여산·용안·함열이 익산이라는 이름으로 병합되었다. 둘째, 3군을 하나로 통합한 곳이 있었다. ①화순·능주·동복이 화순이라는 이름으로, ②고창·무장·흥덕이 고창이라는 이름으로, ③정읍·고부·태인이 정읍이라는 이름으로, ④김제·만경·금구가 김제라는 이름으로, ⑤제주·대정·정의가 제주라는 이름으로 병합되었다. 셋째, 2군을 하나로 통합한 곳이 있었다. ①담양·창평이 담양이라는 이름으로, ②나주·남평이 나주라는 이름으로, ③곡성·옥과가 곡성이라는 이름으로, ④전주·고산이 전주라는 이름으로, ⑤옥구·임피가 옥구라는 이름으로, ⑥남원·운봉이 남원이라는 이름으로, ⑦진안·용담이 진안이라는 이름으로, ⑧금산·진산이 금산이라는 이름으로 병합되었다. 이처럼 한 글자씩 조합을 하여 명칭을 새로 정하던 이전과는 달리 이때에는 단일 지역명을 사용했고, 치소도 그 명칭을 사용하던 곳에 두었다. 이때 군청 소재지를 어디에 두느냐를 놓고 불평을 호소하는 경우도 있었다. 화순·능주·동복을 하나로 통합할 때에 원래는 치소를 능주로 삼으려고 했는데, 친일

일제 강점기 행정구역 개편

구분	군명	대상
4군→1군	익산	익산, 여산, 용안, 함열
2군→1군	화순	화순, 능주, 동복
	고창	고창, 무장, 흥덕
	정읍	정읍, 고부, 태인
	김제	김제, 만경, 금구
	제주	제주, 대정, 정의
3군→1군	담양	담양, 창평
	나주	나주, 남평
	곡성	곡성, 옥과
	전주	전주, 고산
	옥구	옥구, 임피
	남원	남원, 운봉
	진안	진안, 용담
	금산	금산, 진산

파 거두인 박영효의 첩이었던 화순 출신 기생의 로비에 의해 화순으로 옮겨갔다는 일화가 전한다.

이리하여 사라진 군이 한둘이 아니었다. 무려 23개 군이 사라졌고, 그 이전에 사라진 낙안을 합치면 24개나 된다. 이 지역들은 비록 고을은 없어졌지만, 향교는 없애지 않고 지금까지 유지해 오고 있다. 그리고 자신들의 지역 사정을 정리하기 위해 일제 강점기 동안 읍지를 편찬했다. 『무장읍지』・『흥덕읍지』가 1916년에, 『능주읍지』가 1923년에, 『임피읍지』가 1924년에, 『남평읍지』가 1929년에, 『옥과읍지』가 1936년에 각각 발간된 것으로 찾아지고 있다.

이렇게 일제는 군 숫자를 줄여 놓고는 다시금 늘리는 정책을 폈다. 이른바 부(府)라는 행정구역을 신설했다. 부는 예산을 우선 배정받는 등 갖가지 특혜를 누렸다. 모두 우리나라에 들어와 사는 일본인을 위해서였다. 일제는 처음에 전국에 12개의 부를 두었다. 전라도에는 무안군에서 독립시킨 목포부, 옥구군에서 독립시킨 군산부 등 2개가 있었다. 그러다가 1935년에 광주군에서 광주부를 독립시키고서 광주군 이름을 광산군으로 만들었고, 마찬가지로 전주군도 전주부와 완주군으로 나누어버렸다. '부'는 해방 이후 '시'로 변경되었다. 그래서 무안은 목포시와

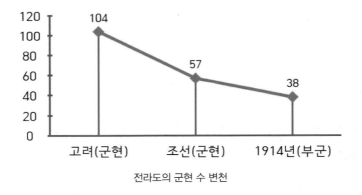

전라도의 군현 수 변천

무안군, 옥구는 군산시와 옥구군, 광주는 광주시와 광산군, 전주는 전주시와 완주군으로 나뉘어졌다. 그 가운데 광산군과 광주시는 다시 합병되어 '광주광역시'가 되었고, 옥구군과 군산시도 다시 합병되어 '군산시'가 되었다. 나머지는 아직까지 둘로 나뉘어 있다.

한편, 해방 직후 익산군이 이리시와 익산군으로, 순천군이 순천시와 승주군으로 개편되었다. 그리고 경제성장을 주창하는 군사독재 시대에 1군을 읍을 승격시킨 시와 나머지를 군으로 하는 2시·군으로 나누는 정책이 한창 인기였다. 일제가 1군을 2부·군으로 했던 정책과 닮았다. 선거 공약으로 등장했고, 대통령의 선심으로 실행되었다. 그리하여 김제군이 김제시와 김제군으로, 정읍군이 정주시와 정읍군으로, 남원군이 남원시와 남원군으로, 나주군이 금성시와 나주군으로 각각 나뉘어졌다. 얼마 지나지 않아 다 통합되었다. 오랜 전통을 무시한 채 예산과 자리만을 늘리기 위한 정책이어서 단명으로 그치고 말았지만, 이간질해서 분열시키는 일제의 비열한 통치술을 보는 것 같은 인상을 지울 수 없다.

대읍·소읍-읍세 불균형

전라도는 고려 때에는 104개, 조선 때에는 57개의 고을이 있었다. 감영에서 이 많은 고을 하나하나를 상대로 통치력을 행사한다는 것은 여간 어려운 일이 아니었다. 효과적인 통치를 위해 '큰 고을'을 중심으로 하여 주변 고을을 몇 개의 구획으로 나누어 행정적인 여러 문제를 처리하도록 했다. 그 '큰 고을'을 계수관(界首官)이라 했다. 고려 때에는 전주, 나주에 광주, 승주(현재 순천), 익주(현재 익산)가 추가되었다. 조선에 들어와서는 전주, 나주, 남원, 광주(한때 장흥으로 교체)가 전라도의 계수관이었다. 이러한 계수관 제도는 후대로 가면서 기능을 거의 상실한 채 소멸되었다.

당시에 지역 경제력의 척도는 호구와 농토였다. 호구의 경우 18세기 『호구총수』를 기준으로 1만 호 이상은 6읍에 불과했다. 반면에 3천 호에도 못 미치는 곳은 16읍이나 되었다. 대별하여 전자를 대읍으로, 후자를 소읍으로 분류할 수 있다. 또한 농토를 얼마나 보유하고 있느냐에 따라 6천 결 이상은 대읍(大邑), 4천 결 이하는 중읍(中邑), 2천 결 이하는 소읍(小邑), 겨우 1천 결을 넘으면 잔읍(殘邑)으로 분류했다. 17세기에 대동법을 시행할 때의 기준에 의하면, 전라도의 경우 대읍은 광주, 나주, 남원, 순천, 영광, 영암, 전주 등 7읍에 불과했다. 나머지는 중읍 14읍, 소읍 26읍, 잔읍 6읍이었다.

전라도의 읍세

구분	군현
대읍(7읍)	광주, 나주, 남원, 순천, 영광, 영암, 전주
중읍(14읍)	강진, 고부, 김제, 담양, 무장, 보성, 순창, 임피, 장성, 장흥, 태인, 함평, 해남, 흥양
소읍(26읍)	고산, 고창, 곡성, 광양, 구례, 금구, 금산, 낙안, 남평, 능주, 만경, 무안, 부안, 여산, 익산, 옥과, 옥구, 용안, 운봉, 임실, 장수, 정읍, 진도, 창평, 함열, 흥덕
잔읍(6읍)	동복, 무주, 진산, 진안, 용담, 화순

조선의 군현제는 군현 간 면적이 균등하지 않을 뿐만 아니라 호구·농토의 격차가 심하다는 점에서 큰 문제를 안고 있었다. 그래서 군현 합병론이 시종 일관 끊이지 않았는데, 18세기를 기준으로 호수가 나

주는 1만 7천 858호이지만, 바로 인근의 화순은 그 9.6%인 1천 716호에 불과했다. 이런 현상은 농토에서도 마찬가지였다. 나주는 1만 5천 359결인데 반해서, 화순은 그 10%도 못된 1천 243결에 불과했다. 면의 수를 보아도 순천은 18개에 이르지만, 인접 낙안은 그 1/3인 6개에 불과했다. 그래서 재원이 영세한 소읍이나 잔읍은 고을을 운영하기가 어렵기도 하지만, 그만큼 과세액이 많아 주민들 부담이 대읍이나 중읍에 비해 상대적으로 무거울 수밖에 없어 민원이 끊이지 않았다.

읍호 승강-연대 책임제

조선의 군현 호칭은 단일하지 않고 부-대도호부-목-도호부-군-현이라했다. 그래서 부에는 종2품의 부윤이, 대도호부에는 정3품의 대도호부사가, 목에는 정3품의 목사가, 도호부에는 종3품의 도호부사가, 군에는 종4품의 군수가, 그리고 현에는 종5품의 현령이나 종6품의 현감이 각각 왕명에 의해 파견되었다. 이 가운데 전라도에는 『경국대전』 기준으로 전주에만 종2품 부윤이 파견되었지만, 그는 실상 관찰사가 겸하는 자리였다. 나머지 고을은 전임 수령이 파견되었다.

면적과 인구 등 읍세에 따라 등급이 정해지는 것이 원칙이었지만, 꼭 그랬던 것만은 아니다. 오늘날 나주와 능주 사람들은 자신들 고장을 '목사골'이라 자랑한다. 전라도에서 전주 부윤을 제외하고서는 목사가 수령 가운데 급이 가장 높았기 때문이다. 소읍에 불과한 능성은 인조 어머니 인헌왕후 구씨의 관향이라고 하여 1632년에 현에서 목사가 파견되는 주(州)로 승격되었다. 읍호가 능주로 바뀌었지만, 구씨들은 아직도 자신들의 본관을 '능성'으로 부르고 있다. 이러한 고을 간 호칭과 규모의 불일치 때문에 1895년에 정부는 모든 고을의 명칭을 군으로 통일하고 관명을 군수로 명명했다. 대신 농지의 많고 적음에 따라 군을 다섯 등급으로 나누어 예산 지원을 차등화했다.

하지만 이러한 등급이 고정되어 있었던 것은 아니다. 왕족의 안태지나 국왕 외가향 또는 충신·효자를 낳은 고을의 등급을 승격시켰는데, 능주가 이 경우에 해당된다. 이와는 반대로 읍민이 역모나 인명살상 등의 중대 범죄를 저질렀을 경우 그 읍민 전체가 불이익을 당했다. 그 구체적인 제재 방법이 군현의 등급을 부나 목에서 군이나 현으로 일정 기간 동안 강등시키는 조치였다. 예를 들면, ①목의 경우, 광주목을 무진군·광산현으로, 나주목을 금성현으로 강등시킨 적이 있다. 한 사례를 들자면, 광주 사람 노흥준이 1430년(세종 12)에 목사 신보안을 구타한 사건이 있어 노흥준을 장형에 처하여 변방으로 사민시키고 광주목을 무진군으로 강등했다가 1451년에 다시 복구한 바 있다. ②부의 경우, 17세기에 순천에서 여자가 내연남과 모의하여 자기 남편을 찔러 죽인 사건이 발생했다. 정부는 삼강오륜을 어긴 흉악죄라고 하여 당사자의 처벌은 물론이고 부사를 파직시키고 부를 현으로 강등시키고 말았다. 남원부도 영조 때 임금을 비난하는 괘서가 붙은 일로 일신현으로 강등된 적이 있다. ③군의 경우, 순창군에서 1629년에 역변이 일어나자 읍호를 현으로 강등했다가, 10년 뒤에 복구되었다. ④현감 읍의 경우 더 이상 강등될 여지가 없기 때문에 다른 방법으로 연대책임을 물을 수밖에 없었다. 구례현은 주민이 참언으로 모역을 퍼뜨렸다고 연산군 때에 부곡으로 강등되었다가 중종 때에 복구되었다. 주민이 현감을 다치게 한 죄로 창평현은 광주에 예속되었다가 10년 만에 다시 예전대로 복구되었다.

2. 읍성, 다 어디로 갔을까?

나주는 옛날 전남의 수도였던 역사가 있어 성문 누각이 그때의 성황을 상기할 것이 적지 않은 바, 현재 불편한 성벽은 태반 철거되고, 광주 가는 길 위에 있는 동대문은 왕년에 썩어서 일야풍우(一夜風雨)에 전부 무너져 지금은 그 그림자에 그칠 뿐이고, 지금 또 시장에서 나주 정거장으로 통하는 대도의 성벽을 잃어 고성낙일(孤城落日)의 모습을 보이니 아직 붕괴의 위기는 면했으나 일조풍우(一朝風雨)를 만나면 동문의 예를 면하지 못하리라는 우려가 있어 방법을 강구하여 고적을 보존하기로 나주의 일반인민이 희망한다더라. 〈매일신보 1913년 7월 23일〉

옛 역사를 간직하고 있는 나주읍성의 성벽과 성문이 우리의 무관심과 일제의 개발로 사라져가고 있다는 신문 기사입니다. 이런 모습은 전국적인 현상이었습니다. 우리 조상들은 고을을 설치한 후 읍내를 정하였습니다. 그리고 읍내를 잘 관리하기 위해 읍성, 관아, 장승, 숲 등 갖가지 시설을 갖추어 놓았는데, 그런 것들이 근대화 과정에서 대부분 사라져버렸고 일부만 남아있습니다. 어떤 것들이 있었고, 왜 사라지거나 남게 되었는지 등을 하나씩 알아보도록 하겠습니다.

읍치-행정 중심지

관장이 상주하는 지역을 치소라고 한다. 군현을 읍이라고 했기 때문에, 읍의 장이 상주하는 지역은 읍치(邑治)가 되고, 읍치가 자리 잡고 있는 터는 읍기(邑基)가 된다. 곧 읍치란 읍의 치소가 있는 곳으로써, 중앙정부에서 임명하여 군현에 파견한 수령이 통치업무를 수행하는 행정구역을 의미한다.

수령이 상주하기 때문에, 읍치에는 수령이 거주하고 근무하는 관사와 청사가 있었다. 그리고 수령을 보좌하는 속료(屬僚)가 거주하는 마을과 그들이 근무하는 청사가 들어서 있었다. 따라서 읍치를 어디에 두느냐는 수령과 속료에게는 통치의 효율성 측면에서, 지역민에게는 개인의 이익이나 공공 서비스 측면에서 중요한 문제였다. 국토방어와 행정통치 측면에서 국가도 읍치의 위치 선정이 중대한 관심사였다. 고려는 자치 제적 성격이 강해서 왕조가 나서서 이래라 저래라 하는 편이 아니었다. 하지만 조선왕조는 건국과 함께 중앙 집권적인 국가 통치 시스템을 갖추는 일을 추진하면서 읍치를 정하는 일을 직접 챙겼다. 그 결과 읍치를 정하는 방법은 크게 두 가지가 있었다.

첫째, 고려 때 읍치를 그대로 이어나간 곳이 있었다. 예를 들면 장흥은 고려 말에 왜구 때문에 남평현 관할의 철야현으로 이주했다가, 1392년에 수녕현 중녕산에 성을 쌓고 그곳으로 치소를 옮겼다. 이듬해에 성이 좁다고 하여 도로 수녕현의 옛터로 옮기었다. 돌고 돌아 고려 때 읍치에 통합 장흥 읍치를 두었다. 탐진현 치소 자리에 통합 강진 치소를 둔 경우도 있다. 이 외에 평지에 치소를 두었던 고을은 조선에 와서도 옮기지 않고 그대로 있었던 것으로 보인다.

둘째, 고려 말에 왜구의 침략을 못 이기고 읍치를 옮긴 곳이 있었다. 그리고 다급한 나머지 처음에는 임시로 옮겼다가, 왜구가 진정된 조선 초에 새 터를 잡아 다시 옮긴 곳도 있었다. ①영광은 읍의 남쪽 산기슭에 읍치가 있어 산수가 등지고 지리가 불순한데다가 성곽이 낮고 무너지고 관아는 비좁았다. 1452년에 고을 사람들이 그 사정을 조정에 아뢰어 세조 때에 읍성을 넓고 평탄한 우와산의 동쪽으로 옮기었다. 비좁은 산기슭에서 드넓은 평지로 옮긴 사례이다.②낙안의 치소는 본래 바닷가와 인접한 오늘날의 벌교읍 고읍리에 있었다. 왜구가 낙안을 침범하자 백성들이 모두 도망가 기름진 땅이 쑥밭이 되어 버렸다. 하는 수 없이 내륙으로 이동하여 오늘날의 낙안읍성 자리로 치소를 옮겼다. 통나무를 박아 세우고 거기에 진흙을 발라 치소 방어책(防禦柵)을 만들었으나, 붕괴 위험이 있어 토성을 다시 쌓았다. 그런데 토성은 높이가 낮고 크기가 작아서 외적이 공격하면 방어하기가 쉽지 않아 다시 규모를 넓혀 석성으로 쌓았다. ③정확한 위치 비정은 어렵지만 고흥현은 왜구 때문에 읍치를 1395년에 조양현으로 옮겼다가, 세종 때에 남양현으로 또 옮겼다. 1440년에 고흥과 남양이 합쳐져 흥양이 되자, 흥양 사람들은 통합 치소를 새로이 장흥 속현인 두원현 봉황암 서편으로 정하여 옮겼는데, 이곳이 현재의 고흥읍이다. ④해남은 읍치가 두륜산 남쪽 바닷가에 있었다. 진도와 합쳐진 1412년에 옥산으로 옮겨 지금에 이른다. 이리하여 조선왕조에 들어와서 많은 읍치가 산지에서 평지로 이동했다.

조선왕조에 들어와서 넓은 평지가 펼쳐져 있고 비옥한 농지가 많아 사람들이 거주하기 편리한 입지에 읍치를 정한 후 대부분은 오늘에 이르고 있다. 하지만 중간에 다시 옮긴 곳이 있다. 필자가 찾은 바로는 전라도에서는 세 곳이 확인되고 있다. ①장성은 진원과 합병 후 읍치를 북쪽에서 남쪽으로 내렸고, 그래서 옛 읍치는 고읍이 되었다. 장성은 호남선 개통 이후 성산에서 현재 위치로 또 내려서 옮겼다. 장성은 아래로 아래로 읍치를 옮긴 곳이다. ②창평은 1793년에 현령 조광존(趙光存)에 의해 읍치를 멀리 떨어진 동쪽의 동면으로 옮겼다. 신속하게 옮겼는데, 특별한 사유를 찾을 수는 없지만 그쪽 사람들의 유치 전략에 의해서였던 것 같다. 읍치가 들어선 곳은 새로이 현내면이 되고, 옛 읍치가 있었던 곳은 고현내면(古縣內面)이 되었다. 이 고현내면이 일제 때에 서면(西面)과 합쳐져서 고서면(古西面)이 되어 오늘에 이르니, 고서면은 돌고 돌아 생긴 이름이다. 읍치가 다른 곳으로 이동되어도 양반들이 출입하는 향교는 움직이지 않았기 때문에, 창평은 다른 곳과는 달리 읍치와 향교가 먼 거리에 처해 오늘에 이르고 있다. ③고부는 1765년에 옛 읍성의 남쪽 1리 아래로 읍치를 옮겼다. 『승정원일기』에 그 사연이 기록되어 있는데, 읍치가 산자락에 있어 백성들의 왕래가 불편하여 평지로 옮겼다 한다. 15세기 때 국명에 의해 다들 평지로 옮길 때 했으면 이런 일은 없었을 것이다.

그러면 이런 읍치에는 누가 살았을까? 15세기까지는 토성(土姓)들이 살았다. 토성이란 그 지역을 본관으로 하는 토착세력으로써, 지역의 향리 업무를 맡거나 과거나 천거 등으로 관인이 되어 중앙관직을 맡을 수 있는 사람들이다. 그런데 16세기 이후에는 내륙 지역을 중심으로 한 양반의 성장과 논농사의 확대로 읍치 외곽의 촌락 개발이 두드러졌다. 이는 토성이 이족(吏族)과 사족(士族)으로 분화하는 과정에서 사족이 외곽으로 이주하는 현상을 촉진시켰다. 그 결과 의병, 학문, 관직, 과거, 교육 등으로 이름을 남긴 유력 양반들은 죄다 읍치에서 멀리 떨어진 마을에서 살았다. 반면에 읍치는 향리·관노비 등의 관속이나 그와 관련된 사람들이 거주하는 공간이 되고 말았다. 여기에 후기 들어 상공업이 발달하자 상공업 종사자가 함께 거주하게 되었다. 당연히 읍치의 인구 증가율은 군현 전체에서 가장 높을 수밖에 없었다.

읍내면-시가지로 변경

읍치를 다른 말로 읍내(邑內)라 했다. 읍의 가운데 있기 때문에 그렇게 말한 것이다. '邑底五里', 즉 '읍 아래 5리'라고 하듯이, 읍내는 관문에서 4방 5리 정도를 포함한다. 그러니까 읍내 영역은 이쪽 끝에서 저쪽 끝까지 10리 정도 된다. 필자의 경우 어려서 궁벽한 곳에서 살아 어르신들이 읍내에 갔다 왔다는 말을 이해하지 못한 적이 생각난다. 읍내를 부르는 행정명칭은 매우 다양한 패턴을 지니고 있어 하나씩 알아볼 필요가 있다.

첫째, 읍내의 행정명칭은 고을마다 여러 이름으로 불렸다. 그 현황을 19세기 중반에 김정호가 편찬한 「대동지지」를 근거로 하여 알아보면 다음과 같다. ①읍내에 있는 면, 읍내를 통치하는 면이라는 뜻으로 읍내면(邑內面)이라 한 곳이 있었다. 김제, 무안, 용담, 진안, 장수, 운봉, 낙안, 동복, 화순, 구례, 흥양, 진도 등이 그곳이다. ②고을의 호칭이 '주'여서 주내면(州內面)이라 한 곳이 있었는데, 능주가 그곳이다. ③'부'여서 부내면(府內面)이라 한 곳이 있었다. 여산, 무주, 장흥 등이 그곳이다. ④'군'이어서 군내면(郡內面)이라 한 곳이 있었는데, 익산과 진산이 그곳이다. ⑤'현'이어서 현내면(縣內面)이라 한 곳이 있었다. 만경, 임피, 함열, 고산, 정읍, 용안, 태인, 흥덕, 함평, 남평, 임실, 옥과, 창평, 강진 등이 그곳이다. ⑥광주처럼, 읍성이 있으면 성 안을 성내면(城內面)이라 한 곳도 있었다. ⑦앞의 사례와는 달리 별도의 고유명사로 불리는 곳도 있었다. 남원은 통한면, 곡성은 도상면을 읍내를 다스리는 면이라 했다.

둘째, 읍내의 행정명칭은 때에 따라 이름이 바뀌기도 했다. 진도는 '군'이었을 때에는 읍내면이라 하다가, '부'로 승격되자 곧바로 부내면으로 고쳤고, '군'으로 강등되자 다시 읍내면으로 환원했다.

셋째, 읍내를 다스리는 면을 두 곳 이상 둔 고을도 있었다. 대체로 큰 고을이 그랬다. 가령, 전주는 부동·부서·부남·부북 등 4개 면을 읍내로, 광주는 성내·기례·부동·공수 등 4개 면을 각각 읍내로 삼았다. 그리고 순천은 소안·장평 등 2개 면을, 나주는 동부·서부 등 2개 면을 각각 읍내라 했다. 그런데 무슨 사정이 있어서 였는지는 모르겠으나 중소 고을도 읍내를 2개의 면으로 운영했다. 예를 들면 담양이 동변·서변을, 장성이 읍동·읍서를, 순창이 좌부·우부를, 해남이 현일·현이를, 진안이 상도·하도를 각각 읍내면으로 삼았다. 이 외에 군일면과 군이면을 둔 금산, 동도면과 서도면을 둔 금구·부안, 동부면과 서부면을 둔 영광, 군시면과 군종면을 둔 영암, 일동면과 이동면을 둔 무장, 우장면과 칠성면을 둔 광양 등도 읍내를 2개 면으로 운영한 곳이다. 이런 곳은 읍내장을 윗장·아랫장, 큰장·작은장 등으로 나누어 두었다.

읍내의 행정명칭(「대동지지」)

읍내면(邑內面)	구례, 김제, 낙안, 동복, 무안, 용담, 운봉, 장수, 진도, 진안, 화순, 흥양
주내면(州內面)	능주
부내면(府內面)	무주, 여산, 장흥
군내면(郡內面)	익산, 진산
현내면(縣內面)	강진, 고산, 남평, 만경, 옥과, 용안, 임실, 임피, 정읍, 창평, 태인, 함열, 함평, 흥덕
고유명사	남원, 곡성
복수 읍내면	광양, 광주, 금구, 금산, 담양, 무장, 부안, 순창, 순천, 영광, 영암, 장성, 전주, 진안, 해남

이러한 읍내를 일제가 시가지(市街地)라 하면서 개발하기 시작했다. 공공건물을 짓고, 택지를 만들고, 도로를 내며 전통 건물을 허물기 시작했

다. 20세기에 들어와서 읍내면은 군 이름을 따서 진안면, 고창면, 곡성면, 진도면 등으로 불리었다. 그 가운데 비교적 인구가 많고 상공업이 발달하여 도시적인 면모를 갖춘 곳을 1917년에 지정면(指定面)이라고 했다. 속내는 일본인 거주자의 편의와 원활한 식민통치를 위해 일본인 면장을 임명하고 예산을 우선적으로 지원하기 위해서였다. 처음에는 전국에 지정면이 23개 있었다. 전라도에는 전주면, 익산면, 광주면 등 3개뿐이었는데, 당시 이곳의 일본인 비중이 20%, 102%, 31%를 각각 차지했다. 나중에 정읍면, 여수면, 제주면이 추가되었다. 이들 지정면은 도로 확장, 시가지 정비, 상하수도 설비, 전등 보급 등의 혜택을 누렸다.

그러다가 1931년부터는 지정면을 읍으로 개정했다. 우리 역사에서 '읍'이 처음 등장한 순간이다. 그리하여 지방행정 단위는 부·군과 읍·면이 되었다. 이후 읍이 계속 늘어났다. 전라도에서 일반면이던 남원, 김제, 순천, 나주, 그리고 송정, 벌교, 강진, 영산포, 또한 신태인, 금산, 보성, 장흥, 또 그리고 부안, 담양, 장성, 완도 등이 차례로 읍으로 승격되었다. 문제는 일제 때에 읍은 인구가 일반 면에 비해 거의 2배로 증가했다. 그리고 지역의 경제적 가치가 높아지자 읍 거주자들은 자산가로 등장하기 시작했다. 여기에는 그들이 근대화 과정에 민첩하게 적응하여 신교육을 받거나 신문화를 수용한 점도 작용했다. 그 중에는 너무 앞선 나머지 반민족적 행위를 한 사람도 적지 않다. 읍 가운데 일부는 시로 승격되어 오늘에 이른다.

30읍성-외적 방어

강진을 가면 강진읍에 동성리(東城里)라는 마을이 있다. 무안, 해남, 진도를 가면 읍내에 성내리(城內里)가 있다. 성의 동쪽에 있는 마을, 성 안에 있는 마을이라는 뜻으로 붙여진 이름이다. 성이란 읍성을 말한다. 이곳에 읍성이 있었다는 사실을 알 수 있다.

관아와 주민을 보호하고 외침을 막기 위해 읍치를 둘러싸고 있는 성곽을 읍성(邑城)이라 한다. 삼국에서 고려까지는 고을마다 읍성이 있었을 것으로 추정되고 있다. 일부 학자들은 이때의 '읍성'을 치소성이라고 하지만, 여기서는 읍성으로 부르겠다. 고려 때까지의 읍성은 평지와 연접한 높지 않은 산이나 구릉에 입지했던 것으로 확인된다. 산성의 형태를 하고 있어서 이들 읍성은 지방군을 기반으로 개별 단위의 지역 방어가 가능했을 뿐만 아니라, 읍성 안에서 주변 지역이 한 눈에 조망될 수 있었고 자못 먼 곳까지 관찰이 가능하기도 했다. 그런데 몽골 침입 이후 산성 중심의 광역단위의 방어체계가 중시되면서 많은 읍성이 파괴되었다. 뒤이어 고려 말 홍건적과 왜구의 침입이 겹치면서 파괴된 고려 읍성은 방치된 상태였다.

조선은 건국 후 읍성 복구에 나섰다. 태종 때에는 도성 건설에 열중하느라 읍성에는 큰 관심을 두지 못했지만, 세종 때에 들어가면서 읍성 건설은 본격화 되었다. 성종 때에 이르면 읍성을 건설하는 공사가 완료 단계에 이르렀다. 태종 때 전라도 관찰사 박습이 말했다.

> "장흥, 고흥, 광양 3읍의 땅은 모두 바닷가에 있어 왜구가 배를 대는 곳인데, 전일에 설치한 성(城)이 모두 좁고 나무를 세워 진흙을 발랐으므로 세월이 오래되니 기울고 무너짐이 심하고 혹은 우물이 없습니다."

그래서 사람들은 좁고 나무로 된 성을 탄탄한 돌로 크게 넓혀서 쌓았다. 축조 과정에서 이런저런 갈등이 일어났다. 낙안의 경우 주민 수십

인이 성 안에 우물이 없다는 이유로 읍성을 옮겨달라고 중앙에 진정서를 낸 적이 있다. 정부는 술사(術士)를 보내어 수맥을 찾게 했다. 그가 땅을 파서 우물을 얻으니 성을 옮기지 않도록 했다.

그런데 조선의 읍성은 모든 고을을 대상으로 한 것이 아니었다. 여진이 침입하는 북쪽 내륙 고을과 왜구가 침입하는 남쪽 연해 고을이 대상이었다. 그리하여 읍성 건설이 거의 일단락 된『동국여지승람』편찬 단계에 이르면, 전국 329개 고을 가운데 전체의 37%에 해당되는 121개 고을에 읍성이 축성되어 있었다.

조선초기 읍성 현황(『한국중세의 읍치와 성』)

지역	고을 수(A)	읍성 수(B)	B/A(%)
경기도	38	2	5.3
충청도	54	16	29.6
경상도	66	30	45.5
전라도	57	30	52.6
황해도	24	5	20.8
강원도	26	9	34.6
평안도	42	16	38.1
함경도	22	13	59.1
총계	329	121	36.8

이때 전라도의 경우 57개 고을 가운데 읍성이 있는 고을은 전체의 53%에 해당되는 30개였다. 나머지 27개 고을은 읍성 없이 인근에 있는 산성을 유사시 대피 장소로 활용했다. 30개 읍성 고을이란 강진, 고부, 고창, 광양, 광주, 구례, 금산, 나주, 낙안, 남원, 만경, 무안, 무장, 보성, 부안, 순천, 영광, 영암, 옥구, 용안, 임피, 장흥, 전주, 진도, 해남, 홍덕, 홍양, 그리고 제주도 3읍 등이다. 이 수치는 8도 가운데 함경

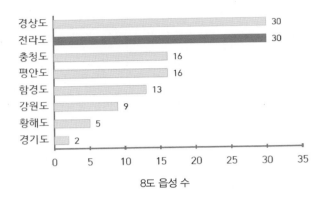

8도 읍성 수

도 다음으로 높은 비율인데, 이는 전라도 지역이 축성 작업에 열심이었다는 점과 왜구 침략에 크게 노출된 곳이라는 점이 반영된 수치로 보인다.

이 가운데 중간에 다섯 곳 읍성이 사라지게 된다. ①「대동지지」를 보면, 1389년에 설미수라는 수령이 금산읍성을 쌓았다. 흙으로 쌓았고, 둘레는 1천 45자, 높이는 8자, 안에 샘이 네 개 있었다. 토성인데다가 350미터에 불과한 작은 읍성이었다. 금산은 내륙 깊숙이 들어가 있는 고을이지만 충청도에서 전라도로 내려오는 길목에 처한 곳이다. 금산에 제원역이라는 찰방역을 둔 것도 교통 요지를 고려한 조치였다. 그래서 비록 토성이지만 금산에도 읍성이 축조되어 있었다. 이 읍성이 임진왜란 때의 공방전으로 폐허가 되고 말았다. 그 공방전을 '금산성 전투'라 한다. 이는 광주 출신의 의병장 고경명이 전라도로 내려오려는 왜군을 막으려 금산성에 진치고 있는 적을 치다가 순절한 전투이다. 이후 금산읍성은 복구되지 않았다. ②흥덕읍성은 돌로 만들어졌으나 정유재란 때에 소실되어 읍치를 남쪽으로 옮긴 후에 축조되지 않았다. ③고부읍성은 두승산 북쪽 자락에 석축으로 높이 13자에 둘레 2천 369자나 되는 꽤 큰 규모였다. 그런데 영조 때에 남쪽으로 읍치를 옮긴 뒤에는 허물어지고 말았다. ④본래 있던 석성을 중간에 개축까지 한 옥구읍성도 후대에 사라졌는데, 읍지에 '年久圯毀', 즉 '해가 오래되어 헐어지다'라고만 적혀 있어 사연을 알 수 없다. ⑤석성이던 용안읍성도 19세기 중반이되면 여장(女墻, 성벽 위의 낮은 담장)이 무너지고 성문 터 2곳이 있다하여 사라지게 된다. 이렇게 보면, 30곳 가운데 19세기 말기까지 남은 읍성은 25곳(강진, 고창, 광양, 광주, 구례, 나주, 낙안, 남원, 만경, 무안, 무장, 보성, 부안, 순천, 영광, 영암, 임피, 장흥, 전주, 진도, 해남, 흥양, 그리고 제주도 3읍) 정도 되었다.

모든 건물마다 이름이 있기 때문에, 읍성도 이름이 있었다. 가령, 고창읍성은 고창의 별호를 따서 모양성이라 했고, 장흥읍성은 장흥의 '장(長)'과 옛 이름 수녕의 '녕(寧)' 두 글자를 따서 이름을 장녕성이라 했다. 나주읍성은 금성, 남원읍성은 용성이라고 했을 것이다. 광주읍성의 경우 광주 별호를 따서 '광산성', '무진성', '해양성'이라는 이름이 싯구속에 보인다. 이런 본래 이름을 찾지 못하고 활용하지도 못한 채 요즘은 'ㅇㅇ읍성'으로 부르고 있다.

성곽의 규모는 대체로 높이 3m에 둘레 3㎞ 정도였다. 모양은 고지도에는 원형이나 사각형으로 그려져 있지만, 실제는 강진처럼 삼태기 형또는 광주처럼 다이아몬드 형 등 다양하다. 입지를 전주, 광주, 낙안, 남원, 순천, 전주, 해남처럼 완전히 평지에 잡은 곳이 있다(평지성). 하지만 강진, 고창, 만경, 무장, 부안, 영광, 임피, 장흥, 흥양처럼 평지와 산지를 아우르는 곳에 터를 잡은 곳이 더 많다(평산성). 성벽에는 치성(雉城)이라 하여 툭 튀어나온 부분이 있는데, 적의 공격으로부터 성벽을 보호하기 위해 만든 것이다. 고창 사람들은 읍성 치성에서 1919년에 독립만세를 외쳤다.

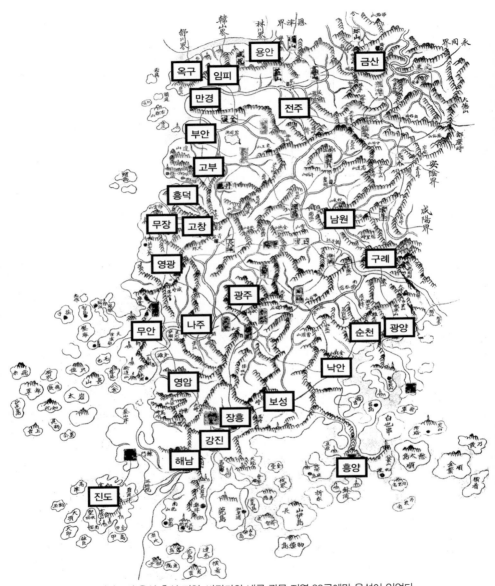

전라도의 읍성 축성 지역. 바닷가와 내륙 관문 지역 30곳에만 읍성이 있었다.

성문-수성군이 지키다

성곽의 축조와 함께 성문이 갖추어졌다. ①광주, 구례, 나주, 남원, 순천, 영광, 전주의 읍성은 성문이 동서남북 4곳에 있었다. 평지에 읍성을 두었기 때문에 4통8달을 위해 4개의 성문을 두었던 것이다. ②이와는 달리 지형에 따라 성문을 3곳에만 둔 곳도 있었다. 19세기 중반에 그려진 고지도를 보면 강진, 광양, 낙안, 만경, 무안, 보성, 부안, 영암, 장흥, 진도, 해남, 흥양 등이 그러했다. ③그리고 성문을 2곳 둔 곳도 있었는데, 고창, 무장, 용안이 그러했다. 산지를 끼고 있는 읍성은 산 쪽에 문을 낼 수 없었기 때문에 성문이 2~3개였다. ④마지막으로 임피의 경우 1곳에만 성문이 지도에 그려져 있다.

성문의 형태를 보자면, 단층이나 2층, 홍예식이나 문루식이 있었다. 어떤 규모이던 간에 문 앞에는 반월형 모양의 옹성이 배치되어 있는 곳도 있었다. 어떤 형태였건 간에 이들 문 앞에는 수문장이 위용을 뽐내며 지키고 있었다. 성문에는 시간을 알리기 위해 큰 종(鍾)을 메달아 두었다. 전주읍성 이야기는 앞에서 했다. 남원은 무지개 형 남문 위에 3칸 규모의 완월루(翫月樓)가 있고, 그 누 위에 종을 매달아 놓고서 새벽과 해질 녘에 소리를 울렸다. '춘향가'에 나오는 종소리가 이 종일 것이다. 중간에 남문 동쪽에 작은 종각을 지어 그곳으로 종을 옮겼는데, 지대가 낮아서 종소리가 멀리 퍼지지 못했다. 얼마 안가서 종이 깨지고 소각(小閣)도 허물어지자, 하는 수 없이 종을 녹이고 말았다. 안타까워하고 있을 때 남원부사로 부임해 온 송재덕이 관내 양반·승려와 함께 다시 종을 만들어 서문 위에 걸었다. 이상은 남원 선비 양주익이 1777년에 쓴 글에 들어 있다. 1923년에 편찬된 『용성속지』를 보면 종각은 헐리어 없어지고 종 또한 녹아 없어졌다 한다.

성문마다 이름이 있었다. 현재 일부만 확인되고 있다. 중간에 바뀌기도 하지만, 성문 이름을 아무렇게 짓지 않았다. 동문과 서문은 대체로 그 고을의 안녕과 풍요를 비는 이름이었다. 광주의 진산 서석산의 원기를 받는 문이라는 서원문(瑞元門), 낙안의 가을을 풍요롭게 해주는 문이라는 낙추루(樂秋樓)가 그것이다. 이와는 달리 남문 이름은 거의 대부분 진남문(鎭南門)으로 명명되어 있다. 강진병영과 해남우수영 남문도 진남루였고, 좌수영 객사는 진남관이었다. '진남'이란 남쪽을 진압하자, 즉 왜구를 물리치자는 뜻이다. 나주의 남고문(南顧門)이나 해남의 정원루(靖遠樓)도 같은 의미를 띄고 있다. 그만큼 왜구 침입으로 인한 전라도 사람들의 고통이 심했음을 알 수 있다. 그런가 하면 서울 남쪽에 있는 전라도는 북문 이름을 대부분 공북(拱北)이라 했는데, 임금이 계시는 북쪽을 향해서 두 손을 모아 정성을 다한다는 의미가 담겨 있다. '북망(北望)'이나 '의두(依斗)'도 같은 의미이다.

각 고을은 읍성 관리에 만전을 기했다. 강진의 경우 성기감관(城基監官)이나 성기색(城基色)이라는 직책을 두어 성벽을 관리하는 업무를 전담하도록 했다. 그리고 면별로 관리하는 구역이 나누어져 있어 자기 구역의 성곽이 훼손되면 해당 면에서 책임지고 수리해야 했다. 또한 각 고을은 유사시 성을 지키는 군인을 두었다. 수성군(守城軍)은 수성장, 군관, 병으로 구성되었다. 이러한 방법으로 관리하고 지켜도 성곽이나 성문이 화재, 태풍, 홍수, 민란, 전란 등으로 훼손되는 경우를 피할 수 없었다. 특히 전라도 읍성은 을묘왜변이나 임진왜란 및 동학농민운동 때에 붕괴된 바 있었다. 그때마다 다시 복구되었다. 읍성을 수리하면 그 과정을 기록으로 남기는데, 현재 1734년에 축조한 전주부성의 공사 과정을 기록한 『전주부성 축성록』이라는 자료가 남아 있다. 그 자료를 보면, 쌀 4천 석, 동전 1천 4백 냥, 베 50동, 쇠 2만 5천 근, 숯 3천 석, 회 3천 석, 칡(줄로 사용) 600동, 수레 458대, 그리고 연인원 17만 3천여 명 등이 투입되었다. 쌀, 동전, 베를 오늘날 돈으로 환산하면 엄청난 금액이다.

그러나 19세기 말 개화기 때 읍성은 우리의 관심 대상에서 멀어지기 시작했다. 여기에 더하여 일제는 호남 의병을 진압하기 위해 1907년 무렵부터 읍성을 헐기 시작하더니, '신작로' 건설을 위해 1910년에는 읍성 철거령을 내려 본격적인 철거에 들어갔다. 보성 사람 이일(李鎰, 1868~1927)이 나라를 빼앗긴 때, 보성읍성을 허물고 있다는 말을 듣고 분통하지만 힘이 없어 어쩔 수 없는 심정을 한 편의 시에 담았다.

일본인이 각처 성곽을 허문다는 말을 듣고
요망한 기운 하늘에 뻗혀 밤낮으로 뜨니
유유한 나의 생각 어쩌면 좋으랴.
천년의 기름진 우리나라 들녘
일종의 비린 기(氣)가 바다에서 풍겨왔다.
별과 달 침침하여 항시 어두운 밤
성(城)의 못 으슬으슬 모두 슬픈 가을.
흰머리 가난한 선비 아무런 쓸 데 없지만
고국(故國) 걱정에 두 눈썹 찌푸린다.

그리하여 전라도 곳곳의 읍성이 사라져갔다. ①광주읍성은 1907년 의병 진압 작전 때 헐리기 시작하여 1920년에는 완전히 사라져버렸다. 현재 광주시는 사이버 상에 광주읍성을 복원해 놓았다. ②순천읍성은

1909년 이병휘 군수가 부임하여 성곽을 철거하기 시작했다. 1916년
에 동문·서문·북문이 헐리었고, 1930년에 이르면 남문마저 헐리면
서 대부분 사라지게 되었다. 현재 순천시는 도시재생 사업의 일환으로
읍성 찾기에 나서고 있다. ③동학농민운동 때에 농민군의 주력부대와
나주 수성군 사이에 나주읍성을 차지하기 위해 펼쳤던 전투는 유명한
공방전으로 알려지고 있다. 일제는 도시 개발과 도로 확장에 방해가 된
다는 이유로 나주읍성을 헐기 시작했다. 그래서 매일신문 1913년 7월
23일자에 "광주 가도에 있는 동대문은 왕년에 자연 후폐(朽廢)되야" 또
는 "나주 정거장에 통하는 대도의 성벽을 잃어"라고 보도되었다. 급기
야 1920년에 이르면 나주읍성은 남문을 끝으로 4대문은 완전 사라지
고 성곽은 대부분 철거되고 말았다. 하지만 나주는 뒤늦게나마 이를 안
타깝게 여기어 성문을 복원하고 잔존 성곽을 보존하고 있다. 근래는 경
상도 상주와 함께 복원·보존 노력을 펼친 바 있다. 이리하여 20세기

전라도 읍성의 성문 이름

읍성	동문	서문	남문	북문
광주읍성	서원문	광리문	진남문	공북문
나주읍성	동점문	서성문	남고문	북망문
남원읍성	향일루	망미루	완월루	공신루
영광읍성	빈양문	정서문	진남문	의두문
전주읍성	판동문	상서문→패서문	명견루→풍남문	중차문
낙안읍성	낙풍루	낙추루	진남루	
해남읍성	?	?	정원루	
무안읍성	?	?	진남문	

초기에 이르면 우리의 무관심과 일제의 철거령에 의해 전라도 읍성은 대부분 사라지고 말았다. 이로 인해 우리는 소중한 문화유산을 잃을 수밖에 없었다. 하지만 곳곳에 흔적은 남아 있다. 잔존 성벽이 있는가 하면 지하에 성벽 기단부가 숨어 있고, 철거된 성벽 자리는 오늘날 도로로 이용되고 있기 때문이다. 30개 가운데 단지 고창읍성과 낙안읍성 2개만 살아남았다. 산자락에 있는 고창읍성은 군청 소재지가 성 밖 평지로 나오는 바람에, 낙안읍성은 낙안군이 1908년에 폐지되어 보성과 순천으로 분할되는 바람에 철거 대상에서 제외되는 행운을 잡아 오늘날 관광자원으로 활용되고 있다.

홍예식(나주읍성)

문루식(고창읍성)

성문 형태

남원읍성과 교룡산성

  1597년 재침한 왜군은 남해 바다 칠천량에서 원균이 거느린 조선 수군을 대파한 후 호남과 호서를 석권하고서 북진할 계획을 실행하기 시작했다. 우선 고바야가와 히데아키(小早川 秀秋)를 총대장으로 한 육군은 좌우로 나누어 남원으로 향했다. 도도 다카도라(藤堂 高虎) 등이 거느린 수군도 남해안에 상륙하거나 섬진강을 거슬러 올라와 합세했다. 영남에서 호남으로 넘어가는 길목을 장악하기 위해서였다.

  조정은 이원익을 체찰사로, 권율을 도원수로 삼아 주요 지역에 지휘관을 보내 대비하게 했으며, 명나라에서도 재차 원병을 보내 공동연합전선을 펴게 되었다. 당시 조·명 연합군은 부총병 양원, 중군 이신방, 천총 모승선·장표 등이 거느린 명군 3천 명, 접반사 정기원, 전라병사 이복남, 조방장 김경노, 방어사 오응정, 남원부사 임현, 구례현감 이원춘 등이 거느린 관군 1천 명을 합해 4천 명에 불과했다. 이들은 남원성에 들어가서 주민들과 함께 진을 쳤다. 그때 남원성에 들어온 광주 출신 송제민은 양원을 찾아갔다.

  "병가에서는 지형의 이점을 얻는 것이 첫째인데 지금 요천의 물이 많고 성은 그 아래 있으니 결단코 방어에 좋은 지형이 아닙니다. 청컨대 속히 진을 옮기십시오."

송제민은 교룡산성으로 진을 옮기자고 건의했다. 남원성은 평지에 쌓은 성이어서 대군을 방어하기가 어려운데 반해, 교룡산성은 험준한 산 속에 쌓은 산성이어서 적은 숫자로 대군을 방어하기가 용이하기 때문이었다. 당시 교룡산성 방어론은 우리 측 많은 식자들에 의해 건의되었지만, 양원은 어리석은 계책으로 생각하고 듣지 않았다.

8월 12일, 왜군은 6만여 명에 이르는 대군으로 남원성을 포위했다. 양원은 이신방과 함께 동문을 지키고, 모승선은 서문, 장표는 남문, 이복남은 북문을 각각 지켰다. 전투는 13일 밤부터 시작되었다. 16일에는 성이 함락되고 말았다. 이복남·이신방 등을 비롯한 모든 장수들이 전사했고, 양원만이 겨우 성을 탈출했다. 이복남의 어린 아들은 일본으로 잡혀갔다. 이 전투가 바로 '남원성 전투'이다. 그 길로 왜군은 전주를 점령했다.

남원에 있는 만인의총은 이때 순절한 사람들의 무덤이다. 그 옆에 있는 충렬사는 그들의 위패를 모시는 곳이다. 만약 작전권을 쥐고 있던 양원이 우리 측 말을 듣고 교룡산성에 배수진을 쳤으면 어떻게 됐을까?

장승–무사안녕 기원

　우리 조상들은 읍치를 지켜달라고 돌이나 나무로 조형물을 만들어 읍내 입구 도로변이나 성문 앞에 세웠다. 우리는 이를 보통 장승 또는 벅수라 하는데, 우리 조상들의 오랜 민간신앙에서 기원한 것이다. 우선 기록과 실물이 남아 있는 몇 고을 사례를 소개해 보겠다.

　첫째, 나주, 돌 돛대와 나무 돛대를 성문 내외에 세우다. "석장(石檣)이 동문 밖에 있다. 전설에, '이 주를 처음 설치할 때 술자(術者)가 이것을 세워 행주(行舟)의 형세를 표시하였다.' 한다. 문 안에도 목장(木檣)이 있다." 읍치 형국이 항해하는 선박 형태여서 안전하게 멀리 운항하도록 돛대 2개를 두었다. 하나는 성문 밖에 돌로 만들어 설치하고 또 하는 성 안에 나무로 만들어 세웠다. 15세기 『동국여지승람』 기록이니 고려 때 설치했을 것 같다. 이 가운데 '석장'이 오늘날 남아 있는 '동문 밖 석당간'이다. 17세기 사람 신최(申最)가 젊은 나이에 나주 읍내에 들어왔다. 문 밖에 우뚝 솟아 있는 석장을 보고서, "千秋不仆護風烟"이라고 경탄했다. 오래고 긴 세월 동안 비바람에 넘어지지 않고 나주를 지켜주고 있다는 말이다.

　둘째, 담양, 돌 노와 돌 개·닭을 읍내 동서에 세우다. 관아 동쪽 5리에 높이 백여척과 크기 한 아름에 이르며 쇠사슬로 둘러쳐 있는 석도(石棹)가 있는데, 담양 읍내가 배 형국이어서 만들었다 한다. 그리고 장성 불대산 형국이 지네와 같아 담양 곡식을 훔쳐 먹기에 서쪽 5리에는 석구(石狗)와 석계(石鷄) 각각 5마리를 만들어서 막았는데, 중간에 사라지고 나중에 사공석(沙工石)이라는 장승을 만들어 놓았다. 두 이야기 모두 읍지에 나와 있는 내용이다. 담양 읍내를 지나는 사람이면 높이 솟아 있어 석도를 볼 수밖에 없었다. 16세기 말에 순찰 중에 담양에 들어온 전라감사 구봉령이 석도를 보고서, "돌을 깎아 만든 장대 허공을 떠

받치고, 도로를 굽어본 지 몇 천 년이던가"라고 읊었다. 그 뒤에 경상도 사람이 나주를 가는 길에 담양에 들렀다. 그의 표현에 의하면, 길 옆에 한 석주(石柱)가 있었다. 길이는 꽤 높았다. 감여가(堪輿家)가 읍기(邑 基)가 행주형이라 말하여서 담양 사람들이 석도를 세웠다는 것이다. 석 도와 사공석은 현존하고 있는데, 석도는 15m 높이이고, 두 개의 사공 석은 모두 50~60㎝ 높이이다.

셋째, 광주, 한 쌍의 돌 장승을 동문 밖에 세우다. 광주 읍성 동문 밖

나주 석장

담양 석도

에는 한 쌍의 장승이 서 있었다. 머리에 유건을 쓰고 귀가 큼직하게 조 각되어 있다. 큰 눈과 반달형의 입 그리고 둥근 턱으로 인해 얼굴 전체 가 미소를 띤 형상이다. 왼쪽의 장승에는 '보호동맥(補護東脈)', 오른쪽 장승에는 '와주성선(蝸柱成仙)'이라는 명문이 새겨져 있다. 산과 물로 광주를 지켜주기를 염원하는 내용이다. 이는 동문이 헐리고 그 주변에

전남여고가 설립되면서 제 자리를 잃고 떠돌다 현재는 전남대 교정에 서 있다. 광주는 이 외에 북문 밖에 석당간이 있었는데, 이 역시 방치되어 있다가 현재 광주시립민속박물관 마당으로 옮겨져 있다. 현재 확인 상 광주는 읍성 동문 밖과 북문 밖에 각각 장승이 있었다.

넷째, 낙안, 읍성 동문 밖에 석구(石狗) 한 쌍을 세우다. 세운 이유는 군 동쪽 멸악산의 산세가 험악하여 읍터에 방해가 됨으로 악기를 누르기 위해서였다. 지리가의 제살법(制殺法)에 따라 멸악산 꼭대기에 사찰을 짓고 이름을 멸악사라 했고, 산 허리에 대로를 내어 사람들로 하여금 밟도록 했고, 또 돌 2개에 개 모양을 조각하여 동문 밖에 세웠다. 동내리 사람들이 정월 보름에 당산제를 지낼 때 이 석구에 제물을 바치고 매구를 쳤다. 그러니 석구는 낙안 고을과 동내리 마을의 수호신 역할을 한 셈이다.

다섯째, 남원, 읍내 냇가에 철우(鐵牛)를 세우다. 남원 읍내의 북동쪽

광주 장승   낙안 석구

에 남원의 주산으로 여기는 백공산이 있다. 그런데 백공산이 억센 형세여서 그로 인해 성 안 사람들에게 재난이 자주 들이닥쳤다. 남원 사람들은 그 힘을 제어하기 위해 축(丑, 소) 방향의 냇가(현재 축천교 부근)에 철제 소를 만들어 세웠다. 서거정이 1462년에 지은 시에 등장한 것으로 보아, 철우 제작 시기는 한 참 위로 거슬러 올라갈 것 같다. 이후 내 이름은 축천(丑川)이 되었고, 그곳에 있는 정자는 축천정으로 명명되었다. 철우는 20세기 들어와서 관리가 소홀한 틈에 누군가가 머리와 꼬리를 부쉈는데 그 자는 화를 입어 그 자리에서 즉사했고, 남아 있는 몸체는 냇가에 묻었다 한다. 재난을 막기 위해 남원 광한루에 둔 오석(鰲石, 자라돌)이나 호석(虎石, 호랑이돌)도 있다.

이 외에 무안읍성, 영광읍성, 병영성 밖에도 장승이 있었다. 그리고 부안은 읍성의 동문, 서문, 남문에 장승을 17세기에 세웠고, 고창은 읍성 밖 다섯 군데에 장승을 세웠었다 한다. '벅수거리'라는 지명으로 보아, 해남 읍내에도 장승이 있었을 것 같다. 이처럼 확인된 것만 놓고 보아도 전라도 여러 읍치에 석장이나 목장이 있었다. 이는 풍수상 행주형(行舟形) 지세 고을에서 돛대 역할을 한 것이다. 또한 문인석이나 하루방 형태의 옹중석(翁仲石)도 여러 고을에 있었는데, 이는 중국 진시황 때부터 죽어서나 살아서 나라를 지키는 신으로 여겨졌던 옹중을 나타낸 것이다. 그리고 돌이나 철로 개·닭·소·자라·호랑이를 만들어 두고서 악귀를 내쫓고 재물을 지켜달라는 기원을 행한 곳도 있었다. 오늘날의 잣대로 보면 허무맹랑한 이야기 같지만, 훌륭한 스토리텔링 자원임에는 분명하다.

한편, 읍치에는 불교를 통해 국가 지배와 지역사회 결속을 꾀하기 위해 자복사(資福寺)로 통칭되는 사찰이 있었다. 속현 같은 곳은 1곳만 있었다. 그러나 주현에는 여러 곳 있었는데, 나주의 경우 동쪽에 자화원, 서쪽에 법륜사, 남쪽에 금륜사, 북쪽에 심향사가 있었다. 그런데 이들 읍치 내 사찰은 조선초기 억불정책에 의해 대폭 정리되면서 사라지고 말았다. 사찰은 사라졌지만, 흔적은 남아 있는 법이다. 현존하는 광주 시내의 동·서5층석탑, 담양 읍내의 5층석탑, 영광 읍내의 단주리 석탑 등은 자복사 역할을 한 사찰이 있었던 증거일 것이다.

숲-풍수를 막아주다

한편, 읍치를 건설하고 운영하면서 지형적 단점을 보완하기 위한 숲도 함께 조성되었다. 이 숲을 보통 읍수(邑藪)라 한다. 이는 이론상으로는 풍수지리적 관점에서 수구막이였지만, 실제적으로는 거센 바람을 막는 방풍림 또는 밀려오는 홍수를 막는 방수림 기능을 가졌다.

첫째, 방풍림으로 읍치 숲을 조성한 곳으로는 전주, 장성, 광주, 광양 등이 확인되고 있다. ①전주는 고지도를 보면, 북문과 전주천 사이에 '수오리(藪五里)'라 하여 5리 숲이 조성되어 있었다. 언제 조성되어 어떻게 되었는지를 아직 찾지 못했다. ②장성에도 읍내의 남쪽과 북쪽을 에워싼 ㄴ자형 숲이 길 양 옆에 몇 리나 이어져 있었다. 그 숲을 목격한 이는 "붉은 느릅나무를 심어 놓아 울창하게 숲을 이루었다. 가운데로 관도(官道)가 나 있는데 여름에 집채 같은 녹음이 우거져 불볕더위를 알지 못할 것 같다."고 말했다. ③광주 읍치에는 북문 밖에 유림숲이 남북 방향으로 조성되어 있었다. 유림숲은 북쪽으로 난 길 양편에 가로수로 울창하게 조성되어 머나먼 길을 떠나는 이들을 위한 안내 역할도 했다. 읍을 설치한 이래로 나무를 심어 보호해 왔다는 말로 보아, 유림숲은 오래 전에 조성되었을 것 같다. ④광양은 읍성의 서쪽과 남쪽에 많은 나무를 심어 숲을 조성했다. 서쪽 숲은 서 3리에 있는데, 태방(兌方)이 허해서 인공

광양 읍수. 바다를 바라보고 있는 남문 밖에 '서수'와 '남수'가 조성되어 있다.

산 일곱 곳을 만들어 그곳에 많은 여러 종류 수목을 열지어 심었다. 남쪽
숲은 남 5리에 있는데, 오방(午方)이 허해서 많은 수목을 심어 비보로 삼
았다. 표현은 이렇게 되어 있지만, 실제로는 바다에서 불어오는 강풍을
막으려는 데에 있었다. 이 역시 1920년대에 대부분 사라지고 현재 극히
일부만 남아 있다.

　둘째, 읍치에 방수림을 조성한 곳으로는 남원, 나주, 남평, 담양 등
이 확인되고 있다. ①요천이라는 강을 끼고 있는 남원은 읍성 동문과 요
천 사이에 '동림(東林)'이라는 긴 숲이 조성되어 있다. 고지도에 선명하
게 그려져 있다. ②나주는 고지도를 보면 동문과 영산강 사이에 두 겹으
로 조성된 숲이 보인다. '내목성(內木城)', '외목성(外木城)'이라고 적혀
있으니 영산강 수해를 막기 위한 것이었음에 분명하다. 현재는 흔적도
없다. 아마 호남선 철도가 건설될 때에 제거 되었을 것 같다. ③지석강
가에 읍치를 둔 남평은 '십리송(十里松)'이라 하여 강변에 10리 소나무
숲을 조성했다. 읍지에 관문 동북쪽에 있고, 현감 우성(禹成)이 심은 것
이라 적혀 있다. 우성은 세종 때 사람이니, 이전에 있었던 것을 크게 보
강했거나 아니면 이때 읍치를 옮기면서 새로 심었거나 둘 중 하나일 것
같다. 지금은 거의 흔적도 없다. ④담양은 읍치 바로 뒤에 있는 영산강

상류 담양천 물길을 다스리기 위해 성이성(1648~1650 재임) 부사가 제방을 쌓고 나무를 심었고, 그 뒤 1854년에 황종림 부사가 관비로 연인원 3만여 명을 동원하여 증강하고서 '관방제'라 이름 했다.

　이런 숲들은 자연재해를 막아주고 심리를 안정시켜주는 공간이었을 뿐만 아니라 읍치 경관의 일부로써 사람들의 휴식 공간이었기에, 고을 사람들은 모두가 나서서 이 숲을 만들고 가꿔왔다. 그러던 1897년, 일본 오쿠무라 이오코가 광주에 와서 본원사 실업학교를 세워 교장으로 있으면서 유림숲을 개간하려 했다. 바로 이어 1900년, 부여에 사는 김우태가 중앙정부의 허가증과 함께 유림숲을 개간하겠다는 의사를 통보해왔다. 이에 광주 사람들은 안 된다고 말했다. 이 이후에도 뽕나무 밭, 면화 밭 등으로 개간하겠다는 시도가 있었지만, 그때마다 막아냈다. 하지만 해방 이후의 도로확장 공사에 밀려 유림숲은 흔적도 없이 사라져버렸다. 다른 고을들도–담양을 제외하고는–근대화 과정에서 읍치 숲을 지키지 못하고 잃고 말았다.

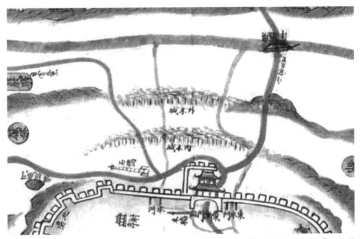

나주 읍수. 동문 밖에 '내목성'과 '외목성'이 조성되어 있다. '외목성' 너머에 영산강을 건너는 '광탄진' 나루가 보인다. 이 두 목성은 영산강 범람을 막기 위해 조성되었을 것이다.

3. 객사, 고을을 상징하다

나주목사 장유는 감히 금성산 신령님께 고합니다. 금성산으로 말하면 우뚝 높이 솟아올라 남쪽 지방의 진산으로 모셔지고 있는데, 제사를 준행하면서 봄가을로 향기로운 제물을 올리는 것은, 구름과 비를 일으켜 곡식이 잘 자라게 함으로써 이 백성들이 혜택을 누릴 수 있게끔 해 주기 때문입니다. (중략) 근년 이래로 물난리와 가뭄이 겹쳐 일어나는 바람에 바야흐로 기근이 든 상태인데, 지금 곡식이 무럭무럭 커야 할 계절인데도 오래도록 비가 오지 않아 논바닥이 메말라 갈라진 나머지 밭 갈아 파종도 할 수 없을 뿐더러 심어 놓은 싹들도 제대로 크지 못하고 있으니, 만약 열흘 정도만 더 비가 오지 않을 경우에는 전혀 가망이 없게 되고 말 것입니다. 〈장유, 금성산 기우제 제문〉

이는 나주목사 장유가 나주 진산인 금성산에서 기우제를 지낼 때 읽었던 글 가운데 일부입니다. 이를 통해 진산은 고을 사람들이 바램을 말하는 곳임을 알 수 있습니다. 여러분 주위에는 어떤 진산이 있고, 그 진산은 언제 생겨 어디에 어떻게 활용되었을까요? 그리고 고을에는 국태민안을 기원하고 대동단결을 도모하는 시설과 행사들이 있었습니다. 그런 것들을 여기에서 알아보도록 하겠습니다.

진산-고을 지킴이

진산(鎭山)이란 진호(鎭護)하는 산이다. 난리를 평정하여 나라를 지켜주는 산이란 말이다. 진산은 나라 수도에 있었다. 고려 개경에는 송악산이, 조선 한양에는 백악산 또는 삼각산이 진산이었다. 두 왕조 모두 수도 배후의 산을 진산으로 삼았던 것이다.

수도를 모방하여 각 고을에도 진산이 있었다. 고려 때에는 일부 고을에만 있었다. 이규보의 『동국이상국집』을 보면, 전주의 진산은 중자산에 있었다. 중자산은 나중에 건지산으로 이름이 바뀌어 조선시대에도 전주 진산이었다. 나주 금성산, 광주 무등산도 진산이었다. 월출산도 고려 때 영암의 진산이었을 것 같다. 기록이 많지 않아 대략 이런 정도 찾아진다.

진산이란 자식을 기르는 어머니처럼 고을을 지켜준다고 여기는 산이다. 그래서 진산을 훼손하는 일은 용납되지 않았다. 전염병이나 가뭄 등 고을에 우환이 들면 진산에 들어가서 빌었다. 그것을 위해 무등산에는 신사가 있었고 금성산에도 신사가 있었다. 신라 때부터 국가에서 제사를 주관하던 무등산 신사와 금성산 신사는 두 지역민들에게 영험한 곳으로 알려졌다. 그래서 삼별초 진압이 산신의 덕택이었다면서 중앙정부에 자기들 산신 우대를 요청했다. 광주가 하면 나주도 뒤따라 했다.

그런데 조선시대에는 대부분의 고을에 진산이 선정되어 있었다. 읍성이 산지에서 평지로 옮겨져서 가능했다. 중앙의 고위관료들은 중앙 집권화에 장애가 된다고 고을 진산을 없애려 했다. 하지만 진산 선정은 지역사회 자체의 필요와 의지에 의해서 이루어졌다. 이리하여 전라도의 경우 15세기를 기준으로 할 때 57개 고을 가운데 43개 고을(전체의 75%)이 진산을 두었던 것으로 확인된다. 대부분의 고을은 읍치를 등지고 있는 산에, 그래서 관문에서의 거리가 5리 내외 떨어진 곳에 진산을 두었다. 그렇지만 일부의 고을은 명산에, 그래서 관문에서의 거리가 10~30리 떨어진 곳에 진산을 두었다. 하지만 후기로 가면서 정읍, 고산, 남원, 진도처럼 진산을 새로이 두는 곳이 늘어났다. 그리고 진산을 읍치 가까운 곳으로 옮긴 곳도 있었다. 예를 들면, 구례가 그랬다. 또한 함평은 국초에는 현의 북쪽 30리에 있는 군니산을 진산으로 삼았다. 군니산은 옛 모평현의 진산이었던 같다. 모평현과 함풍현을 함평으로

전라도의 진산

고을	진산 15세기	진산 19세기	별호	객사
전주				
금산	소산, 북2리			
여산	호산, 동5리			
임피	예산, 북4리		취성	
정읍		응산		
용안	모산, 북1리	모산 후록 칠성산	칠성	
고산		비봉산, 북1리	봉산	
나주	금성산, 북5리		금성	금성관
함평	군니산, 북30리	기산, 북5리	기성	기산관
장성	금오산, 북1리	성자산, 부동		
익산	건지산, 북1리			
진산	대둔산, 서10리			
금구	봉두산, 동2리		봉산	봉성관
옥구	발리산, 북3리			
함열	함라산, 서2리		함라	
태인	죽사산, 북2리			
광주	무등산, 동10리		광산	광산관
영광	오산, 서25리	고성산, 북30리	오성	
고창	반등산, 동5리			
진원	불대산, 북5리			
무안	승달산, 남20리			
진도		망적산		
해남	금강산, 동10리			
남원		백공산, 동2리		
순창	추산, 북3리			
창평	고산, 동5리			
무주	노산, 북1리			
진안	부귀산, 북5리			
순천	인제산, 남4리			
보성	덕산, 북5리			
광양	백계산, 북20리			
흥양	소이산, 북3리			
화순	나한산, 북6리			
장흥	수인산, 북10시			
강진	보은산, 동7리			
담양	추월산, 동북20리		추성	추성관
용담	용강산, 북3리			
임실	용요산, 북5리			
곡성	동락산, 서북4리			
옥과	설산, 서북 13리		설산	설산관
장수	영취산, 동10리			
낙안	금전산, 북1리			
능성	운산, 남1리			
구례	지리산, 동8리	봉성산, 현서	봉성	
동복	모후산, 동10리			

통합하면서 치소는 함풍현 자리에, 진산은 모평현 자리에 각각 두어 양쪽의 조화를 꽤했을 것 같다. 하지만 함평의 진산으로 군니산을 계속 삼기에는 거리와 관념 측면에서 불편이 이만저만이 아니었을 것이다. 그래서 그랬는지 나중에는 함평의 북쪽 5리에 있는 기산(箕山)을 '邑後主山'이라 여기면서 진산으로 삼았다. 고려 때 함풍현의 별호를 기성(箕城)이라고 한 것으로 보아, 기산은 옛 함풍현의 진산이었거나 함풍현의 치소가 기산산성 안에 있었던 것 같다. 이렇게 진산이 바뀜에 따라 함평의 객사 이름도 '기산관'으로 정해지게 되었다.

또 각 고을에서는 읍치를 가려주는 안산(案山)을 앞에 두었다. 읍치를 적에게 훤히 보이게 하면 아니 되었기 때문이다. 일종의 가리개 역할을 했던 것인데, 산이 없으면 조산(造山)이라 하여 일부러 인조 산을 만들기도 했다. 그래서 안산을 훼손해서는 아니 되었다. 강진에서는 현의 남쪽 10리에 있는 금사봉을 안산으로 삼았다. 이 외에 낙안은 군 남쪽 5리에 있는 옥산(玉山)을, 능주는 주 동쪽 2리에 있는 연주산(連珠山)을, 순천·옥구는 남산(南山)을, 전주는 부남 3리에 있는 완산(完山)을, 화순은 현 남쪽 5리에 있는 불선산(佛仙山)을 각각 안산이라 했다. 강진을 제외하고는 대부분 5리 이내에 안산이 있었음이 확인된다.

진산은 우리 민족의 오래된 산악신앙에서 유래된 것이지만, 안산은 풍수지리설에서 유래된 것이다. 이들 진산과 안산이 모두 5리 이내에서 앞·뒤로 짝을 이루어 고을 읍치를 포근하게 감싸고 있었다. 모두 다 병들어 마음이 아프고 재해로 삶이 힘든 사람들이 찾는 치유의 공간이자 힐링의 공간이었다. 훼손을 금지했기 때문에 진산과 안산은 산림보호 역할까지 담당했다. 이런 진산과 안산은 수군진이나 역 등 관부가 있는 곳에도 있었다. 그리고 마을에도 있었다. 우리 민족이 살고 있는 어느 곳이든 뒤에는 진산, 앞에는 안산이 있었다. 진산이 북쪽에, 안산이 남쪽에 있으면 더더욱 좋았다. 북풍 찬바람과 남풍 센바람을 막아주기 때문이다.

별호—진산에서 유래

한편, 고을마다 본 이름 외에 별호가 있었다. 별호는 10세기 고려 성종 때 지방세력을 회유하기 위해 정부에서 제정했다. 고려시대에는 한 고을에 별호가 한두 개에 불과했다. 그것도 일부 고을에만 있었다. 『고려사』 지리지를 보면 알 수 있다.

하지만 조선왕조에 들어와서는 모든 고을에 별호가 있었다. 더 나아가 여러 개의 별호를 둔 고을도 적지 않았다. 가령, 금구는 구지지산(仇知只山), 봉산(鳳山) 등 2개에 불과했다. 구지지산은 금구의 백제 때 이름이고, 봉산은 고려 때 제정된 별호이다. 그러면 봉산은 어디에서 유래한 것일까? 봉산이란 이름은 금구현의 동쪽 2리에 있는 봉두산(鳳頭山)이란 진산에서 유래한다. 고을의 별호 가운데 대표 별호의 이름은 그 고을의 진산 이름에서 유래하는 것이 보통이다. 광주의 별호 광산은 진산 무등산에서, 여산의 별호 호산은 진산 호산에서, 옥과의 별호 설산은 진산 설산에서 각각 유래한다. 이렇게 보면, 그 지역의 랜드마크 역할을 진산이 했음을 알 수 있다. 금구와는 달리 강진은 도강, 도무, 양무, 금릉, 탐진, 동음, 오산 등 무려 7개의 별호가 있었다. 이 7개는 옛 도강현의 구호(도무, 양무)와 별호(금릉), 옛 탐진현의 구호(동음)와 별호(오산)를 합친 것이다. 두 고을을 합친 결과 별호가 많을 수밖에 없었다. 이 중에서 강진 사람들은 어떤 별호를 즐겨 사용했을까? 그것은 도강현의 별호 '금릉'이었다. 금릉은 『금릉읍지』, 『금릉사마안』, 「금릉팔경」 등에 사용되었다. 통합 강진의 치소를 탐진현 자리에 둔 대신에 선

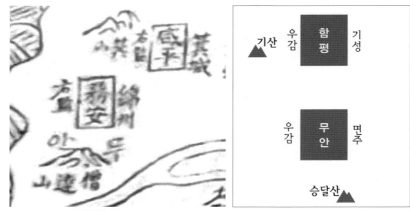

고지도 속의 별호. 함평 오른쪽 '기성'은 별호이고, 왼쪽 '우감'은 우도 현감이고, '기산'은 진산이라는 말이다. 별호와 진산이 지역을 이해하는데 중요했음을 알 수 있다.

택한 지역 안배책이었다. 결국 조선시대에 열거된 별호는 그 고을의 옛 이름과 '별호'로 정해진 것이다.

조선시대 사람들은 일상생활에서 본래 이름보다 별호를 더 많이 사용했다. 그 결과 별호는 여러 분야에서 사용되었다. ①고을을 상징하는 건물인 객사의 이름으로 별호가 사용되었다. ②별호는 지역사의 서명으로 사용되었다. 구례 사람들은 자기 지역 읍지를 『봉성지』라 했고, 보성은 『산양지』, 광양은 『희양지』, 남원은 『용성지』, 함평은 『기성지』, 무안은 『면성지』, 곡성은 『욕천속지』라 했다. 봉성·산양 등은 모두 별호이다. 그리고 강진은 자기 지역 출신의 생원·진사 명단을 『금릉사마안』이라 했다. ③성씨의 본관으로도 별호는 사용되었다. 순창의 별호로 도실, 오산, 옥천이 있다. 이 가운데 옥천은 조(趙)씨들이 본관으로 삼고 있는 것이다. '광산김씨'도 별호에서 나온 것이다. ④별호는 강등된 읍호로도 사용되었다. 광주목이 광산현으로, 나주목이 금성현으로 바뀐 것이 그것이다. ⑤지역을 노래한 노랫말도 별호로 쓰여졌다. 함평의 주요 인물, 지명, 유적을 이용하여 만든 노래 제목이 「기성가」였다. 이리하여 진산과 별호는 매우 중요했다.

객사―별호로 이름을

조선 왕조는 읍치를 정하고서 그곳에 관공서를 건설하기 시작했다. 건물은 기관별로 각각 설립되어 있었다. 이름도 각기 지어지고 판각되어 걸려 있었다. 큰 건물을 지어놓고 칸을 막아 사용하는 오늘날과 완전 다른 모습이다.

관공서 가운데 가장 상징적인 건물이 객사(客舍)이다. 객관(客館)이라고도 한다. 외관이 파견되는 곳이면 꼭 있는 건물이다. 객사는 일반적으로 중앙의 정청과 좌우의 동서익헌으로 구성되어 있다. 정청은 임금을 상징하는 전패를 모시는 곳이고, 좌우익헌은 출장 관리들의 숙소로 이용되었다. 수령은 객사에서 매달 초하룻날과 보름날에 임금에게 절을 올렸고(망궐례), 국가 애도일에 제사를 지냈고, 고을에 들어온 관찰사나 사신을 맞이했다. 고을 안에서 매우 중요한 건물이기 때문에 전패를 훼손하는 일이 발생하면 수령이 문책을 당하기도 했다. 언제부터 이런 구조였는가에 대해서는 확인할 수 없지만, 적어도 조선시대에는 이러했다.

오늘날 객사를 가보면, 이름이 새겨진 현판이 중앙의 정청에 걸려 있다. 객사의 이름이 언제부터 어떻게 지어졌는지에 대해서는 알 길이 없다. 15세기 『동국여지승람』에도 객관 이름은 보이지 않는다. 객사 옆에 있는 누정은 대부분 이름이 언급되어 있어 서로 비교 된다. 이 대목에서 남원 사례가 주목된다. 남원 객사 이름은 휼민관(恤民館)이었다. 객사가 정유재란 때 불타버렸다. 부사 정협(鄭悏)이 1691년에 개수하면서 이름을 용성관(龍城館)으로 바꾸었다. 남원 사람 최계옹이 기문을 썼고, 송일중이 현판 글씨를 썼다. 정리하면, 남원은 객사 이름을 휼민관으로 했다가 용성관으로 고쳤다. '용성'은 남원의 별호이다. 고을 별호를 따서 객사 이름으로 사용한 것이다. 언제부터 그랬는가는 알 수 없지만, 조선후기 자료를 보면 다른 고을도 대부분 별호를 객사 이름으로 사용했다. 지역 정체성을 강조한 결과임에 분명하다.

현재의 무장 객사. 가운데 정청에 '송사지관(松沙之館)'이란 현판이 걸려 있다. '송사'란 무장의 별호이다.

고을을 대표하는 건물인 만큼, 객사에는 그 고을의 다양한 역사가 담겨 있다. 첫째, 객사 가운데 별궁으로 사용될 계획을 가진 것이 있다. 나주 객사 '금성관'이 그러하다. 현재 금성관은 다른 고을 객사와 비교하면 웅장할 정도로 큰 규모이다. 19세기 나주목사 이현호도 그렇다고 말했다.

"금성은 남도의 웅부이다. 객관과 교궁을 팔도에 비교하면 최고이다."

그 뒤에 온 송정희 목사도 비슷하게 말했다.

"나주는 호남의 거진이다. 객사의 웅장함과 화려함이 거의 타읍에 비교할 수 없다."

이런 표현이 조선전기에는 없었다. 왜 그랬을까? 인조반정을 예상이라도 했던지, 광해군이 나주 객사를 별궁으로 쓸 용도로 중건하라 지시하여 그랬다 한다. 이 말을 전라도를 여행하면서 나주에서 숙박한 18세기 충청도 사람 이하곤이 남겨 놓았다.

"금성관은 지극히 웅장하고 화려한데, 광해군 때 목사 김개가 창건한 것이다. 대체로 광해군이 스스로 죄가 누적되고 악이 극에 달해 장차 화가 미칠 것을 두려워하여 미리 빠져나가 피하려는 계책을 세워 김개로 하여금 이를 창건하게 했으며, 박엽으로 하여금 성천에 강선루를 창건케 하였다. 두 사람은 광해군의 뜻에 아첨하기 위해 건축공사를 지극히 공손하게 했다. 그래서 그 화려하고 사치스러움이 이와 같다고 한다."

이 아이디어의 원천은 선조~광해군 때에 최고 풍수가로 활약한 이의신(李懿信)에게서 비롯된다. 그는 해남 출신으로 윤선도의 처고숙이다. 윤선도의 묘자리를 점찍어 두었다는 일화가 전한다. 장흥 위백규 집안에서도 그를 초빙하여 묘소와 집터를 잡았는데, 위백규 고택이 그 가운데 하나이다. 이의신은 선조 때에 의인왕후 박씨 유릉의 터 선정에 참여했다. 광해군 때에는 임진왜란, 누차의 모반사건, 격화된 당쟁, 그리고 서울근처 산림의 황폐 등을 들며 한양의 지기가 쇠해졌다고 하며 도읍을 길지이고 강화도와 가까워 방어에 유리한 임진강 하류 교하(交河)로 옮기자는 상소를 올렸다. 그의 말에 동감한 광해군도 교하로의 천도를 계획했으나, 일부 신하들의 반대로 무산되고 말았다. 이의신은 이후 창경궁 수리와 새 궁궐을 짓는 일을 맡기도 했다. 말년에 명나라로 건너가 그곳에서 관리 생활을 하다 죽었다는 등 행적은 비밀에 싸여 있다. 교하천도 계획이 무산되자, 광해군은 그 대안으로 금성관을 왕궁 규모로 지어 유사시에 사용하려고 했을 것 같다.

둘째, 객사는 전란극복의 현장으로 역사 속에 등장한다. 임진왜란이 발발하자 광주 출신 고경명이 아들과 함께 창의하여 담양으로 갔다. 남원의 양대박·안영, 옥과의 유팽로 등의 의병장이 와서 합세했다. 6천여 명에 이르는 대규모 의병이 담양 객사 추성관(秋城館)에 모였다. 의병들은 추성관에서 고경명을 맹주로 추대하고 진용을 편성하고서, 북상길에 올랐다. 정묘호란 때에 전라도 사람들이 의병을 일으켰다. 그때 무장 사람 김덕우가 무장 객사에 의병청을 설치하고서 주야로 군병을 부르고 군량을 모았다.

셋째, 객사는 항일 의병의 현장으로도 등장한다. 을미사변이 일어나고 단발령이 내려지면서 일제에 의한 국권침탈이 시작되었다. 이에 격분하여 전라도 사람들이 의병을 일으켜 저항했다. 최초로 봉기한 인물은 장성 출신의 기우만(奇宇萬)이다. 그는 우선 장성 향교를 본거지로 삼아 수백 명의 의병을 불러 모았다. 그리고 나주를 거쳐 광주로 이동하여 객사 광산관(光山館)에 집결했다. 그때 신기선이 선유사로 내려와서 국왕의 명령이라면서 해산을 종용하자, 기우만은 눈물을 머금고 해산할 수밖에 없었다. 이때 최익현이 태인에서 의병을 일으켜 순창으로 가서 객사 순화관(淳化館)에서 '12의사'와 함께 최후 항전하다 관군에 체포되었다. 객사는 임금의 전패가 모셔져 있는 국가의 상징이어서 의병들이 객사를 창의소로 삼았던 것 같다.

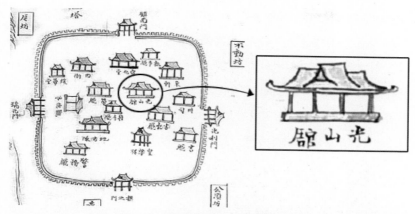
광주 고지도. 읍성 중앙에 광주 객사인 '광산관'이 보인다.

넷째, 객사는 근대기에 학교로 많이 사용되었다. 앞에서 말한 금성관·순화관이 근대학교로 사용되었다. 강진 객사는 별호의 이름을 따서 '금릉관'이라 했는데, 객사 자리에 근대학교인 강진공립보통학교가 들어섰다(현재의 강진중앙초등학교). 옥과는 설산이라는 별호를 따서 객사를 '설산관'이라고 했는데, 오늘날의 곡성 옥과초등학교는 1906년에 설산관에 개교한 '사립양영학교'를 이은 것이다. 건물이 크기 때문에 객사를 근대학교로 활용했음에 분명하다. 이 외에도 여러 곳 있다. 남원, 장수, 곡성, 광양, 남평, 동복, 순천의 공립보통학교 등이 모두 그곳 객사에 처음 문을 연 것으로 확인되고 있다. 이와는 달리 임피 객사는 농업학교로 사용되었는데, 이는 1924년 간행 『임피읍지』에 들어 있는 기록이다. 이렇게 보면, 1914년 행정구역 개편 때 사라진 고을(옥과, 남평, 임피)이건 온전한 고을이건 대부분 객사를 학교 건물로 사용했음을 알 수 있다.

그러면 고을이 사라지거나 나라가 망했을 때에 전패는 어떻게 되었을까? 옥과군이 창평에 흡수되어 사라질 위기에 처했을 때에 객사의 궐패

(闕牌)를 명륜당의 동재에 옮긴 바 있다. 또 나라가 망하게 되었을 때는 옥과 사람들이 명륜당 아래로 몰려와서 곡을 했고, 1925년 봄에는 통곡을 하며 궐패를 대성전의 동쪽 땅 속에 묻었다. 고을을 잃은 아쉬움과 나라를 잃은 서러움을 옥과 사람들이 궐패의 보존으로 달래려고 했음을 알 수 있다. 원본이건 복원이건 간에 현재 전라도에 남아 있는 객사로는 나주, 낙안, 순창, 고창, 무장, 흥덕 등의 것이 있다.

보통학교로 이용되고 있는 고부 객사. 건물에 칸을 막아서 교실로, 뜰을 운동장으로 사용하고 있다. 건물 앞 왼쪽에 게양대와 조회대가 보인다.

사직단−국태민안 기원

각 고을에서는 국가 전체와 자기 지역의 무사안녕을 비는 제의를 거행하는 제단·사당을 두었다. 제단의 설치는 왕실 관련 종묘만 빼면 서울과 비슷한 구도였다. 조선의 모든 고을에는 기본적으로 사직단, 성황단, 여단 등 3개가 있었고, 한 두 개의 제단이 추가되어 있는 곳도 있었다.

3개의 제의 시설 가운데 가장 중요한 것이 사직단(社稷壇)이다. 사직

단이란 국토의 신인 사신과 곡식의 신인 직신에게 올리는 제사, 즉 사직
제를 매년 춘추 2회 지내는 곳이다. 그래서 사직단은 사신에게 제사 지
내는 사단과 직신에게 제사 지내는 직단 등 2개의 단으로 구성되어 있
다. 단의 형태는 네모 모양이다. 네모 모양은 지구가 네모형어서 그랬
다. 규모는 국가의례의 정비과정에서 유동적이었겠지만, 최종적으로는
『국조오례의』를 따랐다.

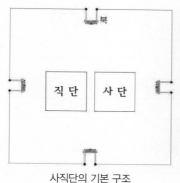
사직단의 기본 구조

복원된 광주 사직단

‘종묘사직’이란 말에서 알 수 있듯이, 나라를 창건한 자는 제일 먼저 종
묘와 사직단을 세웠다. 종묘는 왕가의 선조를 받들고 왕실의 계통을 잇
게 해주는 곳이어서, 사직단은 땅과 곡식이 없으면 백성이 살 수 없으므
로 그러했다. 종묘와 사직은 곧 국가여서 중시되었다. 그런데 종묘는 서
울에만 있지만, 사직단은 서울과 함께 전국 모든 군현에 두도록 했다는
점에서 서로 차이가 있다. 태종은 지방에 대한 중앙통제를 강화하기 위해
모든 군현에 사직단과 여단을 신설하라 명하면서, 사직단은 서쪽에, 여
단은 북쪽에 각각 두도록 했다. 한양 도성을 조성할 때에 경복궁의 동쪽
에는 종묘를, 서쪽에는 사직단을 두도록 했다. 그리하여 조선의 각 고을

에도 사직단을 읍내 가까운 서쪽에 두었고, 명당을 골라서 터를 잡았다. 『동국여지승람』을 보면, 전라도 군현의 사직단은 모두 읍치 서쪽에 있었다. 관문에서 서쪽으로 가까이는 1리, 멀게는 4리 떨어진 곳에 있었다.

전라도의 사직단 위치(『동국여지승람』)

위치	군현
서쪽	강진, 고부, 고창, 곡성, 광양, 광주, 구례, 나주, 낙안, 남원, 남평, 능성, 담양, 동복, 만경, 무안, 무장, 보성, 부안, 순창, 순천, 영광, 영암, 옥과, 운봉, 장성, 장흥, 정읍, 진도, 진원, 창평, 함평, 해남, 화순, 흥덕, 흥양
서쪽 1리	무주, 익산
서쪽 2리	금구, 옥구, 임실, 진산
서쪽 3리	고산, 김제, 여산, 용담, 용안, 임피, 전주, 태인, 함열
서쪽 4리	금산, 장수, 진안

사직제는 수령이 거행하는 가장 큰 행사여서 '사직대제'라 불렀다. 예방의 주관 하에 2월과 8월의 첫 번째 무(戊)일에 거행되었다. 그날 제수물은 관내 행사 가운데 가장 성대했다. 헌관은 지역 양반들 가운데 수령이 지명했다. 그런데 조선의 국운이 기울면서 사직단은 파괴되었고, 마침내 일제에 의해 철거되는 비운을 맞았다. 제단은 없어졌어도 사직제만은 계속 이어진 곳이 있었다. 남원의 사직단 부근 사람들은 제단이 없어진 것을 개탄한 나머지 매년 5월 10일에 제사를 거행하여 풍년을 기원했다. 『용성속지』에 일제의 눈을 피하기 위해 남원 유지들이 기우제를 지낸다면서 사직제를 계속 이어갔다는 기록도 있다. 하지만 이도 그리 오래가지 못했을 것이다. 광주의 경우 사직단은 일제에 의해 헐리어 사직공원으로 조성되었고, 해방 이후에는 동물원마저 들어서고 말았다. 광주는 뒤늦게야 사직단을 복원하고서 사직대제를 부활했다. 최근 나주에

서는 사직단 옛터에 건설업자가 전원주택 단지를 조성하려고 하자 시민들이 항의하는 사태가 발생했다. 집안에 간직한 태극기를 들고 나와 걸고서 해방 기념식을 치른 적이 있는 사직단을 복원하자는 운동을 펼치고 있는 터라 더더욱 논란이었다. 나머지 고을은 대부분 깜깜 무소식이다. 하지만 사직골이라는 지명이 아직까지 남아 있는 곳도 있으니 희망은 살아있는 셈이다.

또한 각 고을에는 여단(厲壇)이 있었다. 여단은 귀신이 북쪽에 있다 하여 고을 북쪽에 건립되었다. 여단에서는 수령에 의해 매년 봄, 가을, 겨울 정해진 날자에 여제가 거행되었다. 여제는 전염병이 돌면 별도로 또 거행되었다. 이들 제단은 모두 읍성 밖이나 관아 외곽에 있었다. 수령은 제단 관리에 만전을 기해야 했고, 수령의 명을 받은 양반이나 향리들도 그 일에 참여했다. 주민들도 마찬가지였다. 그러나 세월의 변화를 거부할 수 없었는지, 19세기 말기가 되면 이런 제단들도 사라지기 시작하여 현재는 흔적도 남아 있지 않다.

이 외에 농사철에 비가 안 오면 비를 내려주도록 하늘에 제사를 지내는 기우소(祈雨所)를 산 속의 샘물이 솟는 용추에 두었다. 고창의 경우 반등산, 취령산, 구왕산, 화시산에 기우소가 있었다. 1759~1763년에 고창현감을 역임한 이충국은 두 달 동안이나 비가 오지 않아 큰 가뭄이 들자 반등산, 화시산, 취령산에서 연거푸 기우제를 지냈다. 이 가운데 반등산은 고창의 진산이다.

성황제-지역 축제

고을의 무사안녕을 기원하고 대동단결을 도모하기 위해 거행하는 한마당 축제가 성황제이다. 성황제는 그 고을 토착세력들의 주관에 의해

1년에 봄과 가을 두 차례 열렸으나, 보통 5월 5일 단오날 행사가 가장 성황을 이뤘다. 행사는 성황사(城隍祠)에 가서 성황신에게 제사를 올린 후 그 주변에서 온갖 놀이를 하는 순서로 진행되었다. 이런 문화는 고려전기 때 처음 나타났다. 13세기 초에 이규보가 와서 보니, 전주는 관리가 자신의 봉급 일부를 떼어 경비로 내놓아 성황제가 '성황'리에 거행되고 있었다. 성황사는 그 지역의 수호신을 모시는 사당이다. 진산이나 읍내에 있었겠지만, 구체적인 위치는 자료가 없어 알 수 없다.

하지만 조선에 들어와서는 성황사의 호칭과 위치 및 그 변화가 확인된다. 어수선한 면이 없지 않으니, 차분하게 하나씩 정리해 보자. 첫째, 성황사 호칭은 15세기의 경우 대부분 사당 형태의 사(祠)였다. 그런데 18세기에 이르면 사와 단(壇)이 섞여 있고, 19세기에 이르면 대부분 제단 형태의 단으로 불리었다. 조선의 유학자들이 사를 철폐할 것을 일관되게 주장한 결과 중앙정부가 지방을 쉽게 통제하기 위해 지역색을 희석시키려고 성황사와 성황제를 없애려 한 결과였다.

둘째, 국초의 지방제도 개편으로 이미 사라진 현이나 향에도 성황사가 있었다. 예를 들면, 무장현의 탄생으로 사라진 옛 무송과 장사 고을에 여전히 성황사가 하나씩 있었다. 남원의 경우 사라진 덕성향(德城鄕)에 덕음당사(德陰堂祠)라는 성황사가 있었다. 이는 15세기 사실이다. 일제 때 행정구역 개편으로 옥과현은 폐현되었으나, 옥과 사람들은 해방 이전까지 성황제를 지냈고, 지금까지 성황사를 관리해오고 있다. 이는 성황제가 지역성이 강한 행사였기 때문이다.

셋째, 성황사 위치는 15세기를 기준으로 성 안에 있는 곳(고부, 고창, 광양, 무안, 흥덕), 객사 주변에 있는 곳(순창)이 있다. 그리고 진산에 있는 곳으로 13개 고을이 확인된다(나주, 순천, 여산, 영광, 옥

구, 임피, 정읍, 제주, 진도, 진원, 함열, 함평, 화순). 나머지 고을
은 읍치의 동·서·남·북 각지에 있었다. 본래는 대부분 진산에 있었
을 것 같지만, 국초의 개혁에 밀려 상당수가 진산을 떠나 읍내 통치시
설 주변으로 옮긴 것 같다. 그런데 19세기에 가면 상당수가 남쪽이나
동쪽으로 옮기고, 진산에 있던 성황사 5곳도 평지로 이동했다. 이는
성황제가 지역 토속적인 제의에서 의례적인 행사로 바뀌어가고 있음을
의미한다.

이처럼 조선왕조에 들어와서 중앙 집권적인 통치와 유교이념의 보급
에 따라 압박은 가해졌지만, 성황사는 여전히 건재했다. 성황사에는 목
조 조각상으로 만들어진 성황신이 모셔져 있었다. 성황신은 보통 그 고
을 출신 인물이 선택 되었다. 가령, 곡성 성황사에는 곡성 출신의 신숭
겸(申崇謙)이, 순창에는 순창 출신의 설공검(薛公儉)이, 순천에는 순천
출신의 김총(金摠)이, 옥과에는 옥과 출신의 조통(趙通)이 성황신으로
모셔졌다. 이와는 달리 전주 성황사에는 신라의 경순왕 김부와 그 가족
이, 태인 성황사에는 신숙주 증손으로 장흥에서 살다가 16세기 중반에
태인현감을 역임한 신잠(申潛)이 성황신으로 모셔졌다. 이 가운데 가장
먼저 성황신이 된 사람은 신숭겸인데, 그는 고려 개국공신으로서 무신
정권이 들어선 1172년에 곡성 성황신으로 추앙되었다 한다. 김총은 견
훤의 심복으로서 1350년 무렵에 여수현의 성황신으로 추앙되었다가,
1409년에 여수현이 혁파되어 순천부로 편입되자 순천 성황신으로 자
리 잡게 되었다. 설공검이나 조통이 성황신이 된 때도 고려 말기였다.

성황제는 주민 화합에 기여했고, 성황신은 주민들에게 영험하다고 알
려졌다. 순천 사례를 살펴보자. 여수 성황신이 '통합 순천'의 성황신으
로 추대되었다는 사실은 무엇을 의미할까? 폐현된 여수, 그로 인해 상

태인 성황신(『정읍』). 태인현감을 역임하면서 선정을 베푼 신잠(1491~1554)을 태인 성황신으로 모시었다. 성황사에 그의 조각상과 함께 부인, 동자, 시녀, 호랑이 조각상도 같이 모셨다.

실감에 빠진 여수 사람들을 구 순천 사람들이 포용한 결과로 해석된다. 그렇게 한 이상 통합 순천 사람들은 김총 성황신의 영험함을 굳게 믿고 있었다. 그 사실을 순천 사람 조현범이 말했다.

"김총은 죽어서 성황신이 되었다네. 신의 음덕이 후손들에게 전해져 보살펴 주시니, 대대로 문관과 무관에서 어진 신하가 많구나. 그대는 보지 못하였는가? 진례산(진산)이 높고 높아 오래도록 무너지지 않은 것을, 지금까지 유생들을 보내어 봄과 가을에 제사드린다네."

영험한 신에게 드린다고, 성황제가 향교나 서원의 제례처럼 몇 사람만에 의해 경건하게 진행되지는 않았다. 순창의 사례에서도 확인되듯이, 수령·유림의 협조 아래에 향리들에 의해 성황제는 거행되었다. 향리들에 의한 성황제 주도를 향리집단의 독특한 역할로 해석하기도 한다. 누가 기획 했건 간에 그날은 무당이 징을 치고 북을 두드리고, 광대가 소리를 하고 펄쩍펄쩍 뛰고, 기예배들이 온갖 잡기를 뽐내고, 그리고 그 주변에 주민들이 운집해 함께 즐겼다. 경비도 십시일반 갹출했다. 한마디로 성황제는 지역의 모든 세력이 함께하는 행사였다. 오늘날의 지역축제도 이 선에서 크게 벗어나지 않는다.

하지만 유학이념을 신봉하는 조선사회에서 성황사는 수난을 당하고 성황제는 쇠퇴할 수밖에 없었다. 몇 사례를 들어보겠다. ①15세기 중반에 말을 점검하러 나주에 왔던 홍윤성에게 그곳 향리가 말했다.

"나주의 성황사는 신의 영험이 있어 그곳을 지나가는 자가 말에서 내리지 않으면 번번이 타고 있던 말이 죽곤 하였습니다."

홍윤성은 쓸데없는 말이라고 하면서, 그냥 지나갔다. 그랬더니 홍윤성 말이 얼마 못가 쓰러지고 말았다. 매우 화가 난 홍윤성이 말했다.

"성황사를 불 지르고 성황신을 쫓아내라!"

이리하여 그 신은 멀리 숲속의 사당으로 옮겨졌다. ②기린봉에 있던 전주 성황사의 조각상을 16세기 초반에 전라관찰사로 부임한 이언호가 부셔버리고 위판으로 대체했던 일이 단적인 사례이다. 이성계가 왕위에 오른 지 일 년도 안 되어 전주 성황신에게 계국백(啓國伯)이란 작위가 내려졌다. 세종 때에는 정부에서 전주 성황사의 위판을 '全州城隍之神'이라 쓰게 했는데, 중간에 조각상으로 교체되었던 것 같다. 이런 사실을 아는지 모르는지 이언호는 소상(塑像)을 부숴버린 것이다. ③만경현 성황신이 누구인가는 알 수 없지만, 신패가 2~3위 있었다. 그런데 간혹 무당이나 술사들이 이 신패를 훔쳐갔다. 성황신 조각상이 무당들에 의해서도 종종 훼손되었음을 알 수 있다. 결국 사라져가던 성황제도 일제 강점기와 해방 이후를 거치면서 거의 소멸되고 말았다. 아직까지 성행하고 있는 이웃 일본의 '마츠리'로 불리는 축제가 우리의 성황제와 계통을 같이 할 것이다.

4. 수령, 타향살이를 하다

> 조선의 지방을 여행하면 13도 어느 지방을 불문하고 읍내의 길가 또는 마을 밖의 밭 옆에는 반드시 묘석같은 비석이 늘어서 있는 것을 목격할 수 있다. 이것이 바로 송덕비(頌德碑)이다. 사정을 알지 못하는 자는 과거에 훌륭한 관리가 구름과 같이 많이 배출된 것으로 알고 경탄할 것이다. 그러나 이들 관리의 공적이 들에도 산에도 풍속에도 전혀 남아 있지 않다는 것을 관찰하고 깊이 생각해 보면, 그 이면에는 무언가 사정이 있다는 것을 알 수 있을 것이다. 〈조선풍속집〉

이 글은 일본인 이마무라 도모가 우리나라를 여행한 후 1909년에 남긴 글 가운데 일부 입니다. 조선 8도 어디를 가나 수령 공적을 칭송하는 선정비가 길가에 늘어서 있는 모습을 본 이마무라는 과연 공적이 있어서 비석을 세웠을까 하며 의문을 제기했습니다. 왜 그랬을까요? 수령의 역할은 무엇이고, 어떤 일을 했을 때 주민들이 선정비를 세웠는지를 알아보겠습니다. 그리고 양반과 향리들은 어떤 방법과 역할로 지방행정에 참여했는지도 살펴보겠습니다. 요즘 지방자치와 비교해보면 더 흥미로울 것입니다.

수령-상피제

우리 역사에서 군현제는 삼국시대 때부터 실시되었다. 그때 군현의 장은 도사, 군장, 태수 등으로 불리었다. 고려에 들어와서부터는 지방 군현의 장은 읍호에 따라 부윤, 목사, 부사, 군수, 현감, 현령 등으로 불리었다. 하지만 통칭해서 부르는 말도 있었는데, 그것도 지방관, 원님, 사또, 수령(守令), 목민관(牧民官) 등 여럿이었다. 이 가운데 수령이라고 통칭해서 부르는 것이 일반적이었다. 특히 목민관이라고 했기 때문에 정약용이 지방관이 알아야 할 사항을 적은 책을『목민심서』라고 작명했다. 일제 강점기부터 근래까지 군수나 판검사를 '영감'이라 불렀다. 영감(令監)은 본래 당상관을 일컬었으니, 현재 중앙부처의 국장급 이상에 해당된다. 한편, 대감(大監)은 재상을 일컬었으니, 현재 장관급 이상에 해당된다. 상감(上監)은 임금을 일컫는다. 19세기 학자 조재삼이 지은『송남잡지』에 나온 말이다. 20세기의 영감은 유래가 없는 부적절한 표현임을 알 수 있다.

고려는 모든 군현에 수령을 파견하지는 않았다. 이와는 달리 조선은 중앙 집권체제를 구축하기 위해 모든 고을에 수령을 파견했다. 그래서 조선왕조는 최말단 왕명 전달자인 수령의 선발과 관리에 심혈을 기울였다. 하지만 임금과 권세가의 비위에 맞는 사람을 자격과 능력에 관계없이 수령으로 보낸 경우가 적지 않은 것도 사실이다. 인연에 얽매이지 말고 공정하게 업무를 처리하라는 의도로 수령을 고향에 파견하지 않았는데, 그 제도를 상피제(相避制)라 했다. 기껏해야 늙은 부모 봉양을 위해 고향 옆 고을로 가는 정도였다. 이를 '걸군(乞郡)'이라 한다. 장성 출신의 김인후가 옥과현감으로 간 것이 걸군에 의해서였다. 이 외의 걸군 사례로 영광 출신의 송흠이 보성·여산·담양·장흥·나주 수령을, 해남 출신의 임백령이 남평·영광 수령을, 장성 출신의 박수량이 나주 수령을, 익산 출신의 소세양이 전주 수령을 각각 역임한 것이 보인다. 사림파 계열의 인사들이 다수 눈에 띈다. 자치제를 시행하여 고향 사람을 선거로 뽑는 오늘날과는 완전 딴판이다. 그렇기 때문에 타지에 온 수령은 그 지역 출신 양반이나 향리의 협조 아래에 임무를 수행할 수밖에 없었다.

그런데 임기를 마치고 고향으로 돌아가지 않고 아예 객지 땅 전라도에 눌러 앉은 수령이 적지 않았다. 16세기에 김세공이라는 사람이 영광군수로 부임해왔다. 그때 그의 조카 김영도 따라왔다. 김영의 셋째 아들 김인택은 영광군 군남면 외간리의 '매화꽃이 떨어지는 형국' 또는 '학 형국'이라는 명당에 터를 잡고 세거하기 시작했다. 후손들은 논밭을 늘리고 신학문을 받아들이며 '연안김씨 종택'을 지금까지 유지해오고 있다. 그 사이에 효자 3인을 배출한 것을 기리기 위해 남자 탕건처럼 생긴 우람한 2층집 대문에 '삼효문(三孝門)'이라는 현판을 걸었고, 4천여 점에 이르는 많은 고문서를 남겼다. 이들 문서는 지난 2013년, 한국학중앙연구원에서 『고문서집성 104 영광 연안김씨 고문서』라는 이름으로 발간되었다. 그리고 경상도 대구 사람 류이주(柳爾冑, 1726~1797)가 낙안군수를 마치고 고향으로 돌아가지 않고 구례 오미동에 터를 잡았다. 그곳은 '금환낙지(金環落地)'라는 명당으로 남한의 3대 명당으로 알려진 곳이다. 7년 걸려 완성한 살림집이 운조루(雲鳥樓)이다. 이 오미동 운조루에서 후손들이 지금까지 살아오며 많은 문화유산을 남겼다. 그것들을 잘 보존하고 알리기 위해 '운조루유물전시관'을 지어 개관했다.

수령 발령 통지서를 받은 사람은 가장 먼저 서울로 올라왔다. 남원 사람 김현은 만경현령에 임명되자 고향에서 서울로 올라와 먼저 만경 경저리를 만나 인사하러 다닐 때에 소요되는 비용을 빌렸다. 이런저런 이유로 경저리에게 진 빚을 '저채(邸債)'라 한다. 경저리란 본읍과 서울 사이의 연락업무를 맡는 만경 향리이다. 그리고 이튿날 김현은 대궐에 들어가 임금에게 인사하고 대소신료를 뵌 후 부임지로 내려가기 시작했다. 접경 임피에 이르자 만경 향임이 나팔수 등을 데리고 나와 맞이했다. 신창진 나루터에 이르자 만경의 향리, 장교, 군관 등이 맞이했다.

만경 동헌에 들어온 김현은 가장 먼저 관내의 호구, 관속, 품관 등을 점검했다. 이어 향교를 찾아가 문묘에 알현하고 선비들과 대화했다. 대략 이런 식으로 수령의 직무가 시작되었다.

갈릴 때에는 후임 수령과 인수인계를 해야 한다. 그 과정에서 두 개의 문서가 이상 없다는 판정을 받아야 했다. 하나는 중기(重記)라는 것이다. 이는 구임자와 신임자 사이에서의 인수인계서인데, 여기에는 기관·직임별로 기물·재원 현황이 나열되어 있다. 또 하나는 해유(解由) 문서이다. 이는 당사자와 상급기관 사이에서 절차를 밟아 벌어지는 재물조사서인데, 흠결이 나타나면 추징과 인사조치가 취해졌다. 강진 출신의 윤효관이 영월부사를 마칠 때 작성된 중기와 해유문서가 남아 있는데, 그것을 분석한 연구에 의하면 중기는 해당 고을에서 자산 현황을 파악하여 신구 수령 간의 인수인계 때에 사용되었으며, 해유문서는 서울에서 흠결 유무를 판정할 때의 저본으로 사용되었다고 한다.

수령이 떠나면 각 고을에서는 그 이름을 선생안(先生案)이라는 명부에 기재한다. 여기에는 이름 외에 출신, 부임일, 이임일, 치적 등이 기재되어 있다. 이를 보면 다음을 알 수 있다.

첫째, 문관, 무관, 음관(오늘날 특채) 가운데 어떤 사람이 그 군현에 많이 오는지를 알 수 있다. 강진의 경우 현감 절반이 문관 출신이었으니, 문관 군현이었던 것이다. 장흥은 무과 출신이 절대 다수를 차지했다. 곡성은 대체로 음관 출신이 현감으로 파견되었다. 이처럼 중앙정부는 행정이나 군사 역할을 수행하는 고을에는 문관이나 무관 출신을 수령으로 주로 파견했고, 그렇지 않은 고을에는 음관을 파견했다.

둘째, 5년 법적 임기와 실제 임기를 비교해 볼 수 있는데, 임기를 다채우지 못하고 2년 만에 갈리는 사람이 태반이었다. 조선왕조 500년 동안 대부분의 고을에서는 200명 이내의 수령이 거쳐 갔다. 그런데 부안현감 311명, 무장현감 254명, 남원부사 232명, 고부군수 218명, 만경현령 216명, 여산부사 · 김제군수 214명, 장수현감 205명 등 적지 않은 고을에서는 매우 빈번하게 수령이 교체되었다. 잦은 교체는 구수령을 보내고 신 수령을 맞이하는 데에 드는 비용을 늘어나게 할 수밖에 없었다.

수령에게는 행정, 군사, 사법 등 지역민에 대한 전권이 부여되어 있었다. 이런 권한을 부여받은 수령은 '수령7사'라 하여 농사, 호구, 학교, 군정, 부역, 소송, 간활 등 일곱 가지 일에 열중해야 했다. 그래서 부임 인사하러 온 수령에게 임금이 '수령7사'가 무엇이냐고 묻곤 했다. 이 외에 기근이 들었을 때에 지역민 구제에 발 벗고 나서야 했다. 재해를 입거나 선행자가 있으면 상부에 세금을 감면해주거나 표창을 해주라고 신속하게 보고하는 일도 중요했다. 그리고 지역의 역사문화를 편찬하는 일도 수령은 행했다. 가령, 이수광은 1616년에 순천부사로 부임해 와서 『승평지』라는 읍지를 2년 만에 편찬하여 순천의 지역사정을 상세히 기록했는데, 이는 한국사상 가장 일찍이 이루어진 지방지 가운데 하나로 꼽히고 있다.

갑오개혁 때에 도제와 함께 지방제도 전반이 바뀌게 되었다. 군현의 여러 명칭을 군(郡)으로 통일하면서 군수의 권한이 대폭 줄어들었다. 재판권은 신설 재판소로 넘어가고, 징세권은 중앙으로 넘어가고, 경찰권은 상급 기관으로 넘어갔기 때문이다. 그리고 군청 직원의 수를 대폭 줄이고 정원을 정하는 일도 추진되었다. 이런 방향은 뒤이은 광무개혁 때에도 지속되었다.

선정비-옥석 구분해야

수령의 근무성적을 감사가 평가한 후 중앙에 보고했다. 보고서는 독립 문서로, 감영 문서 속에, 그리고 암행어사의 감찰문서 속에 남아 있다. 그 평가를 토대로 수령은 승진·전직이나 파직 등의 인사 조치를 받았다.

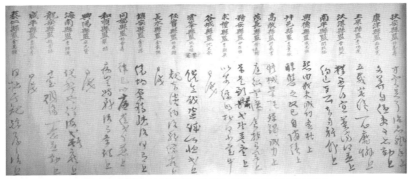

전라도 수령의 근무성적을 평가한 문서(국립중앙박물관 전시)

이와는 별개로 주민들도 수령의 근무성적을 평가했다. 그들의 평가는 잘하면 자기 고을에 계속 근무하게 해달라고 중앙에 요청하는 것이었다. 이른바 '연임 운동'이다. 국법상 수령은 한 고을에 두 번 임명하는 것을 허락하지 않았다. 그러나 주민이 요청하면 허락한 적이 있었다. 많지는 않지만 나주목사 유석증(俞昔曾)이 있다. 그는 광해군 때 나주목사를 역임한 후 형조참의로 있었는데, 나주 사람들이 그를 사모한 나머지 상소를 올려 목사로 삼아주도록 청하자 임금이 응해주었다. 나주 사람들은 고마워 임금에게 쌀 3백석을 바쳐 사례했다. 이 사실은 조선왕조실록과 이수광의 『지봉유설』에도 수개되어 있다. 또 하나의 사례를 들어보겠다. 이용우(李容愚)는 1900~1907년까지 무려 8년간 해남

군수로 재임했다. 그는 재임 기간 동안 대흥사 '대웅보전' 중수에 시주했고, 세금을 형편대로 거두었고, 춘궁기 때 빈민을 구제했고, 아전을 잘 감독하여 주민들로부터 선정을 펼친 군수로 칭송을 받았다. 이에 군민들이 면마다 선정비를 세웠고, 인사 주무 부서에 2회나 연임을 요청했고, 관찰사에게도 3회나 연임을 요청한 바 있다. 당시의 「황성신문」, 「대한매일신보」에 보도된 내용이다.

또한 주민들은 근무를 잘하고 떠난 수령에 대해 선정비를 세워 그 덕을 오래 기억하려고 했다.

마을이면 마을, 도시면 도시마다 그 주민들이 으리으리한 복장을 한 현지 관리들을 존경하는 뜻에서 그토록 많은 기념물 비석들을 세우고 있는 것을 보라! 그 중에 일부는 매우 작은 규모이면서도, 그럴듯한 지붕과 버팀벽을 갖춘 일종의 작은 사당이라 할 만한 것들도 있고, 가로·세로가 20에서 60센티미터가 되고 활자가 새겨진 단순한 주철(鑄鐵)로 만든 비들도 있다. 그 중 많은 것들이 무척 오래된 것이었는데, 이는 옛날 어느 시대에 조선의 금속 공법이 얼마나 발전했었는가를 보여주는 실례라 하겠다.

1888~89년까지 한국을 여행한 프랑스 지리학자이자 민속학자인 샤를 루이 바라가 쓴 『조선 종단기』에 실려 있는 내용이다. 돌과 쇠로 된 선정비가 많은 사실을 표현한 것이다. 1897년에 지도군수에서 초대 여수군수로 임명된 오횡묵이 전라남도 관찰사에게 인사드리기 위해 관찰부가 있는 광주에 들어와서 보고들은 것을 남긴 기록에 의하면 다음과 같다.

서문에 들어서니 광리문(光利門)이라 편액을 걸어놓았다. 객사 문루 아래 이르러 가마에서 내렸다. 문루에는 황화루(皇華樓)라는 편액을 걸어놓았다. 조금 후에 수행원이 와서 이르기를 간편복 차림으로 맞아들이라고 하였다 하여 곧 외삼문으로 나아갔다. 편액은 광주도회아문(光州都會衙門)이라 걸려 있다. 객사에서 관문에 이르기까지 길 북쪽에는 철비 23개, 석비가 16개 세워져 있는데 모두 전직 태수의 유애비(遺愛碑)이다. 사복으로 갈아입고 영에 들어가 관찰사를 만났다.

객사에서 동헌 관문에 이르는 길에 철비와 석비 합하여 39개의 광주목사 선정비가 있었다. 못 보았는지, 샤를이나 오횡묵은 목비(木碑)에 대해서는 말하지 않았다. 일본인 미츠나리 오야이치로가 무안에 와서 목격한 장면인데, 군수가 부임하기에 앞서 나무를 이용하여 임시로 불망비를 세우고 뒤에 돌로 다시 고쳐 세우는 것이 보통이라는 말을 남겼다. 그러니까 목비는 임시 선정비였던 셈이다.

이처럼 수령의 선정은 대민통치에 있어서 가장 중요한 일이었다. 수령 개개인을 보면, 치적을 쌓고 선정을 베풀어 관찰사의 좋은 근무평가를 받고 승진과 영전을 거듭한 사람이 있었다. 그런가 하면 지역민들이 가지 말라는 연임 운동을 펼치거나, 떠난 뒤에 선정비를 세워 그 덕을 오래 기억하려고 했던 수령도 있었다. 이와 반대의 경우도 각양각색이었다. 선정비 관련해서만 찾아보면, ①윽박질러 억지로 선정비를 세우게 한 수령이 있었다. ②심지어 떠나기 전에 미리 세우게 한 사람도 있었다. ③반대로 떠난 뒤 함 참 지나 선정비가 세워지는 경우도 있었다. 명성왕후의 부친인 민치록은 1828~1833에 과천현감을 역임했는데, 그의 선정비는 무려 60년이 지난 1894년에 세워졌다. 이러한 결과 19

세기 세도정치 시기로 접어들면 선정비가 남발되는 경향이 짙었다. 광주목사의 경우 200여 명 가운데 50여 명은 선정비의 주인공이 된 것으로 파악된다. 전체의 1/4, 즉 25% 정도가 된다. 이런 정도의 숫자라면 가히 높은 비율이 아닐 수 없다. 다른 곳은 더하면 더했지 덜하지 않았다. 그렇다면 당시 사람들은 물론이고, 이마무라와 샤를과 같은 후대 외국인들까지 선정비에 대해 부정적 인식을 가진 것은 과도한 비판이 아니라 일리가 있는 평판이었다고 볼 수 있다. 따라서 선정비를 읽을 때에 조심해야 한다. 부정부패에 연루되거나 사적인 일 처리로 물의를 일으킨 수령으로서 선정비에 이름을 올린 이가 많기 때문이다. 특히 국가기강이 문란해진 말기에 그런 수령이 많아 지역민들의 봉기를 촉발시켰다. 고부군수 조병갑 같은 사람이 대표적인데, 그는 태인현감을 이미

조병갑 부친인 태인현감 조규순 선정비(석비)　　　능주목사 조사충 선정비(철비)

지냈던 아버지 조규순 선정비를 세우기 위해 고부 군민들로부터 많은 돈을 거두어 고부 민란을 일어나게 한 인물이다. 그 비석은 지금도 피향정 관내에 서 있다.

팔마비-청백리 표상

오늘날 경기 광명시에서 '오리 이원익 청백리상'을 시상해오고 있다. 이 시상은 근면성실하고 청렴결백한 공직자를 발굴하여 표창하는 것이다. 여기에는 16~17세기에 판서는 말할 것 없고 정승을 여러 차례 역임했지만, 말년에 초라한 집 한 채만 가지고 있었던 이원익의 청백리 정신을 기리고자 한 점이 내포되어 있다.

역사 속에서 선정을 펼친 이는 오래도록 사람들 입에 오르내렸다. 고려 충렬왕 때 최석(崔碩)이라는 사람이 과거에 급제한 후 여러 관직을 거쳐 순천부사를 역임하다 임기가 차서 중앙관직으로 들어가게 되었다. 당시 순천의 습속에 수령이 갈려 갈 때에 말 8마리를 주되 마음대로 골라 가도록 했다. 가재도구나 중앙관리에 선물할 물품 등을 싣고 갈 수 있도록 해서다. 마침 최석이 임기를 마치고 돌아가려 하자 고을 사람들이 습속에 따라 말 8마리를 바쳤다. 그러자 그는 쏘아 붙이며 말했다.

"말이 서울에 가면 족할 뿐이지 무얼 고른다 말인가!"

그리고 그는 서울 집에 도착하자마자 그 말들을 순천으로 돌려보냈다. 이를 고을 사람들이 받으려 하지 않자 그는 또 말했다.

"내가 그대들 고을의 수령으로 가서 말이 새끼를 낳은 것을 데리고 온 것도 나의 탐욕이 된다. 그대들이 지금 받지 않는 것은 아마 내가 탐욕을 내서 겉으로만 사양하는 줄로 알고 그러는 것이 아니겠는가?"

제법 강한 어조로 말하며 8마리 말과 함께 새끼까지 돌려보내주었다. 이로 인해 순천에서는 수령이 갈려 갈 때에 말을 주는 습속이 없어졌고, 고을 사람들이 그 덕을 칭송하여 비석을 세우니 팔마비(八馬碑)라 했다.

이상은 『고려사』에 기록된 팔마비의 유래로 당시부터 오늘날까지 순천 지역에 널리 알려진 사실이다. 뿐만 아니라 다산 정약용이 『목민심서』에서 귀장(歸裝, 지방 수령으로 있다가 임기를 마치거나 전임될 때 청렴한 태도를 지킬 것을 말한 내용)을 설명하면서 소개할 만큼 우리 나라 역사상 선정의 대명사로 꼽을 수 있다. 그래서 최석은 백성을 잘 다스리는 선량한 관리로 분류되어 『고려사』 열전 양리(良吏)조에 수록되었던 것이다.

『동국여지승람』에 따르면, 세월이 오래되어 비석이 땅에 자빠지니, 뒤에 최원우(崔元祐)가 다시 세웠다. 최원우는 공민왕 때에 순천부사를 역임한 사람이다. 따라서 팔마비는 건립된 지 100년도 되지 않아 넘어지게 된 것이다. 그는 비를 다시 세우면서 다음과 같은 시를 남겼다.

순천에 오고 가느라 철이 바뀌었는데
보내고 맞노라 농사짓는 시기 뺏은 것 부끄러워라.
뒤에 전할 덕이 없다고 하지 말라
다시 최 사또의 팔마비를 일으켜 세웠노라.

구임 수령을 보내고 신임 수령을 맞이하는데 바쁜 농사철마저 빼앗기고 있는 주민들에게 팔마비를 세우는 것보다 더 중요한 것이 또 어디 있겠느냐면서, 최원우 부사는 팔마비 중건에 앞장섰던 것이다. 이 팔마비는 순천 읍성 밖 연자교 남쪽 도로변에 있었는데, 정유재란 때에 왜적에 의해 깨지고 말았다. 이를 1617년에 부사 이수광이 관내 유지들과 함께 다시 세웠다. 이 때 민간에서는 400년 전의 일인데도 마치 어제의 일처럼 기억하고 있었다. 유래를 찾아볼 수 없을 만큼 숭고한 선정이었기에 순천 주민들은 모두 팔마비 내역을 생생하게 기억하고 있었던 것이다. 그럼에도 불구하고 이수광은 비석을 세우는 데에 기꺼이 앞장섰다. 왜 그러했을까? 탐욕한 자들의 마음을 움직여 부정을 저지르지 못하게 하고 선정을 계승하기 위해서였을 것이다. 그는 대석(臺石)은 예전 것을 그대로 쓰고, 비석만 깨어졌기 때문에 새로 세웠다. 비석 앞면에는 '팔마비'라는 석 자 문구를 새기고, 뒷면에는 비를 다시 세우게 된 사연과 함께 그 유래와 의미를 새겼다. 하지만 뒷면 비문은 마멸이 심하여 현재 읽을 수 없지만, 이수광이 편찬한 『승평지』에 수록된 「팔마비중건기」를 통하여 알 수 있다. 팔마 관련 기록은 이후 순천읍지에 빠지지 않고 수록되었으

고지도 속의 팔마비. 읍성 남문 앞 대로에 서 있다.

현재의 팔마비. 고려 때 최석 부사의 선정을 기리기 위해 세운것을 1617년에 이수광 부사가 다시 세웠다.

니, 순천을 대표하는 것임에 분명하다. 팔마비는 이후 주민들의 관심과 사랑 속에 보존되어 오다가 일제 때에 도시계획정비계획에 따라 현재의 위치(순천역사관 앞)로 옮기어 지금까지 보존되고 있다.

동헌-근민과 청렴을

객사 다음으로 중요한 건물이 수령이 근무하는 아사(衙舍)와 관사에 해당되는 내아(內衙)이다. 아사는 동헌(東軒)으로, 내아는 서헌(西軒)이라 했다. 동헌도 객사처럼 이름이 있다. 언제부터 그랬는가는 알 수 없다. 임실 동헌은 이름이 없었다. 현감이 동헌을 신축하고서 부탁하자, 소세양이 1547년에 '외민(畏民)', 즉 '백성을 두려워 하라'는 이름을 지어주었다. 동헌의 이름을 보면 수령이 해야 할 일이 무엇인지를 알 수 있다. 그래서 강진 동헌은 선칠당(宣七堂)이라는 이름을 내걸었다. 수령이 해야 할 일곱 가지 일, 즉 '수령7사'를 널리 펴라는 뜻에서 그렇게 명명했을 것이다. 이와 비슷하게 고흥 동헌도 존심당(存心堂)이라 했다. 수령이 해야 할 일을 잠시라도 잊지 말고 마음에 꼭 간직하라는 취지인 것 같다. 광주는 하모당(何暮堂)이라 했다. 선정을 펼친 청백리가 늦게 온 것을 비유해서 중국에서 나온 말이다.

오늘날로 말하면 '군정 슬로건'에 해당되는 것이 동헌 이름이다. 그러면 어떤 이름이 걸려 있었을까? 몇 부류로 정리해 보았다. 첫째, 수령이 해야 할 일을 반드시 하라는 이름이 있다. 앞에서 말한 선칠당, 존심당, 하모당이 그것이다.

둘째, 백성들과 가까이 하라는 말이 압도적으로 많다. 영광·남평·운봉·여산은 동헌을 근민당(近民堂)이라 했다. 이와 비슷하게 고창·장흥은 평근당(平近堂), 임실은 외민당(畏民堂), 곡성은 양민당(養

民堂), 임피는 민락헌(民樂軒), 함평은 노무당(老撫堂)이라 했다. 백성들과 가까이 하면서 백성들을 무서워할 줄 알고 백성들을 평안하게 하라는 취지의 이름이다.

셋째, 청렴결백하고 근검절약하라는 말도 있다. 태인은 동헌을 청녕헌(淸寧軒)이라 했다. 무장은 취백당(翠白堂)이라 했으니, 깨끗하게 근무하라는 말임에 분명하다.

넷째, 고을 일을 번거롭게 하지 말라도 말이 제법 많다. 고산·낙안은 동헌을 사무헌(使無軒)이라 했다. 이와 비슷하게 임피는 평이당(平易堂)이라 했다. 미리 준비하고 내일로 미루지 말고, 그리하여 고을 일을 공평하고 쉽게 처리하라는 취지의 이름이다.

다섯째, 고을 일을 물 흐르듯이, 그리고 조심조심 처리하라는 말도 있다. 구례는 읍류헌(挹流軒), 나주는 제금헌(製錦軒)이라 했다. '제금'이란 제단사가 비단을 자르듯이 조심조심 하라는 말이 담겨 있는 것 같다. 광주 동헌 앞에 있는 누정을 제금루라 했으니, 마찬가지 의미인 것이다.

모두 본래 임무에 충실하여 좋은 정치를 펴라는 말이다. 하지만 그런 수령은 많은 편은 아니었다. 근대 개혁과 일제 강점기 때 동헌 자리에 군청이 들어선 지역이 대부분이다. 가령, 강진, 고흥, 곡성, 남원, 장수 등 군청이 동헌 자리에 들어선 것으로 확인되고 있다. 이와는 달리 정읍 태인초등학교는 1911년에 태인 동헌 청녕헌에 개교했다. 태인은 나중에 정읍에 병합되어 군청 청사로 사용할 여지가 없어서 그랬다. 옥구에 통합된 임피의 동헌도 공립보통학교로 사용되었다. 그런가 하면 나주에 통합된 남평의 동헌은 남평면사무소(나중에 이전)로 사용되었다. 어찌되었던 수령이 근무했던 동헌이 여러 지역에서 군청으로 사용되었다는 점은 우리 역사의 유구한 흐름을 피부로 느낄 수 있는 대목이다. 현재 남아 있는 동헌으로는 태인, 고흥, 여산 것이 찾아지고 있다.

한편, 내아는 동헌과 붙어 있다. 본래 수령은 가족 전체를 데리고 올 수 없었다. 그래서 동헌 옆에 내아를 지었다. 대신 담으로 동헌과 구분되어 있다. 공과 사를 구분하여 집무를 보라는 취지이다. 하지만 후대로 갈수록 가족은 물론이고 친인척까지 대동하여 공금을 축내거나 공무에 개입하여 물의를 일으키기도 했다. 현재 김제와 나주의 내아가 남아 있다. 나주 내아는 체험 공간으로 활용되고 있다.

관루-문예회관

관아 외에 공공행사를 치르거나 국가정책을 선포하는 일을 할 수 있는 누각도 읍내 안에 있어야 했다. 관루는 그 고을의 상징물이어서 그곳을 찾은 문사들의 글에 자주 오르내렸다. 그것으로 유명한 것이 태인 피향정(披香亭)이다. 피향정은 지금도 있는데, '호남제일정'이라는 현판이 선명하게 걸려 있다. 강진에는 청조루(聽潮樓)가 객사 남쪽에 있었다. 읍성 축성 직후 건립되었다가 정유재란 때에 소실된 후 중건되었는데, 태풍으로 붕괴된 후 진해루라는 이름으로 보수되었다. 낙안의 경우 4칸 규모의 빙허루(憑虛樓)가 1468년에 객관 동쪽에 세워졌는데, 나중에 낙민루(樂民樓)로 개명되었다. 낙민루는 여순사건 때에 불에 타버렸는데 1986년에 복원되어 현재에 이른다.

작은 고을은 관루가 1개 있었지만, 큰 고을은 2개씩 있었다. 광주 동헌 앞에는 희경루(喜慶樓)가 있었는데, 무진군으로 20년간 강등되었다가 광주목으로 복귀될 때의 기쁜 마음을 담아 지은 이름이다. 정

면 5칸 측면 4칸이고 연못과 화목으로 조경이 조성되어 풍경이 좋았
다. 중간에 불이나 타버리자 완도에서 목재를 구해와 재건했다. 한껏
차려입은 기생과 갖가지 노랫가락이 진수성찬과 함께 손님이 오거나
수령이 갈리면 만남과 이별의 연회가 열렸다. 1567년에 희경루에서
열린 연회를 그린 「희경루 방회도」를 보면 이 모습을 쉽게 떠올릴 수
있다. 동헌 앞 희경루는 객사 앞 황화루와 함께 쌍벽을 이루었다. 국
가적인 공간 황화루, 지역적인 공간 희경루가 여가의 역할분담을 했
던 것이다. 나주의 경우도 객사 앞 망화루와 동헌 앞 정수루가 셋트를
이루었다.

　객사 앞 누각은 정책을 선포하는 공간이기도 하지만, 정부를 비판하
는 집회의 장소이기도 했다. 객사는 대로와 연결되어 있기 때문에, 효
과를 극대화할 수 있어 그랬다. 여기서 나주 망화루 이야기를 자세히
해보자. 1755년에 망화루 기둥에 대자보가 붙었다.

　　"간신이 조정에 가득하여 백성이 도탄에 빠졌으니 거병하노라. 백성이
　　곤궁한데 더욱 가렴주구 심하구나. 이를 구제하기 위해 군사를 움직이고자
　　하니 백성들은 놀라 동요하지 말라."

　이를 '나주 괘서 사건'이라 한다. 발단은 이렇다. 영조를 왕위에서 몰
아내기 위해 1728년에 '이인좌의 난'이 충청도, 경상도, 전라도에서 일
어났다. 이로 인해 실세한 남인과 소론들은 신원되지 않았다. 시간이
흐르면서 그들의 원망은 누적되어 갔다. 그래서 그들은 반란과 괘서를
통해 모반을 재현하려 했다. 전라도에서도 그랬다. 대표적인 것을 들면
다음의 표와 같다.

연대	사건	내용
1730년	나홍언 반란사건	나주에 사는 나홍언이 폐출된 여흥군 이해와 여릉군 이기 형제를 왕으로 추대하려다가 발각되어 처형
1731년	성탁 흉서사건	무신란으로 해남에 유배되었던 성탁이 다시 일어날 것이라는 문서를 가지고 서울로 들어온 사건
1732년	김제 관아 침범 사건	이인좌 친족 이정운이 죄지어 관아에 가두었는데, 이광연·나치공이 관아 침범하여 군수를 죽이려 한 사건
1733년	남원 백복사 괘서사건	이위·최두징이 남원 백복사에 왕을 비난하고 곧이어 난이 일어날 거라는 괘서를 건 사건
	남원 성변 괘서사건	김영건이 무신란 때 괘서의 내용을 베껴 평소 원한이 있던 이여해 등을 모함한 사건
1755년	나주 괘서사건	윤취상의 아들 윤지가 나주객사에 난이 일어날 거라는 내용의 괘서를 건 사건

'이인좌의 난'의 여진으로 일어난 사건 가운데 가장 큰 것이 1755년에 일어난 '나주 괘서 사건'이다. 이는 을해년에 일어났다 하여 '을해 옥사' 또는 윤지(尹志)가 주도했다 하여 '윤지의 난'이라고도 한다. 윤지는 신임사화에 대한 책임을 물어 처형된 소론 강경파 윤취상의 아들이다. 또한 윤지도 바로 이 사건에 연좌되어 제주도로 유배당하고, 뒤에 나주로 옮겨져 20여 년 동안 귀양살이를 하고 있었다.

윤지는 유배지 나주에서 나라와 노론에 대한 원한을 품고 아들 윤광철과 함께 나주목사, 서울과 지방 각지의 소론 인물, 그리고 나주 사람들을 모아서 필계(筆契)라는 조직을 만들었다. 필계는 돈을 모아 필묵과 시험지를 사려는 것이었지만, 실제적으로는 거사 자금을 마련하는 데에 목적을 두었다. 30명 계원은 각지 소론 인물과 나주 양반으로 구성된 상계, 나주 향리로 구성된 하계로 나누어졌다. 이들을 통해 자금과 인력을 충당한 윤지는 무기고를 습격하여 무기를 갖추며, 조운선을 공격하여 식량을 확보한 후 호남의 도적단과 연계하여 강화도를 먼저 점령하고, 나아가 중앙의 동조세력의 내응을 얻어 정권을 장악한다는 계획을 세웠다.

윤지는 먼저 민심을 동요시킬 목적으로 1755년 1월 23일 새벽에 나주 객사 앞 망화루 동편 둘째 기둥에 나라를 비방하는 괘서를 붙였다. 이 괘서는 나주 사람에 의해 철거되어 전라감영에 전달되었다. 전라감사는 조정에 알렸고, 조정은 윤지를 비롯한 사람들을 서울로 압송하여 수사했다. 그 결과 모두 41명이 죽음을 당했고, 20명이 유배를 갔다. 그 가운데 나주 사람으로는 김항·임국훈 같은 양반, 이종무·나귀영·임천대 같은 향리가 있었다.

그러면 왜 향리들은 윤지와 뜻을 같이 했을까? 윤지는 문과 급제자로써 중요 직책을 거친 사람이다. 나주 향리들은 그에게 나가서 학문을 배웠다. 이해관계가 상충되는 지역내 양반들에게 가서 공부한다는 것은 어려울 수밖에 없는 현실이었다. 이런 상황과 인연으로 나주 향리들은 윤지 편에 서서 정변을 계획했다. 학식이 높은 유배객에게 향리들이 나가서 공부하는 경우는 이 외에도 많이 발견된다.

5리정-춘향이 이별한 곳

소설 『춘향전』을 보면, 이한림 후임으로 변학도(卞學道)가 남원부사로 부임하는 장면이 묘사되어 있다. 그는 전주·임실을 거쳐 남원에 들어온다. 전주에 도달하여 경기전·객사를 참배하고 관찰사에게 잠깐 다녀왔다. 좁은 목을 지나고 만마관의 노구바위를 넘어 임실에 들어왔다. 이어 남원 땅 오수역(현재 임실)에 들러 점심 먹고 곧 바로 5리정으로 들어갔다. 이 5리정에 천총, 6방, 집사, 기패관, 군뢰 등이 나와서 신임 부사를 맞이했다. 이들은 청도기, 홍문기, 홍초람문 주작기, 남초 청룡기, 흑초홍문 현무기, 순시기, 영기 등을 앞세워 들고 '변사또'를 모시고 광한루로 향했다. 그때 좌우가 요란했다. 취타대의 풍악소리가 성중에 진동하고 삼현육각의 음악소리는 원근에 널리 퍼졌다. 광한루에서 간단한 의례를 치르고 옷을 갈아입은 변사또는 가마를 타고 객사에 들어가서 참배했다. 그리고서 동헌에 들어감으로써 변학도의 임무는 본격 개시되었다.

5리정은 관문에서 5리(현재 2㎞) 떨어진 지점에 있는 정자이다. 이곳에서 수령이 손님을 맞이하거나 보냈다. 고을 사람들도 신임 수령을 이곳에 나와서 맞이하여 모시고 관아로 들어갔다. 그래서 남원 관속들이 이곳에 나와서 변사또를 맞이했던 것이다. 5리정이란 읍치 조성과 관련하여 설치된 공적인 이별과 만남의 장소였다. 5리란 수령이 손님을 맞이하고 보낼 때에 집무처에서 떠날 수 있는 최대 거리이고, 5리정이란 그곳에 조성된 정자이다. 비록 공적 시설이지만, 고을과 고을을 연결하는 간선도로 상에 있기 때문에, 민간인들도 5리정을 이용할 수밖에 없었다. 이제는『춘향가』노래를 들어보자. 이도령을 못 본지 오래된 데다 소식마저 깜깜 무소식이었다. 일편단심 님을 그리워 해온 춘향이 억울하기도 하여 구슬피 노래했다.

"보고지고 보고지고 한양낭군 보고지고, 오리정 정별후로 일장서를 내가 못봤으니, 부모봉양 글공부 겨를이 없어서 이러난가"

남원부사에서 체임된 아버지를 따라 이도령도 한양으로 떠났다. 춘향은 남원 땅 5리정에서 이도령과 작별 인사를 나눴다. 5리정은 남녀의 이별 장소였다. 사랑하는 가족과 다정한 친구도 만나고 헤어지는 곳이었다.

이런 시설은 대부분 고을에 있었다. 순천, 영암, 무안 등지에 현재 있는 '오리정길'은 옛날 그 부근에 5리정이 있었다는 사실을 전해준다. 광주의 경우 『동국여지승람』의 역원 조항을 보면, 읍의 남쪽 5리에 분수원(分水院)이 있고, 북쪽 5리에 누문원(樓門院)이 있다. 화순으로 이어지는 남쪽 길과 장성으로 이어지는 북쪽 길 선상에 세트로 설치된 이 두 원은 각각 남정(南亭)과 북정(北亭)으로도 불리었다. 바로 '5리정' 역할을 했던 것이다. 지금의 광주제일고등학교 정문 부근에 있던 북정은 절양루(折楊樓)라는 이름으로 불리었다. '절양'은 버드나무를 꺾는다는 뜻으로 이별을 의미한다. 그 심정을 고경명이 시로 읊었다.

"무진성 바깥 누문 앞 길에서(茂珍城外樓門道), 버들가지 꺾으며 이별가 부르니 슬픔을 금할 길 없네(折柳歌殘無限悲)"

절양루의 구조는 1층은 사람이 통행하는 문이고, 2층은 높은 누각이었다. 1층으로 사람들은 다니고, 2층에서 떠나는 이가 보이지 않을 때까지 손을 흔들었다. 절양루는 임진왜란과 병자호란 때에 광주 양반들이 의병을 일으켜 출정식을 가졌던 곳으로 유명하다. 이 절양루 이름을

1669년 광주목사로 부임한 오두인이 공북루(拱北樓)로 바꿔버렸다. 북쪽에 계시는 임금님을 그리워 한다는 말이다. 전주에도 북쪽 5리 지점에 공북정이라는 정자가 있었다.

이런 5리정 역사는 오래 되었다. 『고려사』에 "병마사가 오면 목사, 도호부사, 지주사는 5리정에서 삼가 영접하고"라는 말이 있다. 조선초기 1485년에 능성에서 도로공사를 하고서 그 사실을 바위에 새겨 놓았는데, 거기에 "능성현 남쪽 오리정 앞"이라는 말이 나온다. 수령이 자기 고을을 방문하는 상관을 맞이하거나 보낼 때에 나가는 곳으로 이용하도록 일찍부터 5리정을 설치했음을 알 수 있다.

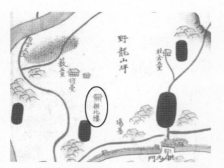

전주 관문에서 북쪽으로 5리 지점에 있는 공북루.
바로 이어 숲이 동서 방향으로 조성되어 있다.

광주 관문에서 북쪽으로 5리 지점에 있는 공북루.
바로 이어 '유림숲'이 길 양쪽에 남북 방향으로
조성되어 있다.

5. 양반, 향촌자치를 시행하다

그런데 전란을 겪고 난 후 경재소(京在所)가 폐지되어 사대부가 향권을 잡는 것을 천하게 여기고 싫어해서 무릇 여러 가지 논의에 대하여 전혀 관여하지 않으니, 무식하고 염치없는 무리들이 마음대로 하게 되어서 향안(鄕案)을 발신의 문서로 하고 향임(鄕任)을 집안 일으키는 큰 주머니처럼 여겨서 분쟁이 난무하기가 끝이 없다. 〈용성지〉

17세기에 접어들어 남원에서는, 새로운 사람들이 너도나도 향안에 이름을 올리고 향임을 차지하여 양반이 되려고 하니, 이들과 기존 양반의 사이에서 끝없는 갈등이 벌어지게 됩니다. 향안과 향임이 뭐 길래 그들은 그토록 다투었고, 다른 분야에서의 다툼은 없었을까요? 이런 일은 도내 다른 고을에서도, 그리고 향교·향약·향회 등의 분야에서도 비슷한 양상으로 일어났습니다. 그러면 그러한 분쟁이 왜 일어났고, 그 의미는 무엇인지를 하나씩 알아보록 하겠습니다.

향교—1읍 1향교

전통시대의 학교라고 하면 향교(鄕校)가 대표적이다. 향교는 고려 전기에 일부 고을에서 건립되기 시작했다. 성리학이 들어온 고려말기나 조선전기가 되면 1읍 1교의 원칙에 따라 전국 모든 고을에 들어섰다. 국가는 향교에 교수를 파견하고, 건물을 건립하고, 토지와 노비를 제공하고, 서책을 하사해 주었다. 학생에게는 군역면제와 학비면제라는 특전을 부여해 주었다. 각 고을에서도 갖가지 지원을 아끼지 않았다. 향교는 요즘말로 하면 고을마다 설립된 국공립학교인 것이다. 이리하여 향교는 교육은 물론이고 유학이념 전파와 여론 형성까지 책임지는 고을 통치기관의 하나로 자리를 잡게 되었다.

향교는 크게 세 가지 역할을 수행했다. 첫째, 향교는 유학 지식을 학생들에게 가르치는 교육적 기능을 수행했다. 둘째, 문묘(文廟)에서 거행하는 석존제(釋尊祭)라는 제례를 통해 유학이념을 고을 곳곳에 전파하는 교화적 기능을 수행했다. 셋째, 지역 양반들에게 활동 공간을 제공하는 사회적 기능까지 수행했다. 이처럼 향교는 공부만 하는 곳이 아니라, 유학이념을 보급하고 양반을 우대하는 곳이기도 했다.

이를 위해 종6품의 교수(敎授)와 종9품의 훈도(訓導)를 파견하여 그로 하여금 교육을 담당하도록 했다. 그 결과 큰 성과를 낸 사람이 있고, 젊어서 교수와 훈도를 역임한 뒤에 유명 인사가 된 사람도 적지 않다. 하나씩 살펴보자. 첫째, 교수는 향시 시험관이 되기도 했다. 면앙정 송순이 1522년에 관찰사가 유생을 대상으로 개최한 도회시에서 영광현감 나안세, 광주교수 형사보와 함께 시관이 된 적 있다. 영광 출신의 지지당 송흠이 남원교수에, 수은 강항이 대구교수에 각각 임명된 바 있다.

둘째, 정극인은 태인훈도로 있던 1469년에 학령(學令)을 개정하여 본인이 설립한 학당의 교육을 쇄신했고, 6년 뒤에는 고현동약과 향음주례를 실시하여 향풍을 교화하는 데에 선구적인 역할을 행했다. 16세기 옥과 사람 심광형은 광양, 곡성, 남평, 순창 등 4읍의 훈도를 역임했는데, 주자의 학칙과 집안 서실의 규범으로 생도들을 가르쳤다.

셋째, 나주의 경우, 교수 박성건(朴成乾, 1418~1487)이 교육을 잘 시켜 사마시에서 10명이 한꺼번에 합격한 쾌거를 거두었다. 그냥 지나칠 수 없어 그는 그 기쁨을 「금성별곡」이라는 노랫말로 담았다. 호남사림의 일원으로 크게 활약한 나세찬, 정개청 등이 나주훈도를 역임했다. 임진왜란 때에 의병을 일으킨 홍천경은 나주교수와 남원교수를 역임했다. 강진 사람 곽기수도 나주교수를 역임했다. 그런데 교수와 훈도의 파견은 조선후기에 들어와 중단되고, 그때부터 교육은 그 고을 사람들이 맡았다. 그러다 보니 교육 기능이 쇠퇴할 수밖에 없었다.

향교의 학생은 양반들로 충원되었다. 그들의 호칭을 유생이라고 하면서 명부를 유안(儒案)이라 했다. 표지가 푸른색이어서 명부를 청금안(靑衿案)이라고도 했다. 영암 향교의 경우 현재 여섯 번 작성한 유안이 남아 있다. 1690년 첫 번째 유안에는 13개 성관에서 50명이 기록되어 있는데, 1842년 여섯 번째 유안에는 19개 성관에서 189명이 기록되어 있다. 성씨는 크게 확장되지는 않았지만, 숫자는 크게 늘어났다. 평균 나이를 계산해보니 46세였다. 한번 유안에 입록된 사람들의 성씨에서 연속적으로 입록되는 경향을 보임을 확인할 수 있다. 그런데 조선후기에는 평민들이 군역 면제를 위해 향교에 입학했다. 향교는 이들을 양반과 구분 짓기 위해 교생이라 하고 그들의 명부를 교생안(校生案)이라 했다. 기숙사도 구분지어 양반은 동재에서, 평민은 서재에서 생활하도록 했다. 그렇지만 양반과 평민이 '공학'을 했다는 것은 큰 변화임에는 분명하다.

향교에는 여러 건물이 들어서 있다. 보통 명륜당이라 부르는 교실이 있다. 그리고 그 앞에 기숙사에 해당되는 동재·서재가 마주보고 있다. 이어서 대성전이라는 건물이 있다. 그 안에 문묘(文廟)가 있다. 문묘란 공자에게 제사지내는 사당인데, 중국의 명현과 함께 우리나라의 명현도 같이 제사지내도록 했다. 우리의 명현으로 설총, 최치원, 안향, 정몽주, 김굉필, 정여창, 조광조, 이언적, 이황, 김인후, 이이, 성혼, 김장생, 조헌, 김집, 송시열, 송준길, 박세채 등이 문묘에 배향되어 있다(동국 18현). 이 가운데 장성이 고향인 김인후는 유일한 전라도 출신으로서, 1796년에 문묘에 들어가게 된다. 전라도 유생들이 앞장서서 25년 전부

터 노력한 결과였다. 전라도 출신으로 이선제, 최부, 유희춘, 기대승 등
도 거론되었지만, 성사되지 못했다.

임진왜란 때에 많은 향교가 소실되었다. 왜군의 방화에 맞서 문화재
를 지키려는 살신성인 노력도 있었다. 왜군이 나주 읍내로 쳐들어오
자, 나주 향교 지킴이 김애남(金愛男)이 대성전 위패를 짊어지고 금성
산으로 들어가 숨어 있다가 되돌아 왔다. 이 사실이 알려지자 나라에
서 세금 감면의 은총을 내려주었고, 나주에서는 춘추 석존제 때에 그
자손에게도 선물을 지급하였을 뿐만 아니라 충복사(忠僕祠)라는 사당
을 지어 그의 행적을 추모했다. '충복'이라는 단어가 그렇기는 하지만,
양반들의 진심이 담겨 있다.

향교는 양반들의 향촌활동 공간이기에, 향교 유생들은 문묘제례나
향음주례 및 양로연 같은 의례를 통해 유교이념을 보급하고 대민교
화를 전개했다. 그리고 그들은 유회를 열거나 통문을 돌려 수령의 통

나주 충복사 비

나주 향교의 청금안

치 행위에 대한 시시비비를 가리거나 서원 설립이나 문묘 배향과 같은 문제에 대응했다. 그 연장선에서 향교는 정치 공론장이 되기도 했다. '정여립 사건' 때에 정암수를 비롯한 50여 인의 서인계 유생들이 광주 향교에서 작성하여 올린 상소로 옥사는 걷잡을 수 없게 확대되었다. 그들은 조정 대신은 물론이고 나주의 나사침·덕명 부자, 화순의 조대중, 남평(혹은 광주)의 이발·길 형제, 그리고 정개청 등 호남 지역의 동인들까지 반역당으로 지목했다. 이들은 과거 급제자에다 고위 관직에 진출한 엘리트인데, 결국엔 대부분 목숨을 부지하지 못했다.

양사재·사마재-양반 공교육

정치 공론장이 열리고 평민이 들어옴으로써, 향교의 교육적 기능은 약해지기 시작했다. 그래서 각 고을에서는 양사재(養士齋)라는 별도의 기관을 두어 교육기능을 강화했다. 양사재는 수령과 양반들의 지원·협조 아래 설립되었고, 독립된 조직과 별도의 자산으로 운영되었다. 목적은 유생을 선발하여 교육시키는 것이었지만, 가장 주된 목적은 과거 준비였다. 이를 위해 고창 양사재는 다음과 같은 원칙을 세웠다.

"수강생은 공부를 스스로 수립할 사람을 택하여 뽑는데 원액은 시 10인, 부(賦) 10인을 넘지 못한다."

"양사재는 양반자제가 공부하는 곳이다. 과거날이 멀지 않으면 제술생, 강경생을 보름 혹은 한 달 동안 이곳에 수강시킨다."

"매년 설강은 춘말하초로 정하나, 만약 과거 해를 만나면 하말추초 사이에 편한 때 거행한다."

과거가 있으면 늦 여름이나 초 가을에 시 전문반 10인과 부 전문반 10인을 뽑아 보름이나 한 달간 집중 훈련했다는 말이다. 이처럼 운영은 독자적이지만, 건물은 대부분 향교 안에 있었다. 그래서 정부 또한 향교와 양사재를 동등한 등급으로 간주했다. 서원이 철폐된 뒤 서원전이 양사재에 귀속되기도 했다. 역으로 근대학교가 신설될 때에는 양사재 자산이 그곳으로 흡수되기도 했는데, 흥덕 양사재는 양성학교로, 구례와 목포는 보통학교로 각각 흡수되었다.

향교 안에는 사마소(司馬所) 또는 사마재(司馬齋)라 불리는 향촌기구도 있었다. 사마소는 지역출신 진사와 생원들의 활동공간이었다. 곡성의 경우 1537년에 현감 김윤장에 의해 창건되었다. 곡성 출신 오천뢰가 쓴 「사마재중수서」에 의하면, 김윤장 현감이 곡성에 사마재가 없어 사족들이 고향에 돌아와 거처할 곳이 없는 것을 안타깝게 여기어 향교 밖에 건물을 마련하고 곡물과 토지를 지원하고 인원을 배치하여 사마재를 창건하고 구성원 명부를 작성하도록 했다. 오천뢰는 사마시에 합격하여 생원이 되었는데, 정유재란 때에 소실된 사마재를 중건한 인물

영암 양사재. 향교 안에 있다.

이다. 사마소를 만들면 『사마안(司馬案)』이라는 생원·진사 명부도 만드는데, 그 명부 또한 오늘날 대부분 향교에 소장되어 있다.

개화기 때에 소학교를 개교하면서 향교, 양사재, 사마소 건물을 사용했다. ①공립고부보통학교의 전신인 '사립광화학교'는 1906년에 설립될 때 고부향교 명륜당을 교사로 사용했다. ②1896년에 「소학교령」이 반포되자, 전북 관찰사 윤창섭과 전주 유지 임종환이 협의하여 학교 설립에 들어갔다. 그들은 관찰부 양사고의 기금을 학교설립의 기본 재산으로 하여 '전북공립소학교'를 설립하고서 1897년에 양사재 건물에 개교했다. 이 학교가 현재의 전주초등학교이다. ③1896년에 개교한 광주 최초의 근대학교인 '전남공립소학교'는 광주 향교 안에 있는 사마소를 임시 교사로 쓰며 첫 수업을 시작했다. 이 학교가 현재의 광주 서석초등학교이다.

그런데 바로 이 무렵 여수, 돌산, 지도, 완도 등 신설 고을에서는 관아를 지으면서 일사분란하게 향교를 신설했다. 그리고 일제 강점기 때에 사라진 고을도 모두 향교를 현재까지 유지하고 있다. 고을은 없어졌는데도 건재한 고을 단위의 통치기관으로는 유일한 것이 향교이다. 그러면서 옛날과 같은 유학교육은 거의 중단되었지만, 충효교육을 실시하며 지역 유지들의 출입처로 활용되고 있다.

곡성 사마안

하서 김인후

하서(河西) 김인후(金麟厚, 1510~1560년)는 장성에서 출생하여, 10세 때에 김안국에게 『소학』을 배워 학문에 정진하기 시작했고, 성균관에 입학하여 이황과 함께 수학했다. 문과에 급제한 후 관직에 나갔고 세자 사부가 되기도 했다. 을사사화가 일어난 뒤에는 병을 이유로 낙향하여 성리학 연구에 정진하여 이항·기대승과 태극음양도설·이기설을 강론했고, 기대승과 사단칠정(四端七情)에 관해서도 논했다. 후에 기대승이 이황과 사단칠정에 관해 논했던 것은 하서로부터의 사사에 힘입었다. 진도에 유배가 있는 노수신과 인심도심설(人心道心說)에 대해서 논의하면서 "도심과 인심은 별개가 아니며 움직이는 바에 따라 그렇게 부를 따름이다"는 독자적인 견해를 제시하여 사람들에게 많은 영향을 주기도 했다. 김인후는 을사사화를 피해 고향 장성으로 내려왔다가, 1548년에 인근 순창으로 들어가 점암촌(현재 순창 쌍치 둔전)에 훈몽재(訓蒙齋)라는 초당을 세워 놓고 후진양성과 학문연구에 돌입했다.

훈몽재에서 정철은 양자징, 조희문, 기효간, 변성온 등과 함께 김인후로부터 공부를 배웠다. 스승이 부친상 때문에 장성으로 돌아갔다가 세상을 떠나자, 정철은 스승 제문을 지었고 스승을 흠모하는 시를 많이 남겼다. 김인후 문집 간행 때에 정철은 기효간과 함께 스승의 행적이 사라질까 걱정하여 행장을 지을 것을 의논한 끝에 스승의 사위 양자징(소쇄원 건립자 양산보의 아들)에게 미뤘다. 김인후는 제자들에게 『소학』, 『근사록』, 『대학』을 열심히 공부하도록 했다. 특히 정철이 스승으로부터 대학을 공부했던 훈몽재 옆 물가 바위를 '대학암'이라고 한다. 훈몽재는 중간에 사라지고 말았다. 최근에 순창군에서 훈몽재를 복원하여 국학 공부방으로 운영하고 있다.

김인후는 사후 장성의 필암서원에 그의 사위 양자징과 함께 향사되었다. 흥선대원군이 서원을 철폐시키면서 호남에서는 필암서원 외에, 광주의 포충사(고경명 향사)와 태인의 무성서원(최치원 향사)만을 남겨 놓았으니, 하서의 학문적 위치를 짐작할 수 있다.

훈몽재 중수계서. 훈몽재는 하서 김인후선생이 여러 학생들과 공부하였던 곳이고, 하서 선생이 '대학암'에서 송강 정철에게 『대학』을 가르쳤다는 내용이 보인다.

향청-수령과 향리 견제

　조선시대에 지방양반들도 자기 고장의 행정업무에 직간접으로 참여했다. 그들이 행정업무를 보았던 기관은 향청(鄕廳)이다. 향청은 수령을 보좌하고, 향리를 감찰하고, 풍속을 단속하는 기관이다. 유향소, 향사당 등으로도 불리었다. 본래 향청 위에는 서울에 신라와 고려의 사심관을 계승한 경재소(京在所)가 있었다. 경재소는 그 지역 출신은 물론이고 본관·외향·처향의 재경 관리들로 구성되어 향청 간부들의 임면, 향리들에 대한 감찰, 세금의 징수에 간여했다. 하지만 경재소가 임진왜란 후 폐지되면서 향청의 영향력은 높아질 수밖에 없었다.

　고산 윤선도의 문집에 수록되어 있는 「향사당약조」를 보면, 해남 향청의 역할을 알 수 있다.

　첫째, 풍속(風俗)을 바르게 해야 합니다.

　둘째, 염치(廉恥)를 장려해야 합니다.

　셋째, 관사(官司)의 정사를 도와서 이끌어야 합니다.

　넷째, 부역(賦役)을 균등히 해야 합니다.

　다섯째, 하리(下吏)를 제어해야 합니다.

　여섯째, 민생(民生)을 안정시켜야 합니다.

　이 여섯 가지를 현판에 새겨서 대청에 걸어 놓고 교훈으로 삼았다. 남원의 읍지 『용성지』나 구례의 읍지 『봉성지』에도 그곳 향청에 관한 규정이 나와 있어 운영내역을 알 수 있다. 보통은 향청의 직임으로 수령이 공석이면 그 역할을 대행하는 좌수 1인, 향리의 주요 업무를 감독하는 별감 2인이 있었다. 이 외에 도감·감관 등으로 불리는 몇 사람이 있었다. 이들 모두를 향임(鄕任)이라 했다.

향임은 향원(鄕員) 중에서 차출되었다. 향원은 관내의 주요 양반 가문에서 선발되었다. 향원의 명부를 바로 향안이라 한다. 향안은 지역 양반 명부여서 향안에 이름을 올려야 명실상부하게 양반 행세를 할 수 있었다. 따라서 향안을 분석하면 해당 지역의 양반 가문의 분포를 파악할 수 있다.

향원은 향회(鄕會)라는 회의를 열어 지역의 주요 일들을 논의하고 결정했다. 그런데 향회가 수령의 거수기로 전락하거나 소수 양반들만의 이익을 대변하면, 민중 중심의 향회가 등장할 수밖에 없었다. 실제 19세기에 들어가면 백성들은 이른바 민회(民會)라는 '민중 향회'를 열어 자신들의 목소리를 표출했다.

향회를 운영하려면 규정이 있어야 하는데, 그 규정을 향규(鄕規)라 했다. 여기에는 규정을 어긴 사람을 매로 때리거나 타향으로 추방하는 등의 처벌 규정도 들어 있다. 이른바 사적 폭력이 허용되었던 것인데, 이를 빌미로 한 무분별한 폭력 행사도 있었다. 현재 창평 향규가 남아 있다. 두 건이 있는데, 하나는 63조로 된 「향중입규」이고, 또 하나는 12조로 된 「향중약조」이다. 향임은 35세 이상에서 65세 이하 중에서 선출하고, 이유 없이 향회에 불참하면 종을 매질한다거나 등등이 기록되어 있다.

따라서 향임과 향원이 되기 위한 양반들 사이의 경쟁이 치열할 수밖에 없었다. 후기에 가면 여기에 평민들까지 가세했다. 그들 가운데는 견제는 커녕 수령과 결탁하여 부정을 저지르기도 했다. 그래서 향청 무용론이나 개혁론이 끊이지 않았다. 1895년 을미개혁 때 좌수를 고쳐 향장(鄕長)으로 바꾸었다. 이제 향장은 수령·향리를 견제하는 '자치 요원'이 아니라 지방관리로서 군수의 지휘감독을 받는 처지로 전락하고 말았다. 그러다가 일제는 1906년에 향장제를 폐지하고 군 주사를 임명하

여 지방 사무를 담당
하도록 했다. 이리하
여 향청도 폐지되고,
나아가 지방군현의 자
치 기능은 말살되기에
이르렀다.

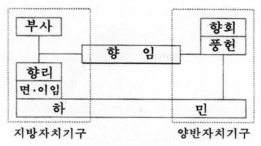

조선후기 남원의 지배구조
(『조선시대의 양반과 향촌사회』)

향안-양반 명부

향안(鄕案)은 한 고을의 양반 명부이다. 여말선초에 등장한 유향소와
관련된 명부로 출발했다가 지역을 대표하는 양반 명부로 정착되었다.
그와 함께 한번 이름을 올린 양반을 위해 폐쇄적으로 운영되었다. 법적
인 장부가 아니기 때문에 군현에 따라 사적·유향좌목·향중좌목·향
적·향록 등 여러 명칭으로 불리어졌고, 그와 함께 저마다의 방법으로
작성되었다.

전라도 지역에서 향안이 언제부터 작성되었는지에 대해서는 정확하
게 알 수는 없지만, 적어도 16세기 초부터 시작되었던 것 같다. 현재까
지 조사된 바로는 강진, 곡성 등 18읍 것이 남아 있다. 향안은 향청에
서 보관해왔는데, 19세기 끝자락 때의 지방제도 개혁으로 향청이 없어
지자, 향교로 옮겨져 보관해오고 있다. 이 가운데 강진향안은 1509년
에 처음 작성되어 도내에서 가장 먼저 것으로 보인다. 박상이 1516년
에 광주향안 서문을 쓴 것으로 보아, 광주향안은 이때 작성되었음에 분
명하다. 이 무렵에 담양 향안도 작성되었다. 그 후 송순은 문과 급제자
이지만 담양향안에 들어갈 수 없었다. 그의 외가가 남원인데 높은 벼슬

을 한 인물이 없어서였다. 장관급인 대사헌 자리에 있을 때, 휴가를 얻어 고향에 성묘를 왔다. 마침 고을 온 사람들이 향청에 모여 있다는 말을 듣고, 즉시 음식을 성대히 장만하여 수십 명의 짐꾼을 시켜 향청으로 보냈다. 그리고 뒤이어 송순도 가서 공손하게 양해를 얻어 자리에 합석했는데, 일찍이 말단 훈도를 지낸 늙은 선비로 자신과 동갑이면서 생일이 위인 자가 있으므로 급히 그 다음 자리에 가서 앉았다. 술이 거나해지자 향로들이 말했다.

"대사헌이 이미 이 모임에 참석했으니, 향안에 올리지 않을 수 없다."

그리고서는 곧 향안을 가져다 송순의 이름을 기록했다. 향안에 오르기 위해서는 자신의 가계, 처의 가계, 외가의 가계, 즉 3향에 '하자'가 없어야 가능했기 때문에 이런 일이 있었던 것이다. 향안이 향촌 사회내 양반들의 독점물이었음을 증명해주는 대표적인 예이다.

향안은 임진왜란 중에 상당수가 불타버렸다. 전란 이후 향안을 복구하는 과정에서 변화가 일어나게 되었다. 그동안 향안에서 배제되어 있던 양반들이 새로이 참여하게 됨으로써 기존 양반과 갈등이 빚어졌다. 그리하여 종래 3향을 따져 향안에 입적하도록 한 것을 1향 또는 2향만을 따져 입적할 수 있도록 자격 조건을 완화하는 조치가 취해진 곳이 있었다. 담양의 경우 왜란으로 타버린 향안을 다시 작성하면서 처음에는 9개 성씨로 했다가 나중에는 18개 성, 그 후에는 36개 성으로 확대되었다. 이처럼 임진왜란부터 17세기까지 향안에 오를 수 있는 자격이 완화되어 인원수가 점차 증가하게 되었다.

이런 외형적인 변화하는 달리 향안은 여전히 특정 양반 성씨들의 전유물이었다. 16세기에 창안된 곡성향안의 경우 모두 15개 가문이 향안에 입록되었지만, 그 가운데 6개 주도 가문에서 전체의 92%를 차지했다. 그런데 양반들의 사회경제적 여건이 변화하고 문중의식이 강화되면서 향안도 내부적으로 또 다른 변화를 겪게 되었다. 가장 큰 특징은 주도 가문 안의 특정 가계가 독식했다는 것이다. 그런 가계는 입록자의 나이가 하향되어 20~30대에 집중되었고, 본인과 후손이 대대손손 이어서 입록했고, 한 아들만 입록하는 것이 아니라 여러 아들이 순서대로 또는 한꺼번에 입록되기도 했고, 심지어 부자간이나 숙질간에 함께 입록된 적도 있었다. 그 결과 새로운 가문의 입록이 차단되고 기존 가문마저 탈락되어 향촌의 공동이익 추구라는 양반들의 이해가 향안을 통해서 이루어지지 못했던 것이다. 거기에다 붕당정치의 심화로 말미암아 정쟁에 휘말려들어 지방양반들의 이해도 서로 나누어지게 되었다. 그러한 나머지 입록을 둘러싸고 갈등이 발생했고 특정 이름이 칼로 도려지거나 먹으로 삭제되다가, 급기야 18세기에는 작성이 중단되고 대신 전통양반 중심의 별도 명부가 등장했다.

이런 일은 곡성뿐만 아니라, 도내 각지에서 일어났는데 남원 읍지 『용성지』를 보면 전주·나주·영광 3대읍에서 양반들이 싸우다 향안이 파

곡성 향안. 향적, 향중좌목, 향안, 향유사안으로 명명되어 있다.

기되었다. 남원도 향안이 파기되면서 전통양반 중심의 「직월안」과 신흥양반 중심의 「좌수안」으로 분화되었다. 향안이 사라지는 일은 전국적인 현상이었다. 이를 가지고 조선후기에 신분제가 오히려 공고화되었다고 주장한 학자가 있다. 그에게는 광주 양반 하면 기·고·박 3성, 남원 양반 하면 최·노·안·이 4성을 드는 속설도 주장의 근거가 되었다. 하지만 18세기 후반에 향안이 사라진 점을 그 무렵부터 확산되는 성씨 사용, 족보 편찬, 유학 호칭 등과 함께 생각하면 신분제가 동요되어 간다고 보아야 옳을 것이다.

향약-자치에서 어용으로

조선의 지배층은 양반이다. 고을 차원의 지배권을 확립하고자 한 양반들의 노력은 향약에서도 드러난다. 향약은 군현단위의 양반 지배력을 확보하기 위한 자치조직이다. 중국 송나라의 여씨향약(呂氏鄕約)으로부터 향약의 기원을 찾을 수 있다. 여씨향약은 여씨 형제가 일가친척은 물론이고 향리 전체를 교화하고 선도하기 위해 만든 약속이었다. 이는 주자에 의해 가감·증보되었고, 주자향약은 대민교화에 지대한 영향을 끼쳐 명과 청나라에서 국령으로 전국에 실시되었다.

조선의 향약도 주자향약으로부터 비롯되었다. 주자향약은 『주자대전』에 실려 고려말에 주자학과 함께 전래되었으나, 바로 실시되지는 않았다. 1398년(태조 7)에 태조가 자신의 향리 함흥에 대한 향헌(鄕憲) 41조를 친히 제정하고, 효령대군으로 하여금 반포·실시하게 하면서 향약은 처음 실시되었다. 이후 광주, 안동, 태인 등지에서도 향약은 실시되었다. 그중 광주향약에 대해 『광주읍지』에 다음과 같이 소개되어 있다.

"김문발은 문정공 태현의 7세손이다. 태종 때에 은일로 형조참판, 황해 감사를 역임하고 일찍 관직에서 물러나 원지(園池)를 가꾸어 부용정이란 편액을 걸고 고을 사람들과 더불어 여씨남전향약과 주자백록동규를 시행하여 풍교(風敎)를 장려하였는 바 광주의 향약은 이때부터 시작되었다."

광주 사람 김문발에 의해 광주향약이 처음 실시되었다 하나, 이는 동약 수준이었다. 그래서 그 향약을 '부용정 동약'이라 한다. 이선제를 배향하는 수암서원 원지(院誌)에 의하면, 1451년(문종 1)에 광주사람 이선제가 향약을 시행한 것으로 나타나 있다. 이선제는 세종 때 집현전 학사로 재임하며 『고려사』와 『태종실록』 편찬에 참여했고, 광주가 무진군으로 강등되었을 때에 복호에 앞장섰다. 이로 보아 광주향약은 15세기 중반에 이선제에 의해 처음 조직되었던 것임에 분명하다. 이는 16세기 말에 기대승과 박순에 의해 수정되었다. 이렇게 보면 광주향약은 전국에서 선구적으로 실시되었음을 알 수 있다.

향약이 전국에 본격적으로 시행되기 시작한 것은 사림파에 의해서였다. 1517년에, 경상도 함양현의 유생 김인범이 상소를 올려 향약을 백성의 교화를 위해서 실시할 것을 주장했다. 이에 정부에서는 주자향약을 지방관으로 하여금 널리 유포하게 했고, 그와 더불어 주자향약의 언해본이나 주석본도 유포했다. 사림파들은 훈척계열의 대민수탈을 통제하기 위한 수단으로 향약 보급을 제안했다. 그들은 향약을 통해 유교윤리를 향촌사회의 자치조직 속에서 실천함으로써, 훈척의 비리를 배제하고 소농민층의 유망을 방지하여 향촌의 근본적인 안정을 달성하고자 했다. 그러나 조광조를 비롯한 신진사림들이 기묘사화로 실각하면서 향약보급운동은 일시 중단되고 말았다. 그렇지만 향약은 각지의 양반들에 의해서 개별적으로 시행되고 있었다. 그 후 사림정치가 구현된 선조 때에 이르면 향약은 전국적인 시행을 보게 되었다.

여씨향약은 덕업상권, 과실상규, 예속상교, 환난상휼 4조로 되어 있다. 이러한 규약은 조선의 풍속교화에 큰 영향을 끼쳤으나, 우리의 고유한 풍습과 실정에 알맞은 향약을 만들 필요가 생겼다. 그래서 퇴계 이황이 1556년에 예안향약을 만들었고, 율곡 이이가 1571년에 서원향약과 1577년에 해주향약을 만들어 시행했다. 이들은 여씨향약을 참작하고 예로부터 내려오는 상부상조의 계 조직을 추가하여 소농민의 생활을 안정시키는 데에 주안점을 두었다. 전래 향약에 조선의 사회경제적 사정을 반영하여 '조선적인 향약'을 만들었다. 이후에 각 지역에서 제정된 향약은 이황과 이이의 향약을 모범으로 삼은 것이었다.

사림정권이 들어선 이후부터는 양반들은 군현 단위의 지배체제를 자신들 중심으로 구축하기 위하여 향약을 나서서 조직하기 시작했다. 그리고 양란을 겪은 뒤 전후복구 과정에서 양반들은 또 다시 향약을 이용했다. 1606년 망암 변이중이 장성에서 향약을 만들었는데, 10조의 규약을 두고 봄·가을로 학습을 하니, 고을의 풍속이 크게 교화되었고 사방에서 이를 본받았다 한다. 1619년에는 최동립이 담양에서 향약을 설치하여 선행을 권하고 악행을 징계했다. 이리하여 이후 향약은 군현 단위의 자치조직이지만, 오직 양반들의 이익을 보장해주는 장치에 불과하게 되었다. 지방양반들은 약정, 부약정, 직월 등의 임원을 두어 향약을 운영하였다. 이들 향약 임원들 가운데 직권을 남용하여 주민들을 괴롭히고 향풍을 문란시킨 이가 있었다. 특히 18세기 이후 수령이 개입하여 향약을 통치행정의 도구로 삼기도 했다. 예를 들면, 18세기 초에 순천부사 황익재가 전문과 17개 조목으로 구성된 향약을 실시한 바 있다.

정약용 같은 실학자가 향약의 폐단이 도적보다 심하다고 말한 것은 그러한 사정을 반영한 것이다. 그리하여 향약이 제 기능을 상실한 채 있어도 별다른 역할을 못하고 있었다.

그러던 향약이 19세기 말에서 20세기 초에 엉뚱하게 어용조직이나 관변단체로 이용되며 다시 한 번 주목의 대상이 되었다. 동학이 확산되자, 양반유림들이 동학을 타도하기 위해 향약을 장려했다. 그리하여 이미 유명무실화된 향약을 복구한 지역이 있는가 하면, 새로이 만들어 실행한 지역도 있었다. 강진의 경우 동학 봉기 1년 전에 향약계를 만들었는데, 읍내에 도약소를 두고 각 면에 약소를 두었다. 또한 일제의 국권침탈로 항일의병이 일어나자 의병을 타도하기 위해 향약은 친일적인 관료들에 의해 장려되었다. 이런 경향은 일제 강점기까지 유지되었다. 일제는 1930년대에 향약을 장려하는 정책을 폈다. 구래의 4대 절목 외에 여러 세칙을 추가하여 우리 민족을 통제하기 위해서였다. 그에 따라 전라남도와 전라북도 여러 곳에서 향약이 운영되었다. 예를 들면 1934년에 광주 소화정(현재 계림동)에서 '광주향약'이 민풍 개선, 청소년 지도, 의례준칙 보급 등의 조목으로 창립되었다. 1936년에 구례 구례면에서 '구례향약'이 기존의 4대 절목 외에 산업 개발, 위생 등의 조목으로 창립되었다. 4대 절목도 제목만 옛날식이지 내용은 일제 정책에 따르라는 것이었다. 이와 비슷한 일이 전북에서도 일어나 '고창향약', '흥덕향약', '무장향약' 등이 만들어졌다.

향전─신분과 당색으로

무엇보다도 향안이 변질된 것은 조선후기 신향(新鄕) 세력의 등장으로 인한 향촌 내 지배층의 갈등이 원인이라고 할 수 있다. 18세기에는 종래의 양반과는 다른 계층이 양반으로 등장하는데, 이들은 신향으로 불려진다. 이들이 등장하게 된 배경은 사회경제적인 변화로 인한 신분 상승이 주요 요인이었다. 평민 가운데 양반으로 신분을 상승한 계층, 공로로 품계를 얻은 사람, 납속책에 따라 양반이 된 사람, 양반 신분을 사칭한 사람들이 많아지면서 새로운 양반층이 형성되었다.

특히 납속책은 국가나 관청에서 재원을 마련하기 위해 곡식이나 돈을 받고 관직이나 품계를 파는 제도로써, 양반이나 향리 등에 국한되었던 것이 일반 평민과 천민에게도 적용되었다. 특히 재원 확보를 위해 공명첩을 남발하는 바람에 재력이 있는 일반 평민이 양반으로 행세할 수 있는 길을 터 주게 되었다. 그리고 양반 사칭의 경우는 호적이나 족보에 양반으로 거짓 기재하는 방법을 통해 이루어졌다. 어떤 방법이었던 간에 양반으로의 신분 상승이 양반으로서의 진정한 권위를 인정받는 것은 아니었지만, 군역 등의 회피 수단으로 이용되었으며 '양반처럼 행세'하는 데에도 도움이 되었던 것은 사실이다. 현재 남아 있는 조선후기의 호적에 유학, 유생, 학생 등으로 기재된 사람이 많은데, 이들 가운데 상당 부류는 양반처럼 행세한 사람이 아니었나 여겨진다.

새로이 품계나 관직을 얻었던 사람들 가운데는 양반으로서의 사회적 지위를 확보하려고 노력하지 않을 수 없었다. 그들은 우선 향안에 이름을 올려 명실상부한 양반으로 인정받고 싶었지만, 그것을 전통양반들이 들어줄 리가 없었다. 당연히 들어오려는 측과 막으려는 측 사이에 향안 입록을 둘러싸고 갈등이 발생하지 않을 수 없었으니, 그 갈등을 향전 (鄕戰)이라 한다. 향전을 거듭 겪은 기존 양반들은 아예 향안을 파기하기에 이르고 말았다. 그러면서 자신들 중심의 명단을 별도로 만들었다. 일찍이 남원 사람이 말했다.

"무식하고 염치를 모르는 무리들이 방자히 행동하고 향안을 출세하는 사사로운 쪽지로 삼고, 향임을 집안을 일으키는 돈방석으로 알아 자리를 놓고 다투는 것이 극에 달하였다."

남원의 신향들은 향안뿐만 아니라 향청 향임도 넘보고 있었다. 향교의 교임을 차지하거나 유생이 되려고도 했던 것이다. 남원의 서자, 향리, 평민 출신의 생원·진사들은 사마소에 들어가려 하다가 전통양반들과 크게 싸웠다. 양측은 남원 관아, 감영, 암행어사에게 투서했다가 감옥에 갇히는 처벌을 받기도 했다. 앞에서 말한 것처럼, 향안, 향청, 향교, 사마소 등은 양반들이 중심이 되어 구성한 것으로 양반의 향촌 내 지위를 유지하는 데 도움이 되는 역할을 국초 이래 해왔다. 그런데 그 기구 내에 신향이라고 불리는 새로운 사람들이 들어오려 하니, 이를 전통양반이 뒷짐 지고 보고만 있을 수는 없어 남원 땅에서 이런 일이 벌어졌던 것이다. 그래서 어디나 막기만 하는 구향들을 향해 신향들은 저항했다. 남평 신향들은 투덜거렸다.

"본읍의 향교에는 무단협잡한 무리들이 있어 9가문 외에는 향교의 교임과 각소의 직임을 영영 차출하지 않고 구별을 몹시 심하게 합니다."

불평을 터뜨린 이들을 구향들이 감영에 고소하여 처벌을 받게 했다. 그렇지만 신향들은 그치지 않고 차별을 시정해 달라고 집요하게 주장했다. 암행어사까지 내려와서 남평 향임의 절반을 신향에게 양보하라는 판결을 받았다. 이제 어느 고을이건 간에 강약의 차이는 있을지언정 향전이 그칠 날이 없게 되었다. 장성의 경우 당쟁의 영향을 받아 당색별로 나뉘어 향교와 향청의 운영권을 잡기 위해 서로 능멸하고 다투었다. 비슷하게 나주는 경현서원(미천서원) 원장을, 광주는 포충사 원장을 차지하기 위해 동인계와 서인계가 서로 싸웠는데, 원장에 선임되지 못하게 실력 행사를 하거나 이미 선임된 문서상의 원장 이름을 훼손하는 일이 벌어졌다. 남원의 경우 신향들이 향리들과 연합하여 구향에 대항했다. 보성의 경우 신향들은 수령과 결탁하여 향약을 중심으로 활동하기에 그들을 '약파'라 하고, 구향들은 향교를 중심으로 활동하기에 '교파'라 했다. 다들 복잡하게 얽혀 해결의 실마리를 찾기 어려운 가운데, 개항을 맞고 식민지배를 거치며 해방까지 맞이했다. 그 과정에서 우리는 동학과 반동학, 친일과 민족운동, 좌익과 우익의 갈등을 겪었으니, 그 내부 역학관계는 매우 복잡할 수밖에 없었다.

6. 향리, 행정실무를 담당하다

> 읍의 이서는 본래 정해진 수가 있으며 이는 대개 주·부·군·현의 대소를 헤아려 나눈 것입니다. 당초의 법은 그것의 자세함을 다했는데, 근래에 오면서 무단히 증가시켜 심지어는 과거에 비해 배가 되는 곳도 있습니다. 이는 바로 안면에 매이고 청탁의 끌림에 지나지 않은 것이었습니다. 또한 자기 마음대로 해서 나라를 좀먹고 백성을 병들게 하는 것이 모두 여기에서 생겼다는 것을 고려하지 않으니 어찌 크게 개탄하지 않을 수 있겠습니까? 〈비변사등록 헌종 4년 4월 30일〉

법을 무시한 채 임의로 뽑아 지방관청의 향리 수가 너무 많고, 그로 인해 나라가 좀먹고 백성이 병들고 있다는 기사입니다. 요즘 말로 공무원 수가 많다는 뜻으로 들리는데, 향리는 누가 맡았고, 어디에서 무슨 일을 했기에 이런 현상이 나타났을까요? 개항 이후 지방제도가 개편될 때 향리들은 어떤 일을 하게 되었을까요? 기생도 관청조직에 들어있었으니 함께 알아보면 흥미롭겠습니다.

질청-6방으로 운영

조선시대에 지방관아에서 행정실무를 담당한 사람들은 크게 향리, 군교, 관노비 등 세 부류로 구성되었다. 이들을 흔히 '관속삼반(官屬三班)'이라 한다. 이들은 각각의 청사에서 근무했다. 향리가 근무하는 질청, 형을 집행하는 형리가 근무하는 추청, 치안을 담당하는 군관이 근무하는 군관청, 사환 일을 맡는 사령이 근무하는 사령청, 잡일을 맡는 관노들이 근무하는 관노청, 관기들이 근무하는 교방 등이 있었다. 이 점에 대해 하나씩 알아보겠다.

우리는 오늘날 공무원을 관리라고 한다. 본래 관리는 '관과 리'라는 말이다. 관은 이조판서·고부군수처럼 실직을 맡고 있는 사람이다. 정약용이 『목민심서』에서 말하는 목민관이 바로 '관'이다. 이에 반해 리는 서리·향리처럼 행정실무를 맡고 있는 사람이다. 이 가운데 향리는 지방관속 가운데 으뜸이다. 이들이 근무하는 청사를 인리청(人吏廳), 이청(吏廳), 성청(星廳), 연청(掾廳) 등으로 불렀다. '질청(作廳)'이라고도 했는데, '작'으로 읽지 않고 이두이기 때문에 '질'로 읽는다. 어떤 문서에는 질청(質廳)으로도 기록되어 있다.

행정 실무자를 대표하는 기관이 질청이다. 질청에는 이방, 호방, 예방, 병방, 형방, 공방 등 6방으로 불리는 향리들이 근무했다. 6방 가운데 이방(吏房)을 수리(首吏)라 하여 가장 높게 쳐줬다. 업무가 분화되면서 6방 외에 대동색, 속오색, 금위색, 호적색, 전세색 등등 'ㅇㅇ색'으로 불리는 직책이 늘어났다. 그러한 나머지 18세기의 경우, 군 단위 지역만 보아도 영암군 80명, 순창군 68명, 진도군 31명, 보성군 30명, 낙안군 27명 정도의 향리가 있었다. 국법에 군은 20명이 정원이었으니, 이는 크게 초과한 것임에 분명하다. 향리 숫자가 늘어난 것은 그들의 탐욕도 원인이었지만, 대동법이나 균역법 같은 새로운 제도의 시행이나 금위영이나 어영청 같은 새로운 군대의 창설도 한몫했다. 주민 자치로 해오던 일 가운데 관아로 넘어 간 것이 늘어났다는 말이다. 당연히 향리들의 역할이 증대되고 중요할 수밖에 없었고, 그 과정에서 향리들에 의한 부정부패는 큰 사회적 문제로 떠올랐다. 그러다 보니, 어떤 이는 '향리 때문에 나라가 망할 것이다', 또 다른 이는 '향리는 나라를 이끌어가고 제도를 유지하는 존재다'고 했다. 서로 상반된 향리관을 내보였던 것이다.

이들은 자신들의 업무 내역을 『질청등록』이라는 문서에 기록으로 남 겼다. 현재 동복현(현재 화순) 것이 우리나라에서 유일하게 서울대 규장각에 남아 있다. 1794년부터 1890년까지 1백 년간 직임의 충 원·차출·승진·퇴임, 구성원의 복지·부조, 청사의 재정 등에 대해 소상하게 기록했다. 재정의 경우 지방세, 신입회원 가입비, 제역촌, 사 찰, 자체 소유지 등으로 수입을 올려 공무수행 여비, 출장관리 접대비, 감영 상납비, 부의비 등에 사용했다.

질청의 직임을 맡는 사람들은 이족(吏族)이라 하여 대대로 그 직임을 맡아온 사람들의 후예였다. 이족은 신라 때부터 기원한 것으로 학계는 보고 있다. 고려 때에는 토성이라 하여 자기 지역을 본관으로 하는 사람 들이 이족이었다. 예를 들면, 압해현은 박(朴), 주(朱), 정(丁), 강(江), 남(南)이 토성인데, 그 가운데 박, 주, 정, 강이 그곳 향리를 맡았다. 고려말과 조선초를 거치면서 토성이 분화되어 일부는 상경하여 관리가 되고(사족), 일부는 고향에 남아 향리가 되었다(이족). 그래서 사족과 이족은 본래 한 뿌리였다. 어떤 곳은 토착성씨가 끝까지 향리직을 맡았 지만, 어떤 곳은 이족이 고정되어 있었던 것은 아니다. 예를 들면, 조 선후기 동복의 이족을 대표하는 동복오씨는 1680년 경신환국 때에 낙 향하여 향리직을 맡았다고 한다. 곡성을 대표하는 이족으로 알려진 나 주정씨도 그 시작이 오래되지 않는다. 고창의 호장과 이방을 역임한 신 재효도 그의 부친 때 서울에서 고창으로 이거하여 정착했다. 그러니까 원래부터의 향리는 그리 많지 않은 것이다.

향리들이 고을 사무를 처리하려면 상당한 식견과 능력이 있어야 했 다. 한문과 이두의 해독, 공문서의 작성, 재정 회계, 법전 이해 등 행 정실무에 필요한 자질이 요구되었다. 그 외에 양반을 상대하려면 유학에 대한 해박한 지식이 필요했고, 위세 부리는 감영 영리들과 상대하려면 그들과의 친분도 필요했다. 원활한 공무수행을 위해 일반 백성들의 가렵고 아픈 곳을 알 필요도 있었다. 이러한 자질을 아무나 손쉽게 갖출 수 있는 것은 아니었다. 이리하여 향리들은 어려서부터 현직에 나가 있는 가족들로부터 직무수행에 필요한 실무지식과 유학경전을 체계적으로 공부했다. 그런 다음에 젊은이들이 맡는, 고을마다 10~20명 정도 되는 통인(通引)이라는 직임에서 실습을 거친 다음, 비로소 향리직에 나갈 수 있었다.

한 번 나가면 괜찮았다. 고을의 모든 공공업무가 그들의 손에 의해 수행되었다. 객지 생활하는 수령은 와봤자 2년 넘기기가 힘들었다. 이런 속에서 이 핑계 저 핑계로 재력을 모은 향리들이 많았다. 김진수(1797~1865)라는 사람이 지은 「호남요(湖南謠)」라는 시를 보면, 전라도 향리들의 술과 기생에 찌든 사치생활과 소리와 서화에 경도된 문화생활을 엿볼 수 있다. 이 시는 작자가 와서 직접 목격한 호남의 풍습을 읊은 것이어서 내용은 신뢰도가 높다. 이럼에도 불구하고 향리들은 틈만 나면 향리직을 떠나려 했다. 신분제 사회에서 양반 행세를 하고자, 거세지는 민중저항에서 벗어나고자 그랬다. 그래서 혹 향리가 부족하면 일반인에게서 차출했는데, 그를 가리(假吏)라 했다. 그러하다 보니 특정 가문의 유력가계에서 향리직을 독점하기도 하지만, 평민들이 수령과 결탁하여 새로이 이족이 되기도 했다. 한 번 이족이 된 사람들은 자신들의 배타적 지위를 유지하고 세습하기 위해 명부를 만들었는데, 광주의 「인리안」, 남원의 「호장선생안」이나 「이방선생안」 등이 남아 있다.

양로당-퇴임 향리 모임

'질청'을 대표하는 자리는 이방이지만, '향리 세계'를 대표하는 자리는 호장(戶長)이었다. 호장은 '현'이면 현사(縣司)라는 곳에서 집무를 보았다. 그 또한 자신의 일과를 일기 형태로 남겼다. 나주 호장들이 고려후기부터 조선전기까지의 일과를 기록한 『금성일기』가 남아 있다. 우리나라에서 가장 오래 된, 그리고 유일한 호장일기이다. 여기에 『고려사』 등의 관찬사서에 없는 기사가 적지 않게 수록되어 있다는 점에서 사료적 가치가 높다.

호장은 일정한 나이가 되면 퇴임했다. 고려의 경우 70세에 퇴임하여 '안일호장'이 되었다. 조선의 경우 퇴임한 호장은 안일방(安逸房)이란 조직체를 만들어 단결을 도모할 뿐만 아니라, 향리를 감찰하고 인사권을 배후에서 조종했다. 세월이 흐르면서 가입 조건도 완화되어 질청 역임자도 들어왔다. 여러 곳에서 창설되었는데, 고을마다 이름이 다르다. 흥양은 향로재, 남원·임실은 양로당, 영광·무장은 남극재, 강진·곡성·광양은 수성당, 영암은 수성사, 광주는 수녕당이라 했다. 늙은 '노'자가 들어가 있다. 이들 조직체는 노계 또는 노인계로 표현되는 계로 운영되었다. 이런 전통은 20세기에 들어와서도 계속 되었다. 1925년에 나주의 향리 후손들은 혁신 청년운동에 대응하고 자신들의 부조·단결을 위해 이로회(頤老會)를 창설하고서 이로당이라는 건물을 신축했다. 40세 이상의 244명이 창설에 참여했는데, 주도자는 나주면에 살고 있는 한말 나주지역의 유력 향리가 출신이었다. 이들은 1920년대 후반에 학생운동과 신간회 결성에 참여했다.

이 외에 향리들은 부군당(府君堂)이라는 자신들의 사당을 건립하고, 부군제(府君祭)라는 제의를 정기적으로 거행하기도 했다. 이 점에 대해 박지원이 말했다.

"지금의 서울의 모든 관아와 밖으로는 주현에 이르기까지 그 이청 곁에
신을 향사하는 사당이 있어 이를 모두 부군당이라 부른다."

서울의 각 관아마다 기도하고 제사하는 곳이 있는데 그곳을 부군당이
라 했다. 새로 부임한 관리는 반드시 그곳에서 제사를 지내어 복을 빌
었다. 이를 요사스런 행위로 여긴 15세기 선비 어효첨이 부군당을 모두
불태우고 헐었으나, 끝내 사라지지 않았다. 도리어 지방향리들도 부군
당을 지었다. 영암 고지도를 보면 읍성 남문 앞 3리 지점에 '부군당'이
보인다. 동복에서는 질청에서 부군제를 주관한 흔적이 기록으로 남아
있다.

이러한 과정을 거쳐 고부의 은씨, 곡성의 정씨, 금구의 온씨, 김제의
김씨, 담양의 국씨, 동복의 오씨, 만경의 곽씨, 부안의 신씨, 순창의 호
씨, 운봉의 박씨, 태인의 시씨, 함평의 모씨 등은 전라도에서 유명한 향
리 집안이었다. 상당수 성씨는 숫자가 많지 않은 희성이라는 점이 눈에
띈다. 특히 동복의 동복오씨와 곡성의 나주정씨는 근대기에 관계와 재계
에서 큰 활약을 했다. 담양의 담양국씨 또한 일제 강점기 지역유지로 활
동했음이 사례연구를 통해 밝혀졌다.

통인(通引) 정충신

통인이란 지방관아에서 심부름 일을 하는 젊은이를 말한다. 보통 향리 자제들이 통인 직을 맡았다.

정충신(鄭忠信)은 광주에서 태어났다. 광주 향청의 좌수이던 그의 아버지가 무등산이 갈라지면서 청룡이 튀어 나와 몸을 휘감는 꿈을 꾸었다. 태몽이었다. 정충신은 영특한 지략과 기지로 어려서부터 주위사람들을 놀라게 했다. 병영에 일보러 갔는데, 늙은 기생이 병사(兵使)가 먹다 남은 음식을 먹으라고 주자, 물리치고 먹지 않으며 말하기를, "대장부는 마땅히 병사가 되어 큰 상에 푸짐하게 차린 음식을 받아먹어야 되는 것이지, 어찌 그가 남긴 음식을 먹을 수 있겠소."라고 말한 적이 있었다.

광주 관아의 통인 일을 하고 있었는데, 광주목사로 부임한 권율이 그를 보고 비범하다는 것을 알고서 가까이 두었다. 임진왜란이 일어나자 정충신은 권율의 휘하에서 활약했다. 왜적을 무찌른 소식을 어린 나이에 자진하여 단신으로 적중을 뚫고 의주 선조에게 전달했다. 의주에서 이항복 눈에 띄여 공부를 한 후 무과에 급제했다. 인조 때 '이괄의 난'을 진압한 공으로 금남군이 되었고, 그의 군호는 미 군정기 때에 광주 도로명(금남로)으로 사용되었다.

교방-기생을 키우다

지방관아에는 천민의 신분으로 잡일을 맡는 관노비가 있었다. 관노비란 관노(官奴)와 관비(官婢)를 말한다. 15세기 『경국대전』에 따르면, 목에는 450명, 부에는 300명, 군에는 150명, 현에는 100·40명의 관노비를 두도록 했다. 그런데 후대로 갈수록 정원을 채우지 못하고 그 숫자는 줄어들고 있었다. 군으로 호칭된 고을 12개 가운데 6개 고을의 관노비 숫자가 18세기 『여지도서』에 기록되어 있다. 이를 보면, 많게는 89명에서 적게는 23명에 이르는 관노비를 보유하고 있었다. 정원의 절반에도 못 찬 숫자인데, 이마저도 갈수록 줄어들고 있었다. 이러한 현상은 신분제 동요의 결과였다. 부족한 일손은 당연히 돈을 주고 일꾼을 사서 충당할 수밖에 없었다.

군의 관노비(『여지도서』)

군	관노	관비	합계
영광	57	32	89
순창	45	44	89
영암	29	35	64
보성	30	16	46
낙안	12	15	27
진도	14	9	23

관노는 남자 종이다. 수령을 보좌하거나 향리와 동행하여 통치업무를 맡았다. 구체적으로 말하면, 관아 잡일을 맡았고 상급기관이나 예하 면리에 공문서를 전달하거나 관내의 재물 창고를 관리했다. 이 외에 유사시에는 무기를 들고 싸움터로 나가기도 했다.

관비는 여자 종이다. 일부는 수령의 의복이나 음식을 제공하는 일을 맡는데, 그들을 '주탕(酒湯)'이라 했다. 또 일부는 예능을 익혀 망궐례와 같은 공적행사 또는 연회와 같은 사적행사 때에 음악과 무용을 담당하였는데, 그들을 관기(官妓)라 하거나 기생(妓生)이라 했다. 따라서 관비는 주탕과 관기로 구성되었던 것이다.

관기 이야기를 자세히 해보자. 관기가 근무하는 곳을 보통 교방(敎坊)이라 불렀다. ①광주의 경우 1714년에 부임해온 이희담 목사가 교방을 세웠다. ②능주의 경우 교방이 동헌 북쪽에 있었다. ③남원 교방에는 기생 15명, 어린기생 4명, 전악(典樂, 음악 교사) 2명, 악공 1명이 있었다. 이들은 북과 징을 치며 아박무(牙拍舞) 등의 각종 춤을 췄고, 영산회상·죽지곡·목동가 등의 각종 노래를 불렀다. ④이외에 전주, 순창, 무주, 옥과, 제주, 그리고 좌수영 교방이 확인되고 있다. 많이 있었을 것이지만, 확인된 게 이 정도뿐이다. 바로 이 교방에 어린 여성들이 들어갔는데, 1914년 조사에 의하면 기생 입문 나이가 9~11세였다 한다. 그들은 교방에서 노래와 춤을 익힌 후 본 고을에 남거나 아니면 도성으로 올라가거나 타지로 건너가서 행사에 동원되어 자신의 재주를 뽐냈다. 그러다가 서른을 넘기면 기생 노릇을 그만두고 시집가 살기도 하고, 기생어미로 남아 기생에 대한 교육과 관리를 맡았고, 독립하여 음식집을 차려 생업을 삼기도 했다.

그러다 보니 여러 가지 이야기가 나올 수밖에 없었다. ①관기를 서로 차지하기 위한 다툼이 벌어졌다. 현지 유력자가 흠모해 오던 관기를 새로 부임한 수령이 독차지하려 할 때, 유력자와 수령 사이에 다툼이 벌어진 경우가 잦았다. 이와 함께 임기를 마치고 떠나는 수령이 관기를 데리고 가버려 그 고을에 피해를 남긴 경우도 한둘이 아니었다. 물론 이런 수령들은 나중에 처벌을 피할 수 없었다. ②이와는 달리 정절을 지킨 관기가 있었다. 옥과 교방에 옥화(玉花)라는 이가 있었다. 양반 정렴지의 딸로 어린 나이에 현감 권설(1705~1706 재임)의 돌봄을 받았다. 그러나 얼마 지나지 않아 권설이 죽자 옥화는 이때 나이가 매우 어렸음에도 처음부터 끝까지 정결히 몸을 지키기를 옥과 같이 했다. 권설의 제사 날에는 반드시 서울에 올라가서 제사 음식을 마련했으며 남장을 하고 왕래했다. 스스로 피로써 맹세하니 사람들이 칭하기를 순절기녀(純節妓女)라 했다. ③관기 가운데 '애인'의 권세를 이용하여 '힘' 자랑한 이도 있었다. 철종 때 세도가 김좌근의 첩이 나주 관기 출신 양씨였다. 양씨가 김좌근의 총애를 믿고 벼슬을 팔고 뇌물을 받아서 살림이 수만 냥이나 되었다. 성질은 그런대로 인데 투기가 심해 김좌근의 뺨을 친 적도 있다는 말이 떠돌았다. 대원군이 경복궁을 중건하면서 돈이 부족하자 그의 방자함을 들어 처벌하려고 하자, 양씨가 중건비로 10만 냥, 그리고 고종 결혼비로 10만 냥을 내놨다. 그래서 대원군이 처벌을 면해주었다는 이야기가 전한다. ④자신의 기예를 예술로 승화시킨 관기도 있었다. 현재의 고창군 심원면 검당포 포구에서 세습무당의 딸로 태어난 진채선(陳彩仙)은 타고난 음악성을 토대로 고창현의 관기가 되었다. 관기가 되어 신재효 밑에서 판소리를 배웠다. 1869년 진채선이 스물두 살이 되던 해, 흥선대원군이 경복궁 중건식을 열면서 전국의 소리꾼들을 불러 모았다. 진채선도 올라가 남장을 하고 '명당축원가', '춘향가' 등을 불렀다. 대원군은 진채선의 빼어난 소리에 감동을 하고서 그녀를 서울에 머물게 했다. 대원군이 세상을 떠난 후 더 이상 소리를 하지 않았다는 말이 전한다. ⑤1870년에 영광 기생 란초(蘭草)가 처리할 일이 있어 집안 재산이 있는 원산면(현재 염산면)을 다녀오겠다고 청하자, 군수가 5일간 휴가를 내주었다. 그런 란초가 얼마 뒤에 노모 봉양을 위해 기안(妓案)에서 빠지겠다고 청하자, 군수는 관아 일을 맡도록 편성되어 있어 사적으로 빼줄 수 없다고 거절했다. 기생에게도 휴가가 주어졌고 자기 마음대로 그만둘 수도 없었음을 알 수 있다.

1894년 갑오개혁 때 신분제도가 철폐되면서 관기도 사라졌다. 그에 따라 교방도 사라질 수밖에 없었다. 이제 예능의 중심은 사기(私妓) 또는 무녀(巫女)의 손으로 넘어갔다. 이들은 일제에 의해 '기생조합'을 설립해야 했고, 기생조합은 곧 이어 권번(券番)으로 이름이 바뀌었다. 이제 권번에서 예능을 교육시키고 공연을 주선했다. 전라도 지역에서는 전주, 군산, 남원, 정읍, 그리고 광주, 목포, 순천, 나주 등 대도시에 권번이 등장했다. 권번 설립자들 가운데는 재력가도 있었는데, 목포권번은 영암 출신의 지주 현기봉을 주축으로 했다. 광주는 권번이 남문 밖과 북문 밖에 각각 두 개나 있었다. 전주권번에서는 곡성 출신의 장판개가 기생들에게 판소리를 가르쳤고, 목포권번과 순천권번에서는 정광수가 가르쳤다. 남원권번에서 명창 이화중선이 활동했고, 전주권번에서는 영암 출신의 가야금 명인 김창조가 활동했다. 바로 이들 권번 기생이 3·1운동 때에 독립만세 시위에 동참했다.

특기할 만한 점은 1932년의 경우 광주권번 소속 기생 21명 중 6명이 무녀 출신이었다. 남원권번은 10명 가운데 4명이 무녀 출신이었고, 목포권번은 거의가 무녀 출신이었다 한다. 일제의 단속으로 입지가 줄어든 무당들이 예능 분야에 대거 뛰어든 결과였다. 그래서 20세기에 들어와서 예능 분야는 이른바 '단골' 출신들이 차지했다. 무당들은 자치조직인 신청(神廳)을 통해 예능교육을 이어갔다. 진도, 나주, 장흥 등지에 있던 신청이 크게 활약한 것으로 보인다.

주사—근대 직책

개항 이후 지방제도의 개편은 갑오개혁 때에 처음 단행되었다. 그리고 광무개혁 때에도 지속되었고, 통감정치 때에는 일제의 간섭 속에서 이어졌다. 그럴 때마다 수령의 권한은 물론이고, 지방관속들의 입지는 이전보다 약화되어 갔다. 관속들에 대한 이야기를 해보자.

첫째, 일단 관속의 수가 전보다 크게 줄어들었다. 도의 경우 감영에 수백 명이 있었는데 고작 주사(主事) 몇 명만을 두었다. 군의 경우 국초의 법전 정원은 부 34명에서 현 18명이었으나 후기에 이르면 1백여 명 내외였다. 이를 갑오개혁 때 37~27명으로 줄였던 것이다.

둘째, 관속의 권한이 전보다 축소되었다. 갑오개혁 때 경찰기관이 독립함에 따라 지방관속들의 치안업무도 비로소 사라지게 되었다. 1895년 5월 지방제도 개혁 때에 각 부에 경무관 1인, 경무관보 1인, 총순 2인을 두고, 또 순검도 두어 치안업무를 담당토록 했다. 따라서 이전부터 치안업무를 보던 군교층은 사라지지 않을 수 없었다. 이 외에 징세권은 중앙기관인 탁지부로, 재판권은 신설 지방재판소로 각각 넘어갔다.

셋째, 관속의 수입이 전보다 감소했다. 관속들은 각 관청에서 역가(役價)라는 이름으로 공식적으로 지급되는 급료를 받았다. 그리고 그들은 출장 때나 아니면 업무처리 때 인정채(人情債)라 하여 사적으로 징수하는 수수료도 챙기어 왔다. 이를 전면 폐지 및 금지하고서 급료를 법으로 정액화하면서 금액도 전보다 삭감되었다.

이러한 개혁으로 국왕은 중앙집권적인 근대국가를 수립하려 했지만, 관속 등의 중간층은 소외받을 수밖에 없었다. 그래서 그들은 갖가지 반응을 보였다. ①반발을 한 사람들이 있었다. 곳곳을 돌아다니며 비행을 일삼거나, 봉세관을 사칭하여 세금을 걷고 아니면 공금을 횡령하여 착복하기도 했다. 가령 나주의 경우 한 향리가 목사를 부추겨 규정 외의 세금을 거두고 횡령한 쌀이 5~6만 섬에 이른 일이 있었다. 이에 나주 농민들이 1899년에 분노하여 죽창으로 무장하고 북과 나팔을 울리며 봉기를 하자 암행어사가 내려와서야 겨우 진정되었다. ②생계유지에 급급한 사람들이 이었다. 장성군의 경우 군청의 서리들이 생계를 구하기 위해 소작지 경쟁에 뛰어들었다. 그러자 덩달아 군 전체의 소작 기간이 불안정해지고 소작권의 매수가격도 크게 인상된 적이 있었다. ③학식과 재력을 겸비한 사람들은 재테크에 나섰다. 강진의 김씨 향리들은 지주경영과 회사경영에 수완을 발휘했다. 동복의 오씨 향리들은 목단·인삼·대마 등 상업작물을 대규모로 재배하거나 사채를 운영하여 큰 수입을 올렸다. 세곡 운송 업무를 불하받아 그 과정에서 치부를 한 향리들도 있었다. 돈을 번 중간층들은 서울이나 일본으로 유학을 갔고, 갔다 와서는 근대 지식인으로 사회 지도층 인사가 되었는데, 강진의 영랑 김윤식도 여기에 해당된다. 뿐만 아니라 그들은 근대학교를 설립하거나 기아자를 구휼하는 데에 성금을 내어 지역의 명망가가 되기도 했다. 그 가운데는 일제 말기까지 살면서 앞장서 친일을 하여 나중에 친일파가 된 사람도 적지 않다.

우리가 앞에서 살핀 조선의 여러 관아 건물은 개항 이후 철거되거나 새로운 관공서로 사용되었다. 조선의 읍치에 그대로 근대의 군 치소가 들어섰기 때문이다. 예를 들면, 곡성의 경우 객사 자리에 보통학교가, 동헌 자리에 군청이, 질청 자리에 경찰서가, 향청 자리에 우편국이, 형리청 자리에 지방법원출장소가, 관노청 자리에 금융조합이 각각 들어섰다. 산자락에 있는 고창은 군치를 평지로 옮기었기에 모든 건물을 신축할 수밖에 없었지만, 이런 곳은 매우 적다. 반면에 인근에 통합되어 면소재지로 전락한 곳도 전통건물이 그대로 근대시설로 이용되었다. 예를 들면, 곡성에 통합된 옥과의 경우 객사는 보통학교로, 동헌은 철폐되고, 내아는 금융조합 건물로, 현사는 건견장(乾繭場)으로, 군관청은 경찰관 주재소로 각각 사용되었다. 이들 건물들도 나중에 증축되면서 다 헐리게 되었다. 그리하여 현존하는 조선이나 개항기 건물은 극소수에 불과하고 그것은 어느 지역이나 중요한 역사문화 자원이 되고 있다.

광양 관사의 변경(『광양읍지』, 1924년)

전통 시기	변경 시기	근대 시기
객사	1911년	공립보통학교
내아, 장청, 형방청, 통인청	1910년	경찰서
동헌	1918년	등기소
작청, 현사	1913년	군청
훈도청	1910년	우편소
장방청	1915년	금융조합
향청		철거
관노청		철거 후 민가

4장
면을 두고 마을을 운영하다

면을 두고 마을을
운영하다

    신라말부터 형성된 향·소·부곡이라는 특수 행정구역은 조선초기에 면이나 촌으로 개편되어 완전 폐지되었지만, 그때까지도 남았던 월경지는 20세기와 함께 사라졌다. 오늘날 공무원이 파견되는 최말단 통치단위는 면(面)이다. 그래서 면장, 면사무소, 면민회관도 있다. 단순히 회의 공간만 갖춘 면민회관이 근래에는 복지회관으로 탈바꿈하고 있다. 최근 구례군 산동면은 지역민의 문화욕구 충족과 복지 향상을 위해 체육·교육·회의 시설을 구비한 다목적 면민회관 개관식을 열었다. 조선시대에도 그랬을까? 그렇지 않았다. 일제가 우리 주권을 강탈한 후 식민지배를 위해 면사무소를 두었다. 그리고 일제는 여러 유형의 자연마을을 인위적으로 몇 개씩 묶어서 행정마을로 만들어 자치역량을 말살해버렸다. 우리나라의 절반 이상을 차지하고 있는 전라도 섬에는 다양한 역사와 문화가 얽혀있다.

1. 특수 행정구역, 점점 사라지다

고려 왕조에서 주부군현을 설치하면서 속현·향·소·부곡을 두었는데, 한 개의 주(州)에 많은 경우 10여 현을 두었습니다. 큰 곳은 본관의 호수보다 많습니다. 한 두 사람의 호장이 주관하여 백성에 대한 작폐가 말로 다할 수 없습니다. 근년 이래로 주현 가운데 병합할 곳은 병합하고 관리를 둘만한 곳은 두었으나 아직 다 시행하지 않았습니다. 〈태종실록 14년 7월 4일〉

고려 시대에는 한 주현 안에 많은 수의 속현과 향·소·부곡이 예속되어 있었습니다. 속현 안에도 향·소·부곡이 있었습니다. 이는 비효율적이어서 주민에 대해 폐단을 자아냈습니다. 그래서 조선왕조는 속현 등을 혁파하여 주현에 병합시키는 조치를 취했습니다. 이 조치로 향·소·부곡은 어떻게 되었을까요? 불합리한 지방제도는 완전히 사라졌을까요? 이러한 궁금증과 함께 지금도 마음만 먹으면 찾을 수 있는 역이나 원이 있었던 마을도 알아보겠습니다.

향·소·부곡―면으로 개편

고려 지방행정 제도의 가장 큰 특징이라면 속현, 향·소·부곡, 월경지가 존재했다는 것이다. 그 가운데 속현은 조선왕조에 들어와서 전면 혁파되어 모든 군현에 수령이 파견되었다.

향·소·부곡은 군현 안에 있으면서도, 일반 군현과 다른 특수 행정구역이었다. 그 중 통일신라 때부터 있었던 향(鄕)과 부곡(部曲)은 군현 아래의 하급 행정구획으로서 농업을 중심으로 하며 공물을 상납하는 기능을 가지고 있었다. 반면에 소(所)는 고려초기에 형성된 것으로 수공업 제품을 생산하거나 광물을 채굴하는 곳이었다. 종이를 생산하는 지소, 먹을 생산하는 묵소, 기와를 생산하는 와소, 그리고 철을 생산하는 철소, 은을 생산하는 은소 등의 소가 있었다. 왜 이런 향·소·부곡이 발생했는가에 대해서는 전쟁에 의한 복속이나 반란으로 인한 강등 등이 원인이었을 것으로 생각된다.

향·소·부곡은 고려 때에 전국에 876곳이 있었다. 그 가운데 전라도에는 221곳(218 또는 256곳 있었다는 설도 있음) 정도 있었다. 경상도는 부곡이 많았지만, 전라도는 '소'가 유독 많았으니 전라도의 수공업이 발달했을 것 같다. 전라도 고을마다 향·소·부곡이 2곳 이상은 있었던 셈이다. 순천은 37곳, 나주는 33곳이나 있었다. 당시 향·소·부곡은 어느 정도의 독자적 통치권을 행사하고 있었다. 그렇기 때문에 그곳에는 토착 통치집단이 있었다. 고려말에 정도전이 나주목의 속현인 회진현의 거평부곡으로 유배가서 '소재동'이라는 마을에서 약 2년 동안 생활했다. 그곳 사람들은 자영농민으로 국가에 세금을 부담하며 어느 정도의 지식을 지니고 있었고 나름의 자유로운 생활을 영위하고 있었다. 그리고 향·소·부곡을 본관으로 하는 성씨도 있었다. 가령 강진의 경우 평덕향을 본관으로 하는 안·박씨가, 영가부곡을 본관으로 하는 신·김씨가, 운수부곡을 본관으로 하는 조·오·최씨가, 대구소를 본관으로 하는 서씨가, 대곡소를 본관으로 하는 조씨가, 칠량소를 본관으로 하는 백씨가 있었다.

향·소·부곡은 비록 독립적이지만, 일반 군현보다 더 많은 수탈과 억압을 당해왔다. 그래서 무신정권 때 그곳 사람들은 저항을 했다. 고려 정부는 그들의 저항을 무마하기 위해 향·소·부곡을 군현으로 승격시켜 주었다. 이런 일은 계속되어 영암의 경우 사라향이 옥산현으로, 냉

천부곡이 옥천현으로 승격된 예가 있다. 현재 고흥
의 경우 고려말에 유청신이 몽골어를 익혀 원에 가
서 공을 세워 그의 고향 고이부곡이 고흥현으로 승
격되었다. 그리고 향·소·부곡에 감무라는 지방
관을 파견하기도 했다. 반면에 군현에서 반란이 일
어나면 군현을 향·소·부곡으로 강등시키기도 했
다. 공민왕 때 전주목 사람이 원나라 사신을 가둔
사건이 발생하자 전주목을 전주부곡으로 격하시킨
적이 있었다. 전체적인 경향은 향·소·부곡을 군
현으로 승격시키는 것이었다. 그리하여 고려의 총
군현이 한 때는 580여 곳에 이른 적도 있었다.

고흥의 고이부곡이 유
청신의 공로로 고흥현
으로 승격되었다는 기
사(『동국여지승람』)

  잔존 향·소·부곡은 조선에 들어오자마자 전면
혁파되기 시작했다. 이 조치가 전국에서 가장 먼저
취해진 곳이 전라도였다. 1409년(태종 9)에 전라
감사 윤향은 도내의 속현, 향, 소, 부곡을 모두 본관(本官)에 합속하라
고 지시했다. 다른 지역도 전라도의 예에 따라 개편 작업에 속도를 냈
다. 이러한 조치로 향·소·부곡이라는 특수 행정구역은 16세기에 이
르면 우리 역사에서 완전히 사라지게 된다. 그러면서 세가 보강된 군현
의 독립성이 더욱 강화되는 결과까지 냈다. 향·소·부곡은 일반마을
로 바뀌기도 했지만, 대부분 면(面)으로 개편되었다. 강진의 대구소,
대곡소, 칠량소가 대구면, 대곡면, 칠량면으로 각각 바뀌었다. 낙안의
경우 초천소가 초천면으로 바뀌었다. 이러한 혁파에 따라 앞에서 말했
던 향·소·부곡을 본관으로 하는 성씨도 다른 성이나 본관으로 바뀌게
되어, 현재 그 성씨는 없는 것으로 보인다.

월경지-다른 곳에 있는 땅

월경지(越境地)란 갑 고을의 땅이 을 고을의 안에 있는 것을 말한다. 비입지(飛入地), 견아상입지(犬牙相入地)라 부르기도 했다. 남의 고을로 날아 들어갔다, 개 이빨처럼 둘쑥날쑥 서로 맞물려 있다는 뜻이다. 이는 고려 때에 생성되었다. 그때 전주의 경우 그 영역이 현재의 익산·김제·진안·논산에까지 미쳐 있었다.

그런 월경지를 조선왕조는 건국 즉시 대폭 정리했다. 가장 큰 이유는 민생 편의와 세금 확보 때문이었다. 세금의 경우 갑 지역에 세금을 부과했는데, 땅 주인은 을 지역에 거주하여 분쟁이 자주 발생했다. 그래서 정부는 월경지를 주변의 가까운 군현으로 이속시키는 조치를 취했다. 그리하여 함평 읍내 서쪽에 있는 나주 영풍향이 함평 땅으로 조정되었다. 고흥반도 곳곳에 있던 보성과 장흥 땅이 흥양 땅으로 조정되었다. 영암 땅이던 무위동·월남동이 강진 땅으로 조정되었다.

그럼에도 불구하고 조선시대 내내 상당수 월경지가 잔존하고 있었다. 세종 때 기록에 80여 곳이 전라도에서 확인되고 있다. 전라도 안에서 대읍인 전주와 나주는 여전히 많은 월경지를 보유하고 있었다. 공물 납부를 위한 특산물의 확보, 세곡 운송을 위한 조운로의 보장 등 현실적인 필요성이 있어서 그랬다. 지역 세력가들의 재산 확보도 요인이었다. 이는 분명 조선사회가 안고 있는 내부 모순이었다. 그리하여 읍치와 가깝게는 30리, 멀게는 100리가량 떨어져 있어 공무 수행 때마다 월경지 사람들의 불편이 이만 저만이 아니었다.

1906년 광무정부는 칙령 제49호 「地方區域整理件」으로 월경지들을 부근의 군에 이속시키는 조치를 단행했다. 이에 따라 전남에 있던 9곳의 월경지가 정비되었다. 진도 땅이던 명산면과 삼촌면이 각각 영암과 해남으로 넘어 갔고, 함평 땅이던 다경면·해제면이 무안으로 넘어 갔고, 영광 땅이던 망운면이 무안으로 넘어 갔고, 나주 땅이던 삼향면이 무안으로 넘어 갔고, 영암 땅이던 옥천면·송지면·북평면이 해남으로 넘어 갔다.

전북의 경우 남원 땅이던 번암면·진전면이 장수로, 둔덕면·오지면·말천면·석현면·아산면·영계면이 임실로, 고달면·중방면·산동면·소아면이 구례로 넘어갔다(고달면은 나중에 곡성으로 이속). 그리고 고부 부안면이 무장으로, 여산 채운면이 충남 은진으로, 금산 부남면이 무주로 각각 넘어 갔다. 또한 전주 양양소면이 충남 연산으로, 동일면·북일면·남일면·남이면·서일면·우북면이 익산으로, 이동

1906년 전라도의 월경지 정비

소속 고을		대상	이속 고을
전남	진도	명산	영암
		삼촌	해남
	함평	다경, 해제	무안
	영광	망운	
	나주	삼향	
	영암	옥천, 송지, 북평	해남
전북	남원	번암, 진전	장수
		둔덕, 오지, 말천, 석현, 아산, 영계	임실
		고달, 중방, 산동, 소아	구례
	고부	부안	무장
	여산	채운	충남 은진
	금산	부남	무주
	전주	양양소	충남 연산
		동일, 북일, 남일, 남이, 서일, 우북	익산
		이동, 이서, 이북	만경

면·이서면·이북면이 만경으로 넘어 갔다. 이 때 파악되지 않은 월경지도 있었는데, 그것들은 1914년 행정구역 개편 때에 완전히 정리되었다.

역촌–말을 갈아타는 곳

역(驛)이란 본래 공무 수행자에게 교통수단인 말을 제공했던 곳이다. 오늘날 기차가 서는 곳도 역이라 한다. 호칭만 같을 뿐 수단은 다르다. 역에 관한 제도는 삼국시대에 있었으나 자세한 내용을 알기 어렵다.

고려시대에 들어와서 역은 정비된 모습을 나타낸다. 당시 전국에 22개의 역로가 있었다. 이 가운데 전라도를 지나는 역로는 전공주도(全公州道), 승라주도(昇羅州道), 남원도(南原道) 등이었다. 이 길 위에 58개의 역이 들어섰다. 전국 전체 역은 525개 정도였다. 전라도 역 가운데 삼례역(현재 완주), 장곡역(현재 완주), 인의역(현재 정읍), 수다역(현재 나주)은 현종이 거란의 침입을 피해 나주로 피란 갈 때 지나간 곳이다. 그리고 인월역(현재 남원)은 이성계가 왜구를 물리친 곳으로 유명하다.

역 제도는 조선시대에 들어와서 더 짜임새 있게 자리를 잡았다. 전라도에는 전주에 삼례역, 남원에 오수역(현재 임실), 광주에 경양역, 장성에 청암역, 장흥에 벽사역, 금산에 제원역(현재 충남) 등 6개 역이 있었다. 이들 역에는 관리가 파견되었다. 처음에는 역승이라 했다가, 곧이어 찰방(察訪)이라 했다. 종6품 찰방은 정부 지원 아래에 말과 토지를 두고, 각종 청사와 창고를 짓고서 역을 운영했다. 자세한 내역은 『호남역지』라는 자료에 보인다. 역마를 탈 수 있는 증명서가 마패였다. 마패에 새겨진 말 마리대로 말이 제공되었다고 보면 된다. 역의 행정을 맡은 역리와 잡일을 맡은 역졸들이 역에 살았다. 이들이 사는 마을을 역촌

(驛村)이라 했다. 찰방은 역촌을 마치 지방관처럼 다스렸다. 그래서 선정을 베풀면 역촌 사람들이 선정비를 세워 오래 기억하고자 했다.

이들 역에도 재미있는 이야기가 많다. ①삼례역은 전라도로 들어오는 관문이어서 많은 사람들의 기록에 등장한다. ②오수역은 '의견비'로 유명한 곳이다. 김개인이라는 사람이 술에 취해 들에서 잠이 들었다. 때마침 들에 불이 나 위험에 처하게 되었다. 그를 따르던 개가 주인을 구하기 위해 몸에 개울물을 적셔 불을 끄다가 지쳐 그만 죽고 말았다. 뒤늦게 잠에서 깬 김개인은 개의 지극한 마음을 잊지 못하여 개를 묻고 지팡이를 꽂아 두었는데, 지팡이에서 싹이 나와 큰 나무가 되었다. 사람들은 이 나무를 '오수'라 부르고, 마을 이름도 '오수'로 바꾸었다. ③벽사역은 동학농민운동 때 나온다. 장흥부사 이용태가 1893년에 일어난 '고부민란'의 안핵사로 임명되었다. 그는 벽사역 역졸을 포함한 800여 명의 군졸을 거느리고 고부로 가서 온갖 악행을 저질렀다. 이듬해 동학농민운동 때에 장흥 농민군들은 장흥읍성 공격에 앞서 예전 만행을 응징하기 위해 벽사역을 먼저 쳤다. 농민군이 공격을 가하기도 전에 벽사역 찰방은 역졸들을 거느리고 도망가 버렸다. ④제원역은 충청·경상도에서 전라도로 들어오는 요지여서 전란이나 민란 때에 자주 나온다.

찰방 역은 아래에 속역을 두었다. 삼례역은 12곳, 오수역은 11곳, 경양역은 6곳, 청암역은 11곳, 벽사역은 9곳, 제원역은 4곳이나 있었다. 찰방 역과 속역이 도합 59곳이니, 고려 때 수준이다. 그리고 대부분 고려 때 것을 계승했고, 조선에 들어와서 신설된 것은 5곳에 불과하다. 변동이 심했던 군현과는 대비되는 현상이다. 이들 속역에도 역장, 역마, 역졸, 토지 등이 주어졌다. 속역은 읍치 아래 5리 지점에 있었다. 15세기 기준으로 16개 정도 확인된다. 이는 고을에 공무로 출장

온 관리는 읍내로 들어가지 말고 이들 속역에서 숙식하라는 취지의 조치였다. 그런데 실제는 그렇지 않고, 관아로 들어가 수령으로부터 접대를 받은 사람이 적지 않았다. 심지어 개인 용무로 여행 온 사람도 그랬다. 하지만 고을과 고을 사이에 있던 속역이 더 많았다. 이 고을에서 저 고을로 하루에 가기 힘들어 그러했다. 그 가운데 정읍 천원역, 운봉 인월역, 광주 선암역, 해남 남리역 등은 교통량이 많아 스토리가 제법 남아 있는 곳이다. 특히 선암역은 송시열이 기사환국 때 제주도 유배지를 오고갈 때 광주 선비들을 만났던 곳으로 유명하다.

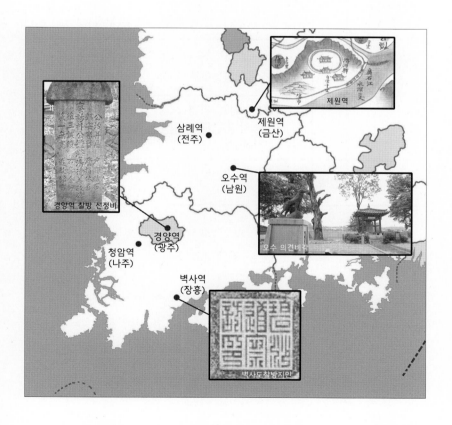

역	관리	소속역
삼례역(전주)	찰방	12 : <u>반석(전주)</u>, 어원(임실), 갈담(임실), 소안(임피), <u>재곡(함열)</u>, 양재(여산), 앵곡(전주), <u>거산(태인)</u>, 천원(정읍), 영원(고부), <u>부흥(부안)</u>, 내재(김제)
오수역(남원)	찰방	11 : 창활(남원), 동도(남원), 응령(남원), 인월(운봉), 잔수(구례), <u>지신(곡성)</u>, <u>양률(순천)</u>, 낙수(순천), 덕양(순천), 익신(광양), 섬거(광양)
청암역(나주)	찰방	11 : 단암(장성), 영신(장성), 선암(광주), 신안(나주), <u>녹사(영광)</u>, 가리(함평), <u>영보(영암)</u>, <u>경신(무안)</u>, <u>광리(남평)</u>, 오림(남평), 청송(무장)
경양역(광주)	찰방	6 : 덕기(담양), 가림(화순), 인물(능주), <u>검부(동복)</u>, <u>창신(순창)</u>, 대부(옥과)
벽사역(장흥)	찰방	9 : 가신(보성), 파청(보성), 양강(흥양), 낙승(낙안), 진원(강진), <u>통로(강진)</u>, <u>녹산(해남)</u>, 별진(해남), 남리(해남)
제원역(금산)	찰방	4 : 소천(무주), 달계(용담), <u>단령(진안)</u>, 옥포(고산)

· 밑줄 친 곳은 읍치 5리 역

원촌-여행객의 숙식

역은 공무 수행자를 대상으로 하는 곳이다. 하지만 원(院)은 민간 여행객이 숙식하는 곳이다. 피로한 자는 쉬어가고 자야 할 자는 몸 붙일 곳이 있어야 했고, 비가 오면 피하고 볕이 쬐면 가릴 곳이 필요했고, 도둑의 근심과 들짐승의 피해를 피할 곳도 필요해서였다. 원도 그 기원이 오래 될 것이다. 역과 원을 합하여 역원(驛院)이라 했다. 도로교통이라는 하나의 제도로 이 둘이 다루어졌다. 그래서 역처럼 원에도 원주라는 책임자를 두고서 토지까지 제공했다. 하지만 양자는 상당한 차이가 난다. 우선 역은 역로 위에 개설되지만, 원은 역로 외에 일반 도로에도 있었다. 또한 역은 30리 간격으로 설치되었지만, 원은 지형을 고려한 나머지 그보다 더 가까웠다. 그리하여 원은 역보다 수가 훨씬 많아 그 원을 통해 고려와 조선의 도로망은 촘촘하게 연결되었다. 15세기 기준으로 무려 1천 310개소나 되었다. 도별로 보면, 경상도가 가장 많은 468개소였고, 그 다음으로 전라도가 245개소였다. 전라도의 경우 전주와 순천이 각각 19개소와 16개소로 가장 많았고, 그 다음으로 남원과 광주가 각각 15개소와 13개소였다.

　이 원도 전라도의 역사문화를 제법 지니고 있다. 첫째, 이름에 불교 용어가 들어 있는 곳이 있다. 전주·정읍의 광제, 태인의 왕륜, 광주의 극락, 영암의 보현, 장성의 미륵, 진원의 선원, 곡성의 자비·관음 등의 원이 그곳이다. 이는 역이 교통수요를 다 감당할 수 없는 상황에서 사찰에서 숙박소나 구휼소로 원을 이용한 결과였다. 그래서 원을 설치한 목적이 임금의 선정과 불가의 적선을 베푸는 데에 있다고 했다.

　둘째, 앞과 연결되는 내용이지만, 행인들의 기도처 역할을 한 미륵불이 있는 곳이 있다. 장성 북쪽의 미륵원은 높이가 5m에 이르는 돌 미륵불이 있어 원 이름을 그렇게 지었다. 남원으로 내려가는 운봉(현재 남원) 여원에도 미륵불이 있었다. 이 두 미륵불은 현재도 남아 있다.

　셋째, 지나는 사람이 비바람을 피하고 지인을 기다릴 수 있는 누각이 있는 곳도 있다. 나주 금강원에 누각이, 무주 소이원에 망풍루라는 누각이 있었다. 따라서 이들 누각에 올라 멋진 시를 지은 사람도 적지 않았다.

넷째, 유명 인사들이 거친 곳도 있다. 기묘사화 때 능성(현재 화순)으로 유배 가던 조광조를 박상이 광주 분수원에서 면회했고, 강진 석제원은 임진왜란 때 이순신이 해남에서 영암으로 갈 때에 지나간 곳이다.

이러한 이야기를 지니고 있는 원도 후대로 갈수록 사라지기 시작했다. 그 자리에 숙식과 상품매매를 겸하는 점, 술과 숙식을 제공하는 주막이 들어섰다. 그것은 원 터 외에 새 곳에도 들어섰다. 고지도의 도로상에 보이는 점(店), 점막(店幕), 주점(酒店), 주막(酒幕) 등으로 표기된 것이 그것이다. 사람과 상품의 이동이 잦아지면서 관에서 관장하는 역·원보다 민간에서 운영하는 점·막은 늘어날 수밖에 없었다.

이상의 역과 원을 연결하여 각지의 도로가 개통되었다. 순창 사람 신경준이 지은 『도로고』를 보면, 조선시대의 도로는 크게 대로와 연로로 구분되어 있었다. 대로는 국가의 기간도로로 모두 6개 있었다. 그 가운데 제5로가 서울에서 제주에 이르는 도로인데, 이를 삼남대로(三南大路)라 한다. 이는 서울~과천~천안~은진~여산~나주~해남~제주로 이어진다. 이 노선 상에는 여러 읍내, 역, 원이 있다. 충청도 은진을 지나면 전라도 땅에 들어와 여산, 탄현, 삼례역, 금구, 원교, 태인, 대교, 정읍, 천원, 원덕리, 청암역, 장성, 선암역, 나주, 부소원, 영암, 월남점, 석제원, 별진역 등의 읍내·역·원을 거쳐야 했다.

1895년에 역원제도가 폐지되었다. 광주 경양역의 경우 1905년 무렵 경양면 이름을 '경(景)'자 대신 서석산의 '서(瑞)'자를 써서 '서양면'으로 고쳤다. 그때 1천 두락에 이르는 역토가 1905년에 국유지로 편입되고 말았다. 살 길이 막힌 경양역 사람들은 일제에 맞서기 시작했다. 양진여·상기 부자, 신덕균, 김동수 등이 의병장이 되어 활약하다 목숨을 잃었다. 떠나지 않고 남은 사람들은 1909년에 '경양소작인조합'을 만들어 국유지를 이전처럼 계속 경작했다. 그리고 일제 강점기 1914년에 두 방면과 합쳐져서 '서방면(瑞坊面)'이 되었다. 역은 본래 교통요지에 있어서 지역 중심지 역할을 했다. 그래서 일제 때 면사무소가 신설될 때 역촌에 들어선 곳이 적지 않다. 예를 들면 전주 삼례역은 삼례면(현재 삼례읍) 소재지, 임실 갈담역은 강진면 소재지, 정읍 천원역은 입암면 소재지가 되었다. 원도 그러했다. 앞에서 말한 강진 석제원은 성전면 소재지가 되었다. 특히 함평 고막원 같은 곳은 현재까지 지명으로 사용되고 있다. 하지만 아쉬운 것은 대부분 역원 흔적을 없애 버린 것이다.

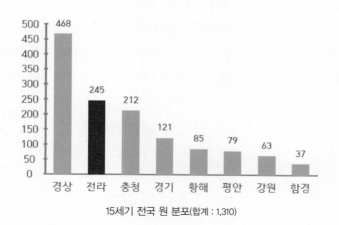

15세기 전국 원 분포(합계 : 1,310)

2. 면, 면장을 두다

> 서울과 지방에는 5호(戶)를 1통(統), 5통을 1리(里)로 하고, 몇 개의 리를 합쳐 1면(面)을 만들고 통에는 통주(統主), 리에는 이정(里正), 면에는 권농관(勸農官)을 각각 둔다. 〈경국대전〉

몇 개의 리를 묶어 면으로 삼고 면의 대표자로 권농관을 두도록 했고, 이 조치로 인해 우리 역사상 최초로 면이 제도화 되었습니다. 그러면 이후 면에 어떤 일이 일어나게 되었을까요? 수령의 명령이 말단에까지 침투될 수 있었고, 그래서 면의 등장이 중앙 집권체제를 강화했다고 평가받습니다. 그리고 면은 후대로 가면서 어떻게 운영되었고, 어떤 변화를 맞게 되었을까요? 방위면이었던 것이 행정면으로 바뀌면서 고을마다 많은 면이 있었고, 이를 일제가 대폭 통폐합한 후 면장과 면사무소를 두었습니다. 이런 변화가 어떤 의미가 있는지를 알아보도록 하겠습니다.

772면-방위면에서 행정면으로

오늘날 군 바로 아래의 행정구역으로 면(面)이 있고, 면 아래에 리가 있다. 군과 리의 중간에 있는 행정구역이 면이다. 면이 우리 역사에 등장한 시기는 고려 말기이다. 하지만 면이 제도화된 시기는 조선전기이다. 『경국대전』에도 명시되어 있듯이, 몇 개의 리를 합쳐 한 개의 면으로 만들게 했다. 원칙은 이러했지만, 실제는 그렇지 않았다. 읍치를 중심으로 사방을 동·서·남·북 4개의 면으로 나누는 방위면(方位面) 형태를 취하고 있었다. 그래서 영역의 크기에 관계없이 어느 고을이나 4개의 면으로 분할되어 있었고, 면에 통치권이 주어진 것도 아니었다. 쉽게 말하면 면은 있었지만, 특별한 실체가 없었고 별다른 권한도 주어지지 않았다. 통치행정에서 여전히 마을의 역할이 클 수밖에 없었다. 그렇다고 하더라도 조선왕조는 중앙-도-군현-면-리로 이어지는 중앙 집권적 통치체제를 구축할 수 있었다. 이런 시스템이 있었기 때문에, 조선은 강한 외침과 심한 내란을 겪고도 5백년간 지속될 수 있었다.

인구의 증가, 자연촌의 성장, 농경지의 확대 등으로 16~17세기에 이르면 면리편제가 바뀌게 된다. 이전보다 늘어난 마을과 사람 및 토지를 효율적으로 통치할 필요가 높아져서 그랬다. 그리하여 4개의 방위면이 보다 많은 면으로 세분화되기 시작했다. 강진의 경우 1597년 강진에 주둔한 왜군이 군량미를 거두기 위해 작성한 문서에 18개 면이 적혀있다. 이 숫자는 1914년 지방제도 개편 때까지 계속 되었다. 따라서 적어도 우리가 확인한 한 18면 체제가 300·400년간 유지되었다. 이런 모습은 다른 고을에서도 나타났을 것이다. 게다가 면의 세분화와 함께 읍내 관아와 외곽 면 사이의 연락업무를 맡는 면주인(面主人)이 나타나기도 했다. 이전과 달라도 너무 다른 환경이 지방통치 체제에 조성되었다. 그 결과 읍(수령) → 면(면임) → 리(리임)로 연결되는 통치체계가 수립되었다. 이는 18세기에 이르러 수령권의 강화로 이어졌다. 조선후기에 빈번하게 일어난 수령과 향리의 부정행위는 이런 사정에서 가능했던 것이다.

그러면 무엇이 면으로 바뀌었을까? 우선, 앞에서 살펴본 것처럼 향·소·부곡이 면으로 바뀌었다. 그리고 면 아래에 있던 큰 리가 면으로 승격되기도 했다. 두 사례를 소개하겠다. ①순천시 매곡동 석탑 사리공에서 금동불감과 금동아미타삼존불이 발견되었다. 발원문의 내용에 따르면, 1468년에 순천부 남촌 별량리(別良里)에 있는 죽사의 승려와 시주자들이 참여하여 삼존불을 완성했다. 이 별량리는 나중에 별량면으로 바뀐다. ②1583년에 제작된 곡성 출신 오웅의 묘지(墓誌)가 발견되었다. 그 묘지에는 그가 곡성현 오지리(吾枝里) 사람으로 기록되어 있다. 오지리는 나중에 오지면 이름이 된다.

이러한 결과 호구가 많고 지역이 넓은 고을은 20개 이상의 면으로 분리되고, 작은 고을은 4~8개 면으로 구성되었다. 17세기 『동국여지지』를 토대로 전라도의 군현별 면수를 정리하면 아래의 표와 같다.

군현별 면수(『동국여지지』)

면 수	고을	면 수	고을
3	대정, 진산, 화순	14	함평, 보성
4	용안, 고창	16	장흥, 무장, 태인
5	정의	18	강진, 제주, 순창
6	운봉, 진도, 무주, 낙안, 옥과	19	담양, 김제, 고부, 순천
7	장수, 동복	28	영광
8	구례, 능주, 흥덕, 함열, 정읍, 옥구, 용담, 고산, 곡성	38	나주
9	창평, 진안, 영암, 만경	40	광주
10	여산, 해남	41	전주
12	남평, 흥양, 부안, 광양, 금구, 무안, 익산, 임실, 임피, 장성	49	남원
13	금산		

김정호가 「대동지지」에 합산해 놓은 것을 기준으로 할 때, 8도 가운데 경상도가 가장 많은 947개 면이었고, 그 다음으로 전라도가 772개 면,

뒤이어 충청도가 562개 면이었다. 전라도의 772개 면을 살펴보면 몇 가지 특징이 발견된다.

첫째, 조선의 지역단위 통치구도가 방위면 체제에서 행정면 체제로 바뀌었다. 그래서 면 이름은 그 지역 고유의 전통이나 지형을 반영하여 제정되었다. 예를 들면, 김제의 경우 면 이름이 모촌(母村), 월산(月山), 입천(立川), 식포(食浦) 등으로 지어져 있는데, 이 이름은 모촌이란 마을에서, 월산이란 산에서, 입천이란 냇가에서, 식포란 포구에서 유래한 것이다.

둘째, 그럼에도 불구하고 옛 관행에 젖어 이름 가운데 서일면, 남일면, 북일면처럼 방위를 따서 붙여진 면 이름은 계속 남아 있었다. 그 가운데는 ①면의 일부만 그렇게 한 고을이 있었다. ②반면에 관내의 모든 면 이름을 방위명으로 사용한 군현도 있었는데, 임피나 장성이 대표적인 곳이다. 자세한 것은 표를 참조하면 되겠다.

셋째, 정부나 수령은 세금 확보를 위해 인위적으로 면을 늘리려 했다. 18세기 중반에 나온 『여지도서』를 보면, 어떤 면이 상면(上面)과 하면(下面), 또는 노상면(路上面)과 노하면(路下面) 등으로 나뉘어져 있는 곳이 있다. 그러나 이는 어디까지나 편제 상 뿐이었고, 실제는 그렇지 않고 뒤에 바로 원상 복구되었다.

넷째, 그런가 하면 면내 갈등에 의해 분면(分面)되는 곳도 있었다. 이와 관련하여, 흥양의 도양면(道陽面) 사례가 참고 된다. 도양면의 중앙에는 긴 천이 있어 면을 동서로 나누고 있었다. 부강한 동쪽 사람들이 면임을 다투어 차지하고 공금의 수금원으로 차출되어 온갖 작폐를 자행하니, 폐해가 가난한 사람들에게 돌아가고 중간 잡비가 원금의 배나 되어 서쪽 주민들이 지탱할 수 없으므로 동서를 나누어 분면해 달라고 서쪽 16개 마을 사람들이 수령에게 진정서를 올렸다. 이에 수령은 번중한

행정명 체제			방위명 체제		
강진	현내(縣內) 고읍(古邑) 고군내(古郡內) 열수(列樹) 나천(羅川) 이지(梨旨) 초곡(草谷) 옴천(晻川) 지전(知田) 대구(大口) 칠량(七陽) 파지대(波之大) 보암(寶岩) 안주(安住) 백도(白道)	읍내(邑內) 모촌(母村) 월산(月山) 입천(立川) 부량(扶梁) 대정(大井) 개토(介吐) 홍산(洪山) 대촌(代村) 반산(半山) 식포(食浦) 백석(白石) 마천(馬川) 연산(延山) 공동(公洞) 회포(回浦) 금굴(金堀) (김제)	임피	현내(縣內) 동일(東一) 동이(東二) 남일(南一) 남이(南二) 남삼(南三) 남사(南四) 서삼(西三) 서사(西四) 북일(北一) 상북(上北) 하북(下北) 북삼(北三)	장성	읍동(邑東) 읍서(邑西) 내동(內東) 외동(外東) 남일(南一) 남이(南二) 남삼(南三) 서일(西一) 서이(西二) 서삼(西三) 북일(北一) 북이(北二) 북상(北上) 북하(北下) 역면(驛面)

부세가 편중되어 문제가 되고 있음을 시인하고 요구대로 분면하여 동쪽을 도동면(道東面), 서쪽을 도서면(道西面)으로 했다. 도양면에 분정된 잡역세가 면권(面權)을 쥐고 있는 동쪽인들에 의해 부촌인 동쪽에는 적게 배정되고, 빈촌인 서쪽에는 많이 배정되었던 것 같다. 이를 시정할 수 있는 방안으로 서쪽인들은 분면을 요구하여 성취하였던 것이다. 이런 일은 20세기에 들어와서도 일어났다. 반대로 면세가 너무 허약해졌으니, 옆 면과 합쳐 달라는 요청도 있었다.

면임-면약 대표가 겸하다

앞에서 말한 것처럼, 방위면 체제에서 면 대표자를 권농관이라 했다. 면 체제가 행정면 중심으로 바뀌면서, 면 대표자의 역할과 호칭에도 변화가 나타나기 시작했다. 왜란·호란으로 피폐해진 사회를 17세기에 바로 잡는 과정에서 면 대표자의 역할이 실질적 권한을 가지는 쪽으로 바뀌었다. 그러면서 그들에 대한 칭호는 풍헌·존위·약정 등 지역에 따라 매우 다양하게 나타났으나, 이들 직임을 통칭해 면임(面任)이라 한다. 이제 면임은 지방관의 명령을 면내에 전달하거나 농사일을 관에 보고하는 정도에 그치지 않았다. 호구 파악, 군역 부과, 군포 징수 등 면 내에서 발생한 제반 문제에 대한 재결권까지 행사했다. 이는 이전과 달리 면의 역할이 증대된 결과였다. 이제 면은 단순한 편제상에서 농작업 외에 실질적인 행정·수세·군사 업무까지 도맡았다.

18세기에 접어들면, 국가의 지방통치 방법에도 변화가 오게 되었다. 수령의 권한을 강화하면서 면의 역할을 증대시킨 것이 그 가운데 하나이다. 그와 함께 면 단위의 자치조직이 면약(面約)이나 면계(面契)라는 이름으로 등장하기 시작했다. 그곳에서는 유교 이데올로기를 근간으로 하는 대민교화, 상하 신분제를 토대로 하는 상호부조, 그리고 면 단위 공동납세까지 담당했다. 특히 면 단위로 세금을 안정적으로 확보하기 위해 정부가 나서서 면약을 조직하라고 권했고, 수령은 직접 나서서 실행에 옮겼다. 그 결과 전라도 곳곳에서 면약을 조직했다. 그리하여 면약은 읍약과 동약의 사이에서, 면이 읍과 리의 사이에서처럼, 행정적 역할을 보조했다. 예를 들면, 옥과에서는 세공마 운송비를 면약에, 영암에서는 공문서 마감시 교통비를 면계에서 걷었다. 더 자세히 알아보기 위해 두 곳 사례를 소개하겠다.

첫째, 보성군의 14개 면 가운데 면약이 창설된 곳으로는 세 곳이 확인된다. 그 가운데 문전면에서는 1694년에 안후상이라는 사람이 면유지들과 함께 '문전면약'을 만들었다. 그들은 교화를 담당할 약조문을 지었고, 상호부조와 공동납세를 위한 기금과 토지를 마련하고서 그것을 운영할 계칙도 작성했다. 기금을 이식하고 토지를 소작 주어서 나온 자금으로 관에 내야 할 잡다한 세금, 빈민층에 대한 구호비, 장례 때의 부조비 등으로 사용했다. 그러나 곧이어 재원이 고갈되고 편파적으로 운영된다는 시비마저 일어 분계되었다가 다시 통합되는 곡절을 거쳤다.

둘째, 장흥에서는 1707년에 남면의 어른들이 집강을 선임하고 약조를 정한 후 관아에 보고하여 결재를 받아 면약이 실시되었지만, 곧 이은 흉년으로 폐하게 되었다. 그 후 수령으로 부임한 유주기는 1734년에 각 면에 면약을 창설하라 하면서 신분기강, 위계질서, 향리규제, 환란상휼, 농사권장 등과 관련된 12개조에 이르는 조문을 만들어 내려주었다. 16개 각 면에서는 거기에 각기 형편과 특성을 고려하여 운영자, 회의, 상부상조, 공동노동, 향풍진작, 세금납부 등과 관련된 조항을 추가한 후 실행에 들어갔다. 그 가운데 현재 10개 면의 면약 자료가 남아 있고, 그 가운데 '남면 면약'은 19책이나 확인되었다.

면이 유명무실한 방위면 체제에서 실질적 권한을 가진 행정면 체제로 바뀌자, 일종의 면 소재지 역할을 하는 면당(面堂)이 등장하여 그곳을 중심으로 행정업무가 처리되는 곳도 있었다. 1872년 영광 봉산면(현재 백수면) 사람의 말에 의하면, 그곳에서는 면당을 설치하여 면 공회소로 사용하고 있었다. 남원은 면을 '방'이라 했는데, 방에 '방청'이 있었다 한다. 당시 세금이나 농사 등에 있어서 면의 공론을 거쳐야 할 일이 잦아져서 그러했을 것이다. 하지만 면약을 주관하는 곳이 면당이나 방청 역할을 했다. 면당에 오늘날처럼 공무원이 파견되거나 전용건물이 있었던 것이 아니다.

462면-일제에 의해 개편

이러한 변화에도 불구하고 조선의 면제(面制)는 적지 않은 문제를 안고 있었다. ①면의 수가 대읍은 30·40개, 소읍은 4·5개여서 편차가 심했다. ②한 고을 안에서 대면과 소면의 인구 차이가 심했다. 예를 들면, 앞에서 말한 보성의 18개 면 가운데 대면은 400·500호를 넘지만 소면은 100·200호에 그쳐, 대면의 절반도 못되는 소면이 적지 않았다. ③면의 호칭이 통일되지 않고 면 외에 사, 방, 부 등으로도 불리었다. ④도서 지역은 아예 면 편제에서 누락되었다. 그래서 1913년에 창안된 것을 1914년 9월에 수정한 고흥 향교의『존성계안』을 보면, 이전에 보이지 않던 거금도, 나로도 사람들이 금산면, 봉래면 소속으로 입록되었다. 이러한 점들은 지방통치에 있어서 통일성을 유지하는 데에 장애요소가 되었다. 그럼에도 불구하고 조선의 관료나 학자들은 면제의 개혁에 대해서는 별다른 관심을 갖지 못했다. 그리하여 한 번 형성된 면제는 변화 없이 조선의 운명과 함께 할 수밖에 없었다.

일제는 주권을 침탈하던 1906년에 '지방제도 조사위원회'를 설치하여 우리 지방제도에 손대기 시작했다. 여기에서 택한 방향은 상대적으로 자치적 성격이 강한 면을 행정단위의 말단으로 설정하고 이를 전초기지로 삼아 점차적으로 각 지역단위에 대한 지배력을 확대하려는 것이었다. 그들은 우선 면회(面會)에서 추천한 인물을 군수가 면장으로 임명하고, 면장은 면회 의장을 겸하고 면리원 1인 정도를 거느리고서 사무를 보게 했다. 그런데 일제는 이른바 '이류(二流)' 인물이 면장이 되어 면 행정을 수행하고 있다면서 그것을 문제로 인식하기 시작했다.

일제는 주권을 강탈한 직후, 1910년 9월 30일자로 각 도에 부・군을 두고, 부・군의 명칭이나 위치 및 관할구역에 대해서는 조선총독이 정한다 했다. 이어 10월 1일자로 여러 명칭을 면으로 통일하고, 면의 명칭이나 구획은 종전의 예에 의하나, 면장은 도장관이 임명한다 했다. 면의 자치제를 본격적으로 부정한 조치였다. 이에 따라 1913년 1월 총독부의 내무부 주관하에 열린 각 도 내무부장 회의에서 실행 계획에 들어갔다. 1년 이상의 준비기간을 거쳐 마침내 1914년 3월에 군 폐합 결과가 발표되었고, 면 폐합 결과는 도장관의 결재를 받아 4월에 발표되었다. 기준은 군의 경우 면적 40방리, 인구 1만 정도로 하여 그 이하 지역은 인접군에 병합하도록 하고, 면의 경우 면적 4방리, 호수 800호를 표준으로 하여 이 이하 지역은 다른 곳과 병합한다는 것이었다. 결과는 군의 경우는 317개를 220개로 통폐합했고, 면의 경우 4천 336개를 2천 522개로 통폐합했다. 이때의 군・면 개편은 오늘날 행정구역의 기틀이 되었다.

1914년 4월 지방제도의 변화

	부	군	면	동리
전라북도	1	14	188	7,285
전라남도	1	22	274	10,332

면의 면적은 식민통치에 적합한 지역구조를 만드는 데에서 찾았다. 그러한 계산법으로 무리하게 추진하니, ①1방리 미만의 소면임에도 불구하고 살아남은 면이 굉장히 많았는데, 전라도에서는 남원군 두동면, 광주군 동곡면 등 11개나 되었다. ②면의 숫자가 무려 42%나 줄어들

었다. ③한 면이 분할되어 서로 다른 면으로 소속된 경우가 있었다. ④ 수백 년 동안 따로따로 살아온 2~3개가 합쳐져서 하나가 되었다. 이러한 인위적인 해체 작업은 우리 민족사에서 큰 변화이자 충격이었다.

전라도의 경우 1910년 무렵에 모두 684개의 면이 있었다. 그러던 것이 일제의 개편 작업으로 인해 전라남도 274개, 전라북도 188개 등 모두 462개로 줄어들었다. 33%가 줄었다. 전국적인 감소율보다 낮은 수치이다. 2~3개를 하나로 합치면 이름을 어떻게 정했을까? 순창의 경우 인화면과 호계면을 합쳐서 인계면으로, 풍실면과 오산면을 풍산면으로 했다. 이와는 다른 방법으로 팔등면과 덕진면을 합쳐서 팔덕면으로 했다. 그리고 상치면과 하치면을 쌍치면으로 했다. 15세기에 군현을 통폐합 할 때 채택했던 조합식 방법으로 새 면의 이름을 정했다. 이런 순창처럼 하는 곳이 대부분이었다. 그러나 그동안 들어보지 못한 전혀 새로운 이름으로 신설 면의 이름을 정한 곳도 있었다. 전남과 전북 각 도청에서 군청의 지원과 '유지'들의 협조 하에 전격적으로 한 일이었다.

면사무소–식민지배 전초기지

또한 일제는 식민통치를 위해 면의 역할을 이전보다 더 강화했다. 이와 관련하여 크게 네 가지 일을 추진했다.

첫째, 면의 장으로 새로이 면장(面長)을 두었다. 면장이란 용어는 1905년 을사늑약 체결 이후부터 본격적으로 사용되기 시작했지만, 역할은 여전히 조세징수의 보조자 정도에 그쳤다. 조선시대처럼 별다른 대우와 보수도 없었다. 하지만 일제는 주권을 강탈하면서 면장을 자치제에서 임명제로 바꾸었고, 봉급도 꽤 넉넉하게 주었다. 임명권자는 군수가 아닌 도지사였다. 특히 읍내 면장은 그 군에서 최고의 명망가나 재력가로 임명했다. 예를 들면 조선에서 몇 번째 안가는 대지주 김충식이 강진읍장을 역임할 정도였다. 전체적으로 면장의 권한은 막강했다. 일제 말 침략 전쟁 때에 물자와 인력의 동원 주체가 면장이었다. 면장에게 잘못 보이면 징용이건 정신대건 끌려가야만 했다. 그래서 당시에 면장 배척운동이 일어났고, 해방 이후 친일파 범주를 정할 때에는 면장까지 포함시켰다. 그러나 선정을 펼쳐 송덕비 대상이 된 이도 있었다.

둘째, 일제는 면의 업무를 다양화했다. 그에 따라 그동안 군에서 관장하던 세금, 호적, 병무, 위생 등의 업무가 면으로 이관되었다. 1917년 조선총독부는 「면제시행규칙」을 공포하여 면에서 처리해야 할 사무를 법령으로 정했다. 사무는 ①도로·교량·도선·하천제방·관개배수, ②시장·조림·농사·양잠·축산·기타 산업, ③묘지·화장장·도살장·상하수·전염병·오물, ④소방·수방, ⑤기타 총독이 인가한 사항 등에 관한 것이었다. 그리고 면으로 하여금 재산수입, 부과금, 부역, 현품, 사용료, 수수료를 징수할 수 있게 했다. 이런 업무를 원활하게 추진하기 위해 면은 면마다 설치되어 있는 경찰, 군데군데 주둔해있는 헌병과 공조를 이뤘을 뿐만 아니라, 자문기관인 면협의회를 설치하여 운영했다. 일제가 그물망처럼 우리나라를 통치한 사례가 아닐 수 없다.

셋째, 일제는 면의 사무를 보는 건물을 신축했다. 오늘날 우리가 보는 면사무소가 바로 이때 탄생했다. 처음에는 미처 사무소를 신축하지 못하고서 면장 집을 사용한 곳도 있었다. 1912년 경상남도의 경우 전체 458개 면 가운데 280개 면만 사무소가 있었다. 하지만 일제는 곧이어 모든 면의 소재지를 지정하고 그곳에 독립 면사무소를 건립했다. 1913년에 총독이 선포했다.

"면사무소의 위치를 정하거나 또는 변경하려 할 때에는 도장관의 인가를 받는다."

면 소재지가 된 곳을 조사해 보면, 원래 교통이 발달하거나 장시가 들어섰거나 환곡 또는 사창 창고가 들어섰던 곳이 많다. 이는 지역민들의 오랜 생활 관행을 반영한 결과임에 분명하다. 그런데 얼마 지나지 않아 사무소를 옮기는 곳이 많았다. ①비좁아 옮긴 곳이 있었다. 초가로 지어진 고흥군 고흥면 면사무소는 세월이 흘러 벽과 창이 파손되고 공간이 비좁아 사무 처리가 곤란한 상황에 이르고 말았다. 이에 1928년에 당시 군청 앞의 옛 호장청과 형리청 자리에 면사무소를 신축했다. ②면 중앙으로 옮긴 곳이 있었다. 1928년에 고흥군 고읍면(현재 풍양면) 사람들은 신설 학교와 신축 면사무소의 위치를 면의 중앙이 되는 율치리로 정하자는 편과 발전의 여지가 많은 풍남리로 정하자는 편으로 갈리

(위 사진) 1924년 광양 옥곡 면사무소(『광양시지』). 오른쪽에 '옥곡면사무소'라 적힌 현판이, 그 왼쪽으로 위원회·본부 현판이 나란히 걸려 있다.

(오른쪽 사진) 정읍 용북 면사무소(『정읍군지』). 용북면은 1935년에 신태인면으로 이름이 변경되었기 때문에, 이 사진은 그 이전에 찍은 것이다. 가운데 사람이 면장으로 보이고, 나머지 11인은 면직원일 것이다.

어 대논쟁에 들어갔다. 두 편은 한 치의 양보 없이 자신들의 주장을 펴며 군 당국에까지 수차례 진정서를 낸 바 있었다. 급기야 풍남리를 주장하는 풍남리, 송정리, 백석리 등 세 마을 사람들은 풍남리에 모여 모인사의 사회로 집회를 열어 학교와 사무소를 기어이 풍남리로 유치하자는 사항을 결의하기까지 했다. ③교통요지로 옮긴 곳이 있었다. 1934년에 나주 문평면 유지들은 면사무소를 고막원역 앞으로 이전해 달라는 진정서를 군청에 제출했다. 고막원이 호남선의 경유 역이고 광주·목포 간 1등도로 관통지로 교통의 중심지여서 그러했던 것이다. 이처럼 면소재지를 어디에 두느냐는 지역민들의 초미의 관심사였고, 면사무소의 위치에 관해 다소 불평을 호소하는 자도 있었기 때문에 이전되었던 것이다.

넷째, 일제는 면사무소에 면장 외에 직원을 파견했다. 그들에게 급료가 지급되었는데, 86원 연봉이 우대 차원에서 100원 내외까지 인상되었다. 또한 1명이던 직원도 크게 증가했다. 1931년에 전라북도에서 발간한『직원록』가운데 편의상 임실군과 순창군 것만 정리해 보았다. 임실군의 경우 많게는 10명, 적게는 5명이 면사무소에서 근무했다. 이는 1인 면장, 나머지 서기로 구성되었고, 임실·둔남·삼계·관촌면은 기수(技手) 1인이 별도로 있었다. 인근 순창군도 이와 마찬가지였다. 요즘은 이보다 더 많은 직원이 근무하니 비교된다. 한편, 도청의 경우 직원의 절대다수가 일본인이고 임실 군청도 전체 직원 33명 가운데 일본인이 10명이나 되었다. 그러나 면사무소에는 일본인이 한 사람도 없었으니, 상부는 자신들이 장악하고 하부만 우리나라 사람에게 책임을 주고서 위에서 조종했던 것이다.

이처럼 지금으로부터 1백 년 전에 면이 대거 통폐합되었다. 교통과

통신이 비교할 수 없을 정도로 변한 오늘날까지도 이 시스템이 고스란히 내려오고 있다. 인구가 크게 감소하고 있는 면이 적지 않다는데, 한 번쯤 뒤돌아볼 문제이다. 군 지역에 면사무소가 있듯이, 시 지역에는 동사무소가 들어서 있다. 근래에는 읍·면·동 사무소 이름이 '주민 자치 센터'로 바뀌어 주민들의 멀티 공간으로도 활용되고 있다. 정부는 앞으로 '행정 복지 센터'로 이름을 바꿔서 복지 사각지대에 처한 위기 가정을 신속히 발굴·지원하여 복지 허브기관으로 활용하겠다고 한다. 통치하고 군림하는 사무소에서 자치를 실현하고 행복을 주는 센터로 변해가고 있음을 알 수 있다.

임실·순창군 면사무소 직원(1931년)

임실군		순창군	
임실면	10명	순창면	10명
청웅면	6명	인계면	7명
운암면	7명	동계면	8명
신평면	6명	풍산면	8명
성수면	7명	팔덕면	7명
둔남면	10명	쌍치면	9명
신덕면	6명	복흥면	9명
삼계면	9명	적성면	6명
관촌면	9명	유등면	6명
강진면	5명	구림면	9명
덕치면	6명		
지사면	6명		

면리의 두 모습

①민족 탄압의 말단 : 일제는 을사늑약, 고종 강제퇴위, 군대 강제해산 등을 통해 우리 주권을 강탈해가고 있었다. 이때 전라도 사람들이 대대적으로 의병을 일으켜 저항했다. 박은식의 말처럼, 전라도는 전국 의병항쟁의 중심지가 되어 있었다. 그 힘은 의병장 박용식(朴鏞植)이 "의병과 주민은 머리와 꼬리처럼 서로 이어져 있으므로 어려울 때는 서로 돕고 서로 의지하는 바가 마치 부자형제의 허물 없음과 같다"고 말한 것처럼, 의병과 주민의 일체에서 나왔다. 이를 알았는지 일제는 '남한폭도대토벌작전'을 펼치면서, 면장과 이장을 상대로 의병의 해산·귀순을 권유하거나 자위단 창설을 권유하고 의병 동태를 보고받았다.

②민족 저항의 모체 : 일제 강점기의 경제수탈에 맞서 저항하기 위해 전라도 사람들은 농민단체를 결성해 나갔다. 처음에는 면리 단위로 시작하여 점차 군 단위로 범위를 확대시켰고, 더 나아가 도 단위의 조직을 창립하기에 이르렀다. 예를 들면, 순천의 서면과 쌍암면 농민단체(이름 불명)가 1922년에 소작쟁의를 펼쳤다. 그들은 다른 면 농민들과 연합하여 23년에 '순천농민대회연합회'를 조직했고, 바로 이어 인근의 여수·광양·보성 농민단체들과 연맹하여 '남선농민연맹회'를 창립했다. 그리하여 1926년 무렵에 이르면 전남의 농민단체는 점차 '군 농민조합연합회' – '면 농민조합' – '동리 농민단' 체계로 재편되었다.

3. 마을, 공동체를 유지하다

제역촌(除役村)이라는 것은 읍내가 첫째, 계방촌이 둘째, 점촌이 셋째, 학궁촌이 넷째, 서원촌이 다섯째, 역촌이 여섯째, 원촌이 일곱째, 사하촌이 여덟째, 창촌이 아홉째, 궁방전촌이 열째, 둔전촌이 열한째, 포구촌이 열두째, 도촌이 열셋째, 영촌이 열넷째이다. 또 병영·수영과 같은 기관이 있는 곳은, 그 영 주변 4리는 모두 제역촌이다. 〈정약용, 목민심서〉

　제역촌이란 어떤 역을 면제받고, 대신 다른 역을 부담하는 마을이라는 뜻입니다. 그런 마을이 15가지나 된다고 정약용은 말했습니다. 학궁촌과 서원촌은 향교와 서원의 잡일을 떠맡았고, 역촌과 원촌은 역과 원의 잡일을 떠맡았고, 창촌과 영촌은 창고 관리와 병영 잡일을 맡았습니다. 이런 특별마을은 물론이고 일반마을은 어떤 모습이었을까요? 이방인 마을도 있었고, 일제가 마을에도 손을 댔는데 왜 그랬는지도 궁금합니다.

마을-갖가지 이름

　우리 역사에서 최말단 행정구역이 바로 마을이다. 백제나 신라의 촌은 군 다음의 행정구역으로써, 촌주(村主)를 통해 촌에 중앙정부의 통제가 가해졌다. 고대국가에서 조선왕조에 이르기까지 우리나라에 어떤 마을이 있었는지에 대한 가장 이른 자료는 18세기 후반에 작성된『호구총수(戶口總數)』이다. 이 이전에 대해서는 전체적인 현황을 전혀 알 길이 없다는 점에서 이 자료는 매우 중요하다. 더군다나 여기에 수록된 마을 숫자가 어떤 고을의 경우 이후 작성된 그 어떤 기록보다 훨씬 자세하다는 점에서도 자료적 가치는 높다.

『호구총수』가운데 강진현, 곡성현, 옥과현 것만 정리해 보았다. 강진현에는 342개의 마을이, 곡성현에는 141개의 마을이, 옥과현에는 101개의 마을이 있는 것으로 기록되어 있어 있다. 면당 평균 22.8개(강진), 17.6개(곡성), 16.8개(옥과)의 마을이 있었던 셈이다. 오늘날 군청 홈페이지를 보면, 강진군의 경우 자연마을 293개로 나와 있고, 곡성군의 경우 행정리 272개로 나와 있다. 이를 250년 전과 비교해 보면 별반 차이가 나지 않음을 발견할 수 있다. 결국 18세기 마을 숫자는 매우 많은 편이다. 이렇게 많은 마을이 생긴 이유는 인구 증가, 새로운 도로 개통, 토지 개간, 장시 개설, 점촌 개설 등에 있을 것이다.

마을 이름은 개설 시기, 마을의 위치·방향·지형·모양, 마을과 관련된 창고·시설·기관 등을 따서 정하거나 교화적인 단어도 활용했다. 자세히 살펴보자. ①신리(新里), 신기리(新基里), 신천리(新川里), 신흥리(新興里), 신풍리(新豊里), 신평리(新坪里), 신전리(新田里)처럼 '신'자가 붙어 있는 마을 이름이 있다. 이유는 알 수 없지만 모두 새로 생긴 마을이다. ②언리(堰里)로 불린 마을도 있는데 이는 간척지 공사로 새로 생긴 마을이다. 둔전리(屯田里), 농소리(農所里), 방축리(防築里) 등도 토지나 농사와 관련된 마을 이름이다. ③입자점리(笠子店里)나 옹점리(瓮店里)로 불리는 마을은 삿갓이나 옹기를 만드는 마을이다. 이런 마을을 통칭하여 점촌이라 한다. ④마을 이름 앞에 내외(內外), 상하(上下), 동서(東西), 원(元) 등의 접두사가 붙어 있는 마을이 많다. 이는 한 마을이 커지면서 둘로 나눠진 것이다. ⑤동물 모양을 따서 붙인 이름이 있다. 누워 있는 소와 같다고 하여 우산리(牛山里)·와우리(臥牛里)가 있고, 노루 목과 같다고 하여 장항리(獐項里)가 있다. ⑥방향을 따서 남포(南浦), 동촌(東村)이 있다. ⑦정자가 있다고 하여 흥복정(興復亭)이 있다. 정자리도 마찬가지다. ⑧창고가 있다고 하여 해창리, 동창리, 서창리 등의 마을이 있다. 사창리(社倉里)는 대원군 때 환곡의 폐단을 개선하기 위해 각 면에 설치했던 사창이 있었던 마을이다. ⑨유교적인 가치를 써서 오류리, 한림리, 효자리, 충효리 등의 마을도 있다. 향교나 서원 아래의 교촌이나 원촌도 있다.

이상을 통해 후대로 갈수록 신설 마을과 분리 마을이 많아졌음을 알 수 있다. 중요한 것은 18세기 『호구총수』에 보이는 마을이 오늘날까지 별다른 증감 없이 내려오고 있다는 점이다. 따라서 오늘날 전라도의 마을 모습은 빨리는 16세기에 늦게는 18세기에 그 윤곽이 형성되었음을 알 수 있다.

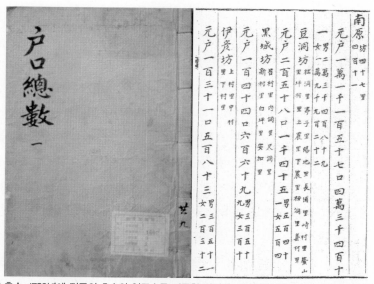

호수총수. 1789년에 전국의 호수와 인구수를 기록한 것이다. 남원부에 방이 47, 리가 411, 호가 1만 1천 157, 구가 4만 3천 411, 그리고 두동방에 마을이 11, 호가 258, 구가 1천 45라 적혀 있다. 다른 곳은 '면'인데, 남원만 '방'이라 했다.

동족마을-한 성씨가 다수

　전라도 지역에는 명승지가 많기로도 유명하다. 300년 전 선비 성해 응이『동국명산기』에서 한국의 명승지 백경(百景)을 들었다. 그 중에는 전라도 지역의 진도 금골산, 무주 덕유산, 광주 무등산, 해남 두륜산, 영암 월출산, 장흥 천관산, 구례 지리산, 부안 변산 등이 들어 있다. 특히 지리산을 가장 자세히 설명하고, 속세를 떠나 수양하기에 으뜸이라 평했다.

　또한 전라도 지역에는 사람이 살만한 곳이 많기로도 유명하다. 이중 환의『택리지』와 서유구의『임원경제지』를 보면, 전주의 봉상촌·율담, 여산 황산촌, 임피 서지포, 광주 경양호, 구례 구만촌, 순창 복흥촌, 남원 성원, 용담 주천, 금산 제원천, 장수 장계, 무주 주계, 금구, 만 경, 변산, 흥덕 장지, 영광 법성포, 나주 금강, 강진 월남촌, 영암 구 림촌, 해남 송정 등을 사람 살기에 적합한 곳으로 거론했다. 토지가 기 름진데다 관개가 편리하여 오곡이 풍성하고, 어염이 넉넉하고 물길도 좋은데다 풍수지리도 좋아 훌륭한 터전이 될 곳이라고 했다.

　사람들은 태어난 곳에서 평생을 살기도 하지만, 처가나 외가로 이주 해 사는 사람도 적지 않았다. 그래서 사위나 외손들이 함께 거주하는, 다시 말하면 여러 성이 아울러 거주하는 마을이 대부분이었다. 이런 마 을을 이성마을이라 한다. 그런데 16~17세기에 종법질서가 정착되면 서 촌락 사회의 구성에도 변화가 찾아왔다. 부계 중심 및 적장자 위주의 가계 계승이 확립되고, 재산 상속도 남녀가 모두 고루 받게 되는 방식이 적장자 중심으로 변화하면서 동족마을이 형성되기 시작했다. 집성촌이 라고도 하는 동족마을이란 하나의 지배적인 동성동본 집단이 다른 성씨 들을 밀어내고 한 마을의 주도권을 쥐고 대대로 집단 거주하는 마을이다. 예를 들면, 일제 강점기 때의 조사이지만, 김덕령 의병장의 고향인 광주군 광주면 충효리의 경우 광산김씨가 74호이고, 동족 이외의 호는 8호였다. 그리고 순창군 동계면 구미리의 경우 창원양씨가 170호이고 동족 이외의 호가 10호에 불과했다. 따라서 동족마을은 특정 성씨의 배타적 공간이 되었던 것이다. 이러한 동족마을은 처음에는 양반 중심으로 형성되기 시작했는데, 그런 마을을 반촌(班村)이라 한다. 동족마을은 점차 평민들이 사는 마을에까지 확산되었는데, 그런 마을을 민촌(民村)이라 한다.

　일제 강점기에 일본인이 동족마을을 조사하고서 도별과 군별 통계를 내놓았다. 도별 통계를 보면, 전남이 1천 990곳으로 가장 많고, 그 다음이 경북이다. 전라도 안에서 동족마을이 많은 면은 고창군 해리면, 김제군 쌍감면(현 황산면), 옥구군 성산면으로 19~18곳이나 있었다. 여수군 여수읍, 화순군 동면 같은 곳은 무려 32~31곳이나 있었다. 진

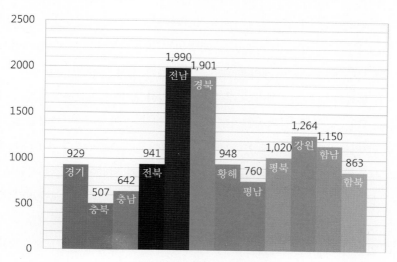

1933년 도별 동족마을 수(『조선의 취락』)

도군 조도면 32곳, 무안군 안좌면 26곳 등 도서지역에도 동족마을이 많았다. 이는 양반층을 중심으로 형성되기 시작한 동족마을이 점차 서민층에게까지 확산되어 한국사회의 일반적인 현상으로 자리를 잡아갔다는 사실을 말해준다. 어쩌면 양반이건 서민이건 간에 원래 우리 민족은 동족끼리 모여서 살아왔는데, 역사학자들이 조선후기에 종법질서가 정착되어가면서 나타난 현상으로 해석했는가도 모르겠다.

동족마을에서는 동족 자제들을 위한 소양교육이나 과거준비를 위해 서당(書堂)을 운영하기도 했다. 대표적인 '문중 서당'으로는 보성의 안씨가에서 세운 목미암, 장흥의 위씨가에서 세운 장천재, 남원의 둔덕방(현재 임실)에서 세운 삼계정사 등이 있다. 19세기 중엽에 영광의 영월신씨 집안에서도 서재를 세운 후 서재계를 만들어 운영비를 충당했다. 이곳에서는 문중 내 유력인사를 선발하거나 외부 유능인사를 초빙하여 문중 자제들을 교육시키었다. '유능한 인재'를 양성하는 것이 곧 자신들 문중의 위세를 높이는 길이었기 때문에 동족마을에서 이러한 일을 했다. 이런 경향은 반촌뿐만 아니라 민촌에서도 나타났다. 그리하여 19세기 말기나 20세기 초기에 이르면 마을마다 서당이 설립되어 있었고, 재원 마련을 위해 서당계(줄여서 서계라 함)를 운영한 곳이 적지 않았다.

또 동족마을에서는 제사나 문중회의를 위한 공간이 필요하여 사당, 사우, 재각, 누정 등을 건립하기도 했다. 특히 문중의 결속을 다지고 대외에 위세를 과시하는 데에 있어서 중요한 것이 사우(祠宇)였다. 사우란 자기 문중의 조상 가운데 뛰어난 인물을 제사지내기 위하여 설립한 것인데, 이러한 사우를 각 문중에서는 경쟁적으로 건립하게 된다. 유교윤리란 충신, 효자, 고위관료, 학식자에 대하여 제사를 올리는 것을 미덕으로 여기고 있었기 때문에 그러했던 것이다. 그래서 사우 설립이 남발되고, 그로 인해 사회적 문제가 적지 않게 야기되기도 했다. 문중원의 대외활동 공간으로 중요했던 것이 누정이다. 태인의 고현내면에서는 그곳 생원·진사·유생들이 17세기에 송정(松亭)이란 정자를 지었는데, 19세기 전반에 이르러서는 도강김씨가 중심이 되어 송정을 중수하여 자신들 문중의 결속을 다지는 데에 이용했다. 양반가에서 누정을 건립한 사례는 순천의 옥천조씨, 화순의 문화유씨, 장흥의 영광정씨 등에서도 보고되고 있다. 특히 영암지역은 50%의 누정이 문중에 의해서 운영되었다고 한다. '문중누정'이 많은 것은 전라도 문화의 특징 가운데 하나이다.

향화촌-이방인 마을

동족마을과 함께 이방인 마을도 전라도에 적지 않게 있었다. 경계가 없는 바닷길을 발판으로 살고 있는 전라도 사람들은 상당히 개방적이었다. 그래서 그들은 정든 고향을 떠나 머나먼 곳에서 자유롭게 살기도 했다. 이러했기에 전라도 사람들은 타지에서 들어온 사람들과도 사이좋게 잘 살아왔다. 전라도로의 유입자는 정치적 망명에 의해서 발생했다. 그리고 일본, 중국, 대만, 유구(현재 오키나와), 필리핀, 동남아 등지의 사람들이 항해하다 표류하여 발생하기도 했다. 그리하여 백제에는 한반도 내의 고구려인과 신라인뿐만 아니라 중국인과 일본인 등이 섞여 살고 있었다. 이는 중국 수나라 역사책 『수서』에 들어있는 내용이니 외국에까지 널리 알려진 사실임이 분명하다. 또한 고구려 정벌에 나섰던 중국 수나라 군인이 살수대첩에서 패한 후 전북 익산에 와서 살았는데, 후손 가운데 한 사람이 신라의 고승 진감선사라 한다. 이는 성대중의 『초사담헌』에 들어 있는 내용이다. 이런 전통은 고려에까지 이어졌다. 1030년에 거란, 해가(奚哥), 발해의 백성 5백여 명이 귀순하여 왔다.

그러자 고려 정부는 이들을 강남도의 주와 군에 배치했다. 지금의 전라북도 지역에 살게 한 것이다. 고려말에 중국에서 선씨가 와서 보성에 정착하고, 설씨가 와서 순창에 정착한 것도 같은 맥락이다.

우리나라에 들어온 외국인은 대체로 한 데에 모여서 살았다. 외국인이 귀화하여 집단으로 사는 마을을, 언제부터 그랬는가는 확정할 수 없지만 향화촌(向化村)이라 했다. 전라도에도 곳곳에 향화촌이 있었다. 전라도에 향화촌이 들어선 때는 아주 오래 전으로 거슬러 올라갈 수 있지만, 실체가 드러난 때는 조선왕조에 들어와서부터이다. 이때 향화촌을 이룬 사람들은 크게 왜인, 한인, 요동인으로 구성되었다. 하나씩 살펴보겠다.

첫째, 향화촌은 조선초기 귀화 왜인에 의해서 형성되었다. 임진왜란 때에 침략군으로 들어온 왜군의 항복에 의해서도 형성되었다. 1592년에 16만여 명, 1597년에 15만여 명의 왜군이 각각 침입해 왔다. 그 가운데 상당수가 조선 땅에 잔류했다. 명량대첩 때 패전한 왜군의 일 무리가 귀국하지 않고 해남에 정착하여 마을을 이뤄 20세기 초까지 자신들 언어를 쓰며 살았다. 이 사실을 삼산면 평활리 주민이 증언했다.

"1920년대까지도 양촌저수지 아래 등성이에 신분이 뚜렷하지 않은 사람들이 4~5가구 살았어요."

왜군 포로 후손이었던 이들은 마을에 큰 일이 있을 때마다 의무적으로 나무 한 짐을 해왔다. 또 다른 마을 사람은 다음 말도 했다.

"그 사람들은 마을 앞을 곧장 지나가지 못하고 마을 뒷산으로 으레 돌아서 다녔당게."

그들은 저수지 아래에 계단식으로 택지를 만들어서 집을 지었고, 근처 땅을 개간하여 논밭으로 만들고 관개사업에도 참여했다. 이런 마을은 다른 곳에도 있었다. 영암의 경우 곤일면 사포리·변두리, 곤이면 행정리가 향화촌이었다. 이는 영암 사람들이 1839년에 군수에게 낸 소장을 모아 놓은 문서에 수록되어 있다. 1년치 문서에 3곳이 보인 것으로 보아, 상당히 많이 있었을 것 같다. 군역을 면제해주라는 소장을 내면서 그들은 자신의 마을을 향화촌, 자신의 신분을 향화인이라고 했다.

둘째, 향화촌은 임진왜란에 참전했다가 돌아가지 않고 조선에 잔류한 명나라 군인들, 그리고 명나라가 망하자 망명해 온 명나라 사람들에 의해 형성되기도 했다. 임진왜란 때에 명나라 군대 5만여 명이 참전했다. 전쟁이 끝나고 적지 않은 명나라 사람들도 조선 땅에서 새 인생을 시작했다. 편갈송(片碣頌)이라는 사람은 이여송의 유격장으로서 여러 번 왜군을 격파했는데, 그 자손이 나주에 거주하며 조상을 위한 '감명사'라는 사당까지 세웠다. 그들은 자신의 본관을 고향을 따서 '절강'이라 했다.

또 임진왜란 때에 파병되어 온 명나라 진린(陳璘) 장군의 손자가 명나라가 청나라에 망하자, 배를 타고 고향 광동을 떠나 조선으로 망명해 와서 해남군 산이면 황조마을에 정착했다. 그래서 그곳은 광동 진씨 집성촌이 되었다. 시진핑 중국 국가주석이 2014년 서울대 특강에서 역사상 위태로운 상황이 발생했을 때마다 한국과 중국은 서로 도우며 고통을 극복해냈다고 말했다. 그러면서

"명나라 장군 진린의 후손은 오늘날까지도 한국에서 살고 있다"

고 말하며 그 실례를 들었다. 정읍과 영광에도 명나라 사람이 살고 있었

다. 정읍에 살고 있는 추재풍(秋在豊)이라는 사람이 1870년에 자신은 명나라 사람 추수경(秋水鏡)의 후손인데 자신의 사촌 동생 근풍(近豊)이 영광 삼북면(현재 장성)에 살고 있다면서 근풍의 군역을 면제해달라고 관아에 요청했다.

셋째, 향화촌은 요동 사람들에 의해서도 형성되었다. 요동에 살던 명나라의 한족 사람들이 여진족이 세운 후금(청)의 지배를 피해 한반도로 대거 들어왔다. 20~30만 명은 족히 되었을 것 같다. 그들 가운데 일부는 청의 요청에 의해 송환되었지만, 일부는 조선 땅에 그대로 남았다. 그 잔류 요동인을 조선 정부는 전국 도처에 10명이나 6·7명 단위로 분산 배치했다. 주택이나 토지를 지급하고 직장이나 혼인을 알선했다. 그 가운데 상당수는 전라도 바닷가 지역에서 가정을 이루고 자녀를 두며 정착 생활을 영위했다. 영광 향화도(현재 염산면)에 요동에서 온 '우

해남 황조마을. 진린 장군 손자가 명나라가 망하자 조국을 떠나 들어와 정착했다.

거지란'이라는 사람이 정착한 기록이 발견되고 있다. 해남 해창에 정착한 요동 사람도 있었다. 향화인은 본래 군역이 없었다. 이 점을 이용해 몰래 향화촌으로 들어가 사는 조선 사람들도 있었다. 그래서 향화촌 거주자가 늘어나자, 1700년에 고창의 선비 유신우는 어업이나 농업에 종사하고 있는 향화인에 대해서는 군역에 충당하자고 요청한 바 있다.

한편, 일제 강점기 때에 일본인의 농업과 어업 이민이 잦아지면서 그

들이 집단 거주하는 마을도 적지 않았다. 일본인의 1933년 조사에 의하면, 전라도에 '이민부락'이 29개나 있었다. 여수군 삼산면 거문리와 해남군 송지면 어란진 2곳만 '어업부락'이고, 나머지는 모두 전주·옥구·광주·나주·함평·강진·영암·장흥·보성·담양 등지의 '농업부락'이었다. '농업부락' 가운데 가장 큰 곳은 나주군 남평면 남평리인데, 일본인이 무려 46호에 222명이 살고 있었다. 이들은 일본의 오카야마 등 19개 현에서 건너와서 지주, 자작, 자소작, 소작, 상업 등으로 살고 있었다. 자신들의 이익과 단합을 위해 잠업조합, 유도구락부, 번영회, 저금조합, 산미개량조합 등의 단체를 만들었고, 학교조합을 만들어 자신들 자녀만을 위한 '남평공립심상고등소학교'를 운영했다. 조사에 들어있는 마을이 이 정도이고, 관료생활이나 상업활동을 하며 도시에서 살고 있는 사람을 제외한 숫자인 점을 감안하면, 토지가 많은 전라도에 일본인 마을이 상당히 많이 있었을 것이다.

이장-마을 심부름꾼

조선후기로 들어서면서 마을의 기능이 다양화 되었다. 그에 따라 전부터 해오던 일이 변하거나 새로운 일이기 생기기도 했다. 하나씩 살펴보자. 첫째, 마을을 대표하는 이장(里長)의 역할이 증대되었다. ①그와 함께 이장을 차지하기 위한 쟁탈전이 제법 심했다. 마을 내 성씨들끼리 선출 때 경쟁하거나 재임 중 잘못하면 가혹하게 따지고, 그런 것들이 원만하게 해결되지 않으면 분동이나 동계의 파계(破契) 같은 일들이 벌어졌다. ②돌아가면서 품앗이처럼 하는 것이지만, 이장에 대해서는 일정한 수고비가 있어 공동자산에서 지출되었다. 그런데 일제는 면사무소 경비 충당을 위해 이장 수고비를 없애버렸다. 이장 무급제는 해방 이후에도 계속되어, 마을 사람들은 자체적으로 돈을 마련하여 '이정세(里征稅)'라는 이름으로 지급했다. 행정에 동원되기 때문에 국가가 내야 할 돈을 주민들이 낸 것이었다. 이를 나중에 수당화하여 이장에게 지급되고 있다.

둘째, 마을 대소사를 논의하는 이회(里會)가 중요시되었다. 이회에서 세금, 울력, 품삯, 품앗이, 부조 등이 정해졌다. 품삯의 경우 보통 남자는 쌀 1되였지만 여자는 반 되였는데, 흉년이 들면 그 반으로 줄였다. 모내기·김매기·이삭베기·풀베기·탈곡 등 모든 영농을 품앗이에 의존했는데, 이를 관리하는 조직이 두레다. 강진군의 경우 도암면 계산리에서는 만 14세가 되면 '품앗이조'에 가입하기 위해 단오·유두·칠석 등 명절에 '진세술'이라고 하여 술 한 말을 냈다 한다. 군동면 안풍리에서는 회관 옆에 준비해 놓은 '진세돌(들독)'을 들면 품앗이조에 가입시켜 주었다 한다. 두레마다 농기를 가지고 있었다. 농삿일을 하러 가거나 마을끼리 행사를 치를 때에 들고 가 게양했다.

셋째, 마을에서 가장 중요한 것은 마을의 무사안녕과 대동단결 및 공동체적 생활의 보장이었다. 그래서 각 마을에서는 이를 위한 시설을 갖추고 제의를 거행했다. 그 구조는 기본적으로 국가의 구조 또는 고을의 구조와 비슷했다. 하나씩 살펴보겠다. ①국사(國社)라 하여 국가에 사직단이 있었다. 그렇게 군현에도 사직단이 있었는데 이를 읍사(邑社)라 했다. 마을에도 이사(里社)가 있었는데, 사직단과 같았다. 여기에서 마을의 안녕과 풍요를 비는 제사를 올렸다. 그런데 조선정부는 이사를 음사로 여겨 폐지시키라 했다. 그래서 각 마을에서는 이사를 당산(堂山)으로 바꾸었다. 마을 입구에 당산나무를 심고 장승이나 선돌[입석(立石)]을 세웠다. 정읍시 칠보면 백암리 사람들은 12당산을 세웠다. 마을 사람들은 안녕을 빌기 위해 당산에서 당산제라는 마을 제사를 지냈다. 당산제는 보통 정월 보름날 전후에 당산에서 정결하게 지냈다. 이때 줄다리기를 한 곳이 있었는데, 강진군 병영면 하고리에서는 그때 사용했던 깃발을 현재까지 잘 보관해오고 있다. 당산은 농작물의 재해를 막아 풍년을 기원하고 마을로 들어오는 액을 막아주는 수호신 역할을 했을 뿐만 아니라, 정월 대보름에 줄다리기를 하고서 줄을 선돌에 감아 놓았으며 아이가 없는 여인이 밤에 선돌 앞에서 자식 얻기를 빌었다 한다. 세월이 흘러 당산나무는 현재 여름철 피서 공간으로 여전히 많이 남아 있다. 하지만 장승은 대부분 사라져버렸고, 선돌은 경지정리 사업 때에 많이 유실되고 일부만 남아 있어 이 역시 사라질 위기에 처해 있다. ② 가뭄이 들면 마을에서도 기우제를 지냈다. 국가나 고을 모두 기우제를 지내는 곳이 정해져 있었다. 마을 사람들도 뒷산 정상이나 샘물이 나오는 계곡 용추에서 제물을 차리고 연기를 피워 비를 기원했다. ③마을에도 여단이 있어 전염병이 돌면 그곳에서 여제를 지냈다. 장흥 사람 위백규는 자신이 공부하며 교육하고 있는 부계당이라는 서당에 천연두가 돌자, 서당 입구에 제물을 마련해 놓고 물러가기를 기원했다. 이는 '부계당에서 두신(痘神)을 보내는 글'이라는 제목으로 그의 문집 속에 들어 있다.

넷째, 마을에서는 매년 정기적으로 마을 축제를 열었다. 대체로 농한기인 정월 15일이 축제일이었다. 그 축제를 보통 동제(洞祭) 또는 당산제라 했다. 이때 마을 사람들은 먹고 놀면서도 경건한 마음으로 마을의 무사안녕을 기원했다. 일제 강점기 때의 조사에 의하면, 광주 어느 마을 당산제의 경우 한밤중에 제관과 악대원이 제사를 지내는데 밤중인데도 악기를 연주하며 제사를 지내는 점이 중부지방과 다소 다르다고 했다. 경비는 동계가 있으면 그 자산에서 충당했다. 그렇지 않을 때에는 전북 군산 어느 마을의 경우 경비를 마련하기 위해 주민들이 4~5일간 가장을 하고 농악을 연주하면서 마을을 돌아다니며 금전과 물품을 모아 충당했는데, 이 행위를 '걸립'이라 한다. 김제의 경우 인구전(人口錢)이라 하여 마을 각 호로부터 일정액을 갹출하는 마을이 있는가 하면, 주민의 공동작업으로 번 돈으로 마련하는 마을도 있었다. 전남 화순 어느 마을의 경우 명하전(名下錢)이라 하여 1인당 일정액을 걷기도 했다. 마을마다 관행이 있었다.

다섯째, 이런 일들을 하려면 마을 재산이 있어야 했다. 18세기부터 세금이 마을 단위로 부과되어 그것을 마련하기 위한 재원도 마을에 있어야 했다. 이로 인해 각 마을에서는 돈을 모아 매입하거나 유휴지를 개발하고 아니면 희사를 받아 '동답(洞畓)'이라는 토지를 두었다. 이자를 받기 위해 기금을 두어 불리기도 했다. 또한 마을을 꾸려나가고 자산을 운용하려면 규정이 있어야 했다. 이를 위해 조직한 것이 대동계(大同契)였다. 대동계는 일종의 '마을 헌법'으로써, 상당히 많은 마을에 있었다. 관련 문서가 남아 있고 구전이 전해오고 있다. 마을 사람들의 상부상조를 위한 각종 계도 성행했다. 하지만 이런 단체들도 요즘에는 결혼식장·장례식장 문화에 밀려 자취를 감추고 있다.

마을 제사

마을에서는 후사 없이 죽은 사람에 대한 제사도 지냈다. 강진 병영면 성남리에 사는 김순엽이란 여성은 남편이 일찍 죽고 자식도 없이 홀로 살아오면서 어느덧 76세가 되어 죽을 날이 멀지 않았다. 자신이 죽으면 제삿날을 기념하여 마을에서 한 주걱의 물이라도 떠 주라는 부탁을 하고, 김씨는 자신이 가지고 있는 밭 500여 평과 현금 20원을 하고리에 기증했다. 하고리 사람들은 그 재산을 전혀 축내지 않고 지금까지 제사를 지내오고 있고, 1931년에 작성한 문서도 소중하게 보관해오고 있다.

1762년에 평양에서 출생한 보부상이 담양까지 와서 장사를 하다가 정착하여 생기(生起)마을에서 1812년에 세상을 뜨고 말았다. 가지고 있는 돈을 전부 내놓으면서 유언으로 흔적을 남겨 달라고 청했다. 생기마을 사람들은 그 돈으로 농지를 매입하여 '평양영감계'를 조직하고서 매년 그 분에 대한 제사를 지나가는 나그네도 먹고 갈 수 있도록 푸짐하게 지내왔다. 그리고 마을에 흔적비를 세워 그 사실을 지금까지 전하고 있다.

동계-마을 자치조직

마을 사람들은 '동의 향약'이라는 뜻의 동약(洞約) 또는 '동의 계'라는 뜻의 동계(洞契)로 불리는 자치조직을 만들어 운영했다. 초기에는 유학적 규약 중심의 동약 형태로 운영되었지만, 점차 어떤 사업적 목적을 띤 동계 형태로 운영되었다. 그래서 오늘날 남아 있는 것들은 대부분 동계라는 이름으로 적혀 있다.

빠른 것은 15세기에 만들어졌다. 태인의 고현동약은 현재의 전북 정읍시 칠보면 일대에서 1475년 정극인에 의해 만들어진 후 지금까지 550여 년간 시행되어 온 우리나라의 선구적인 동약 가운데 하나이다. 창설된 지 1백 년 넘어서 개정된 31개조의 규약을 보면 조직·운영·상벌에 대한 내용이 담겨 있으며, 또 1백 년 지나서 개정된 규약을 보면 상호부조 내용이 추가되어 있는 것을 볼 수 있다. 15세기 말에 광주 양과동약이 창립되었다. 중간에 유명무실 해졌다가, 임진왜란 직후에 6개 가문이 참여하여 중수했다. 이후 양과동약은 기본적인 골격을 잃지 않고 현재까지 명맥을 유지하고 있다.

동계는 16세기에 접어들어 본격적으로 등장하기 시작했다. 광주 선도동에서 박광옥이 동지들과 동약을 조직했다. 약조를 엄히 정하여 매월 초하루에 잘 지킬 것을 강론하고 예를 행함으로써 풍속을 돈후하게 하고 인륜을 독실하게 하는 것을 근본으로 삼았다. 담양 대곡동에서 만덕 김대기가 향약을 시행하니 지역 풍속이 점차 순화되었다고 한다. 이 시기에 특히 영암 지역에서 집중적으로 등장했다. 1565년에 구림동계, 1589년에 영보동계, 그리고 뒤이어 1605년에 망호정동계, 1650년에 은곡대동계, 1655년에 화수정동약, 1667년에 장암동계 등이 차례로 창립되었다. 이 가운데 ①구림동계는 임진왜란으로 동계 관련 기록이 소실되자 전란 직후에 복구했는데, 혼상 부조가 주된 내용을 이루었다. 계원은 70명으로 한정하여 그 전통은 현재도 지켜지고 있다. 계의 운영은 쌀을 갹출하여 필요한 경비에 사용하다가, 남은 쌀로 전답을 매입한 후 병작시키고, 그 일은 전적으로 유사가 책임졌다. ②영보동계는 기본 조목으로 부상, 입약, 곡물취리, 정풍속 등의 4가지를 두었다. 부상에서는 상례부조가 주목적이었고, 곡물취리는 동계 운영에 따른 재원을 마련하기 위한 것이었고, 입약과 정풍속은 낭주최씨·거창신씨의 족적 기반을 다지는 조약이었다. 계원의 가입 절차가 까다로웠고, 계회의 횟수가 4회(2·3·9·10월)로 일반적인 춘추 2회보다 2배나 되었다. ③망호정동계는 경주이씨 동족을 중심으로 창립되었기 때문에, 마치 족계와 같은 성격을 띠고 있었다. ④장암동계는 남평문씨라는 씨족을 기반으로 성립한 동계였으며, 이후 점차 향촌 통제적인 규약을 첨가

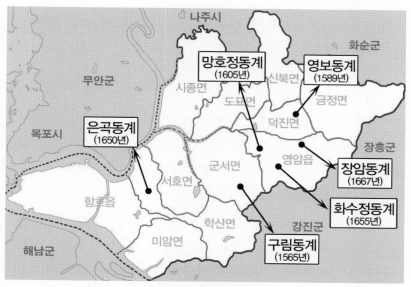

17세기 영암 지역 동계

하면서 촌락 공동체로서의 면모를 보여 주고 있다. 특히 이 동계는 회계 결과를 문서로 작성하여 남겼는데, 그 수준이 송상의 송도사개부기에 비견될 수 있다고 한다.

17세기에 접어들면 동계가 도내 곳곳에서 창립되었다. 특히 나주지역에서 그러했는데, 1599년에 창설된 회진동계에 이어, 1601년에 창설된 금안동계, 1601년에 창설된 초동동계 등이 있다. 이 가운데 전남 나주시 노안면의 금안동에서 실시되었던 금안동계는 '동계안'을 비롯한 40여 종의 고문서가 남아 있다. 금안동은 12개의 자연촌으로 구성되어 있으며, 임진왜란 직후 금안동의 양반인 나주정씨, 하동정씨, 풍산홍씨, 서흥김씨 등 4성씨가 주축이 되어 생겨났다. 그래서 현재도 금안동에는 전체 구성원에 의한 '대동계'와 4성씨 후손에 의한 '4성계'가 마을의 중요한 일을 주관하고 있다. 이 외에 위씨 동족마을인 장흥 방촌에서 1608년에 만든 방촌동약, 남원 둔덕방의 7개 마을 7개 성씨가 1621년에 창설한 둔덕방동계, 남원 원천동에서 1638년에 만든 원천동약, 원주이씨 동족마을인 해남 산막동에서 1645년에 만든 산막동계 등도 있다.

18세기 이후에는 더더욱 활발하게 동계가 창설되었다. 가령, 장흥 호계에서 1715년에 창설한 호계동계도 있다. 이 외에도 거론하기 번잡할 정도로 많다. 그리하여 이 이후에는 "한 고을에 한 고을의 약속(約束)이 있고, 한 마을에 한 마을의 약속이 있다"고 할 정도로 각 마을마다 동약·동계가 존재했다. 점차 그 세는 약해졌지만, 이러한 경향은 20세기 초기까지 계속되었다. 이미 동계를 운영해오고 있는 마을 가운데 일부는 동계를 파기하고 있는데도 불구하고 새로이 동계를 창설한 마을이 적지 않았다는 점은 눈여겨 볼만한 대목이다.

동계 문서는 크게 서문, 좌목, 규약 등으로 구성되어 있다. ①서문은 동계를 만든 목적이 기록되어 있다. ②좌목은 구성원 명부인데, 아무나 입록되는 것이 아니라 일정한 조건을 충족하고 엄격한 절차를 거쳐야 했다. 구성원들은 봄과 가을 두 번 회의를 열어 마을 일을 논의하고 회계감사를 행했다. ③규약은 유교적 윤리관에 입각하여 구성원 간에 예의를 지키고 상호간에 화목하자는 내용을 주로 담고 있다. 그리고 결혼이나 사망 또는 흉년일 때에 상부상조 하는 내용도 빠짐없이 들어 있다. 또한 마을의 질서를 유지하기 위해 양반과 상민·노비 간에, 어른과 젊은이 간에, 남자와 여자 간에, 지주와 작인 간에 지켜야 할 도리도 동계 규약에 들어 있다. 이런 일을 하는 데에 소요되는 비용을 충당하기 위해 동계에서는 토지나 기금을 마련하여 운용했다.

좌목을 작성하고, 규약을 집행하고, 자산을 운용하는 일은 보통 유사(有司)라는 사람이 맡았다. 특히 동족마을의 경우 동의 임원인 동임과 동계의 임원인 계임이 구분되지 않고 한 사람이 양쪽을 겸하는 경우도 있었다. 그러다 보니 특정 사람들이 자신의 신분적 우위와 경제적 권리를 강화·유지하려는 경향이 노출되었다. 이에 불만을 품은 사람은 동계에서 탈퇴하거나 아예 분동을 하여 독자적 길을 걷기도 했다. 동계의 집회소로서 동각(정자)은 춘추강신례나 향음주례를 행하는 장소인 동시에, 문사들의 음풍영월의 장소로서 문학의 산실이나 사족들의 공론 형성장이기도 했다. 양과동의 동각이자 정자인 양과동정(良瓜洞亭)은 수많은 문인들의 족적이 남아있는 곳이면서, 간언대(諫言臺)로 이용되었다는 기록으로 보아 정치여론을 형성하는 곳이었고, 임진왜란 때에 의병장 고경명이 이곳에서 의병을 모집했다는 구전도 전해온다.

물론 동약은 양반의 이해를 반영하고 있지만, 일반 백성을 보호하고

자 하는 최소한의 욕구도 반영하고 있다. 일반 촌락민에 대한 보호는 양반의 지배를 유지하기 위한 필요 조건이었기에 동약에 소농민을 보호하기 위한 내용도 포함되었다. 천재지변을 당했을 경우 구휼하는 내용, 세금을 공동으로 마련하여 납부하는 내용이 대표적이다. 흉년과 세금으로 인한 하층민들의 도산은 곧 양반들의 존립 기반을 무너뜨리기에 그러했다. 이들 마을에서는 회의 때마다 작성한 문서를 지금까지 소중하게 보관해오고 있는데 이는 우리의 소중한 문화유산으로써 일부는 도문화재로 지정되어 있고 연구자료로 활용되기도 했다.

마을숲-재해를 막다

마을은 있는 숲을 보호하거나 새로이 숲을 조성해야 했다. 우선 숲 보호부터 알아보자. 언제부터인가는 모르겠으나, 봉산(封山)이란 것이 있었다. 조선정부에서는 선박 건조용이나 건물 건축용 목재를 조달하기 위해 소나무를 벨 수 없는 산을 봉산으로 지정하여 관리했다. 종묘 위패 제작용으로 사용되는 밤나무를 공물로 진상하도록 하기 위해 구례에는 지리산 자락 밤나무 산을 봉산으로 지정했다. 19세기 초반 기록을 보면 전국 635곳에 봉산이 있었다. 그러나 목재의 수요증가와 화전의 확대로 산림이 피폐해지자, 정부에서는 1684년부터 소나무 벌목을 금하는 정책을 본격적으로 펴나가면서 송계(松契) 창설을 적극 권장했다. 송계란 무단 벌목을 단속하여 삼림을 보호하기 위한 목적으로 결성된 자치조직이다.

또한 민간에서는 장례용 판자와 연료용 땔감을 확보하기 위해 자치적으로 송계를 조직하기도 했다. 조선초기만 해도 모든 사람의 공유지였던 산림이 점차 사적으로 점유됨으로써, 목재나 연료를 확보하기가 쉽

지 않았고 그로 인하여 경계를 다투는 분쟁이 속출했다. 이에 각 지역에
서는 마을이나 면을 단위로 송계를 창설하고 있었다. 송계에서는 소나
무를 기르고 벌목을 단속하는 일 외에 소나무 판매 이익금으로 자체 상
호부조나 공동납세를 하기도 했다. 금산군에 무려 156개의 송계가 일
제 강점기에 있었다는 조사보고, 보성군 복내면 이리에서는 1803년에
송계를 조직하여 오늘날까지 유지해오고 있다는 조사보고가 있다. 지역
에 따라 차이가 있지만, 송계가 활성화되어 있거나 동계와 같은 역할을
한 곳이 있었음을 알 수 있다.

한편, 마을의 숲 조성은 읍치에 숲이 있었던 것과 까닭이 같다. 바
닷가의 방조림은 바닷가 마을 사람들이 바닷바람이나 해일 피해를 막
기 위해 가꾸어 놓은 숲이다. 이 대목에서 정약용이 지은 '염우(鹽雨)'라
는 시가 떠오른다. 태풍이 불 때 염우에 의한 농작물 피해를 줄이는 길
은 방조림밖에 없다. 우리가 여름철에 휴가를 즐기는 해수욕장의 울창
한 송림이 바로 이 숲이다. 시원한 바람을 쐬며 여가를 즐기는 마을 앞
숲이나 냇가 옆 숲은 농촌 사람들이 마을로 불어닥치는 강풍을 막기 위
해 또는 홍수로 휩쓸려갈 냇가 둑을 보호하기 위해 일부러 나무를 심어
조성한 것이다. 혹 풍수지리설에 의해 허한 곳을 메우기 위한 것도 있
지만, 결과적으로 바람과 물을 막는 데에 있다. 곧 마을숲이란 마을의
역사, 문화, 신앙 등을 바탕으로 하여 마을 사람들에 의해 인위적으로
조성된 숲을 말한다. 일제 때의 조사에 의하면, 전국에 마을숲 1,335
곳이 있었다. 그 가운데 전북에 299곳, 전남에 252곳이 있어 전국의
41%나 된다. 전라도는 마을숲이 많은 곳이다. 그러면 명품 마을숲 몇
곳을 소개하겠다.

첫째, 500년 된 남원시 이백면 닭뫼마을 숲은 최근에 국가산림자원

으로 지정되었다. 마을 옆을 흐르는 섬진강의 홍수로부터 마을을 지키는 보호림, 북쪽에서 불어오는 강한 바람을 막는 방풍림 역할을 하도록 조성됐다. 풍수지리학적으로는 마을의 기를 보강해주는 비보(裨補)림 기능도 있다 한다. 현재는 100~200년 된 느릅나무, 팽나무, 느티나무 70여 그루가 숲을 이루고 있다.

둘째, 순창군 팔덕면 산동리 팔왕마을의 숲도 고려 말기에 조성된 것으로 추정하고 있다. 팔왕마을은 설씨 부인 관련 전설이 전해 오는데, 마을이 여근곡 지형이라 음양 조화를 목적으로 마을 앞에 숲과 입석을 세웠다 한다.

셋째, 화순군 동복면 연둔리 둔동마을에 조성된 숲정이는 빽빽히 들어선 갖가지 종류의 나무들로 풍성함이 더해 많은 이들의 발길이 끊이지 않는 관광 명소이다. 동복천을 따라 1km에 걸쳐 남북으로 길게 늘어 서있는 둔동마을 숲정이는 왕버들, 느티나무, 서어나무, 검팽나무 등 230여 그루의 아름드리 나무들이 어우러져 대단위 숲을 이루고 있어 숲속을 산책하다보면 마치 터널 속을 거니는 듯한 착각에 빠질 수 있다. 1500년경 마을이 형성되면서 마을을 보호하고자 인공으로 조성한 이래 마을 사람들이 울력으로 가꾸고 키워 온 이곳에는 숲정이가 조성된 연유와 관련해 한 가지 전설이 전해 온다. 둔동마을 뒷산에 큰 바위가 있는데 동복천 건너에 있는 구암리 규암에서 그 바위가 보이면 마을에 큰 재앙이 생긴다 하여 이 마을에 처음 정착한 강씨라는 성을 가진 만석꾼이 뒷산의 큰 바위를 가리기 위해 나무를 심었으며 그 이후 지금까지 자라고 자라 오늘날 울창한 숲이 되었다 한다.

전라도의 명품 마을숲도 도로확장이나 무관심으로 많이 소멸·훼손되었다. 마을숲을 속칭 '숲정이'라 한다. 이 말에 대해 숲정이는 '숲'과

'정(町)'을 조합한 일제 강점기 용어로서 사용하는 것은 적절치 못하다는 지적이 있다. 그런데 판소리 '춘향전'에 숲정이라는 단어가 나오는 것으로 보아, '숲 덩이'에서 변한 우리의 옛 단어로 생각된다. 관심있는 분들의 추적이 필요하다.

행정마을─자치를 말살하다

일제는 국권을 강탈한 후 군과 면을 통폐합하면서 자연 발생적으로 형성된 마을도 인위적으로 재편했다. 동리의 통폐합은 1914년 4월부터 도별로 진행되어 1918년 토지조사사업의 종료와 때를 같이 하여 일단락되었다. 그들은 우선 마을을 행정마을과 자연마을로 구분했다. 행정마을은 몇 개의 자연마을을 인위적으로 묶어서 새로이 만든 것이다. 행정마을은 이름을 ○○리로 불렀고 장을 '구장(區長)'이라 했다. 반면에 자연마을은 이름을 ◇◇부락으로 불렀고 장을 '이장'이라 했다. 그리하여 61,473개 달하던 동리가 28,383개의 행정마을로 크게 감축되었다. 일제는 자신들의 편의를 위해 이 행정마을을 대상으로 통치권을 행사했다.

통폐합 방법은 이러했다. 강진군의 경우, 강진면 송덕리(松德里)라는 행정마을은 송현(松峴), 봉덕(鳳德), 송계, 북송이라는 자연마을을 합쳐 만들었다. 송덕이란 이름은 송현에서 '송'자를 봉덕에서 '덕'자를 각각 한 자씩 따서 조합한 것이다. 대부분 이런 식으로 행정마을 이름을 새로이 만들었다. 면마다 하나씩 들자면, 칠량면 영복리는 영풍과 만복을 합쳐, 대구면 계율리는 계치와 율촌을 합쳐, 도암면 영파리는 팔영과 파동을 합쳐, 성전면 영풍리는 영흥과 신풍을 합쳐, 작천면 용상리는 용정과 구상을 합쳐, 고군면 도룡리는 도롱과 용두를 합쳐, 옴천면

황막리는 **황**곡과 동**막**을 합친 것이다. 이와는 달리 군동면 쌍덕리(雙德里)는 평덕(平德)과 관덕(觀德)을 합쳤다. 평덕에서 '덕'자와 관덕에서 '덕'자를 합쳐 쌍덕이라고 한 것이다.

　이리하여 행정상 마을 숫자는 절반 이하로 줄어들었다. 그 사이에 유구한 역사를 지닌 마을의 본래 이름은 사라지게 되었고, 그 빈자리를 이제까지 듣지도 보지도 못한 낯선 이름이 비집고 들어갔다. 오직 일본 제국의 이익을 위해 많은 자연마을 대신 적은 숫자의 행정마을을 중심으로 한 통제정책만이 우선이었다. 이리하여 자연마을 단위로 형성되어 온 전래적인 사회적 자율성은 크게 손상되는 길을 걸었다. 마을 단위의 두레나 농악이 쇠퇴한 것은 바로 이 조치 이후라고 지적되었다. 이러한 행정 편의주의는 오늘날까지 내려오고 있다. 단지 일제의 행정마을이 법정리로 표현만 바뀌었을 뿐이다. 문제는 강진의 경우처럼 자연마을 이름을 기록으로 적고 입으로 부르는 곳이 있는가 하면, □□리 속의 자연마을을 문서에서 아예 없애고 □□1구, □□2구 식으로 한 곳이 아직도 적지 않다는 점이다. 마을을 '동원 조직'으로 활용한 일제의 식민지 지배정책이 해방 이후 청산되지 못하고 냉전과 경제개발 시대에 계속 유지된 결과가 아니라고 말할 수 없다.

4. 다도해, 역사와 문화를 품다

전라도 바다 가운데 여러 섬들은 나열되어 서로 바라보고 있으며, 주민도 매우 많고, 농토도 많습니다. 실로 해로와 국방의 요충지입니다. 또한 영남 조운의 요충에 해당되니, 수령을 파견하여 관할하도록 하는 것이 편리하고 마땅합니다. 〈비변사등록 영조 5년 9월 3일〉

전라도에는 우리나라에서 가장 많은 섬이 있습니다. 그런 섬에는 오래 전부터 국제 무역기지가 있었고, 섬을 관리하는 고을도 있었습니다. 그런데 고려말 왜구 침입과 조선초 지방제도 개편으로 많은 섬이 황폐화되고 고을도 혁파되었지만, 얼마 지나지 않아 사람들이 들어가 살기 시작했습니다. 위 사료에 보이듯이, 18세기에 이르면 섬에 사람이 늘어나고 농토가 많아졌습니다. 그러면 어떤 일이 벌어지게 되었을까요? 수군진·목장의 설치, 어염선세의 부과, 죄인의 유배, 그리고 늦게나마 도군(島郡) 설치 등이 이루어집니다. 이런 일은 어떤 결과를 냈고, 그것은 오늘날 우리에게 어떤 영향을 미치고 있을까요?

해읍-최대 8곳

국토교통부에서 발표한 2016년 지적통계연보에 의하면, 우리나라의 섬은 무인도 3천 191개와 유인도 486개를 합쳐서 모두 3천 677개이고, 그 면적은 3천 547㎢에 이른다. 행정안전부에서는 8월 8일을 '섬의 날'로 정하고 2018년에 첫 기념행사를 가졌다. 그러면서 유인도 가운데 371개를 선정하여 ①지속 가능한 섬, ②살고 싶은 섬, ③가고 싶은 섬, ④발전하는 섬 등으로 나누어 개발하겠다고 발표했다. 섬의 중요성이 부각되고 섬 발전의 계기가 그 어느 때보다 높아질 것 같다.

전국 섬 가운데 전라남도는 개수가 1천 967개이고, 면적은 1천 601㎢
이다. 전국에서 개수의 53%를, 면적의 45%를 각각 전남이 차지한다.
그 뒤를 이어 경남, 충남, 강원, 인천 등이 차지한다. 그동안 매립으로
사라진 수많은 섬을 감안하면, 전라도 바다에 앞의 숫자보다 훨씬 많은
섬이 있었을 것이다.

섬은 옛 역사책에 해도(海島)로 기록되어 있다. 예를 들면 고려의 왕
족들이 해도나 변방 및 서울에 거주하고 있는데, 마지막 왕인 공양왕
의 친족과 하인들이 해도인 거제도에 살고 있다고 했다. 또한 섬은 도서
(島嶼)로도 기록되어 있다. '도'는 큰 섬이고 '서'는 작은 섬이라는 말이
므로, '도서'는 유인도와 무인도를 아우르는 말이다.

통계를 통해 알 수 있듯이, 전라도의 바다에는 많은 섬이 산재하고 있
다. 한반도 서남해를 다도해라 부른다. 다도해는 세계적인 특징을 지니
고 있는 바다이다. 따라서 전라도 바다는 세계적인 바다로 꼽힌다. 다
도해 속의 섬은 풍치가 아름답기로 유명하고, 농사를 지을 수 있는 땅과
풍부한 어족자원이 있어 먹고 살기에 충분한 곳도 많다. 이런 점으로 일
찍부터 이들 섬에 사람들이 살았다. 선사시대의 고인돌이나 조개무덤이
곳곳에 분포하고, 그곳에서 동아시아의 화폐나 생필품도 발견되고 있어
전라도 섬은 문물 교류사적으로 중요한 의의를 지니고 있다. 예를 들면
육지 가까운 섬은 말할 것 없고, 멀리 떨어진 거문도에서 오수전이라는
중국 한나라 화폐가 발굴되었다. 그리고 가거도와 흑산도 조개무덤에서
는 신석기 시대의 토기·석기와 함께 주로 일본 규슈 지역에서 산출되
는 흑요석이 반입되어 발굴되기도 했다.

주거가 가능하고 농토가 많은 결과 사람이 많이 살고 물산이 풍부한

섬에는 고을이 들어서기 시작했다. 그런 고을을 해읍(海邑)이라 하는데, 침입자를 효과적으로 물리치고, 사람을 잘 다스리고, 물산을 제 때 세금으로 징수하기 위해서 해읍을 두었다. 백제의 경우 돌산도에 돌산현, 진도에 인진도군과 도산현과 매구리현, 압해도에 아차산현, 장산도에 거지산현 등이 있었다. 이런 경향은 고려 때까지 이어졌다. 그리하여 고려 때에는 나주목 관할의 ①장산현, 영광군 관할의 ②압해군, ③육창현, ④임치현, ⑤진도현, 진도현 관할의 ⑥가흥현, ⑦임회현, 승평군 관할의 ⑧돌산현 등 8개의 군현이 섬에 있었다. 이들 고을은 치소가 있는 본 섬과 부속 섬을 다스렸다. 그런데 잦은 왜구 침입 때문에 주민들로 하여금 섬을 비우고 육지로 나오라는 공도정책이 고려말~조선초에 실시되었다. 그래서 ①장산현 사람들은 자신들의 고향 장산도를 뒤로 한 채 나주 남쪽 왕곡면으로 나와서 사니 그곳이 장산리가 되었다. ②압해군 사람들도 압해도에서 나주로 나왔다. ③현재의 자은도에 있던 것으로 추정되는 육창현은 영광으로 옮기니 영광에 육창이라는 마을이 생겼다. ④임치도에 있던 임치현 사람들도 육지 무안 땅으로 나오니 그곳이 임치가 되고 섬은 나중에 임자도가 되었다. ⑤~⑦진도의 3개 현 사람들은 육지로 나와 나주·영암·해남을 전전하다 80여 년 만에 되돌아가 진도군 1개만 다시 열었다. ⑧돌산현은 조선초기 지방제도 개편 때에 순천에 합병되어 사라져버렸다. 이 이후부터 전라도 섬에는 진도만 유일하게 독립 고을로 존재했다. 진도는 우리나라에서 제주도·거제도 다음으로 큰 섬이라는 점을 감안하면, 조선시대에 전라도 섬에는 고을이 없었다고 보아도 무리는 아닐 것이다.

이리하여 전라도 섬은 인근 육지 고을에 나뉘어 소속되었다. 그 가운데 나주 소속 섬이 가장 많았다. 나주의 바다에 72개의 섬이 있다 했고, 서남해 섬 가운데 10에 7~8은 모두 나주 소속이라 했다. 그래서 서남해 섬은 나중에 '나주제도(羅州諸島)' 또는 '나주군도(羅州群島)'라는 이름으로 불리게 되었다. 문제는 섬을 보호해 줄 수령이 없었다. 그리고 섬은 면리편제에서도 그 많은 섬들이 싸잡아서 제도면(諸島面)으로 편재되어 있었다. 그러니 별별 사람들이 섬사람들을 괴롭혔다. 우선 지역 양반들이 간척 농토를 두고서 소작료를 거두어갔다. 또한 고을 향리들이 온갖 토색질을 했다. 임금과 가까운 궁방 사람들이 내려와서 저지르는 횡포는 안하무인이었다.

"닭이나 개도 편안히 있을 수 없다"

섬이 중앙과 지방의 세력가에 의한 2중적인 수탈을 당하는 신세로 전락하고 말았다. 이런 민폐를 막고 그곳에 세금을 매기어 국가재원으로 활용하기 위해 고을을 설치하자는 말이 18세기 전반에 나왔다. 찬반양론으로 갈리어 시간만 질질 끌고 있었다. 흑산도 사람 김이수가 한양까지 올라와 한복판에서 정조 임금의 어가를 가로 막고 못살겠다고 하소연했다.

청해진-동아시아 해상왕국

역사시대로 접어들면 재미있고 중요한 이야기가 섬에 많이 베어 있다. 우선, 대외교류의 역사에서 섬이 자주 등장한다. 선박이 최고 교통수단이고, 바닷길이 고속도로와 같아서 그러했다.

그런 섬으로는 초중등 교과서에도 나오는 장도(완도의 부속 섬)가 있다. 사실은 장도가 나오는 것이 아니라, 장도에 설치된 청해진이 나온다. 청해진은 신라 말기에 장보고가 설치했다. 장보고는 완도 출신으로 청년 시절 중국 당나라로 건너가서 군에 투신해 장교직에 올랐다. 재당 시절 그는 그곳 저명인사들과 사귀고 곳곳에 법화원 등의 '지점'을 두었다. 이런 장보고에 대해 당나라 시인 두목이 평했다.

"나라에 한 사람이 있으면 그 나라는 망하지 않는다."

장보고는 극찬을 받고도 문득 당 생활을 청산하고 귀국하여 완도에 성을 쌓고 목책을 박아 청해진을 건설했다. 청해진을 중심으로 당~신라~일본을 잇는 동아시아 해상무역을 본격 추진했고, 청해진에서 재당 신라인 사회를 원격 조종하는 영향력을 행사했다. 일본의 승려 엔닌은 장보고의 도움으로 당 유학생활을 무사히 마칠 수 있었다. 그의 저서 『입당구법순례기』에 장보고의 이름이 '보고(寶高)', 즉 '보배롭고 높으신 분'으로 기록되어 있으니, 엔닌이 받은 도움이 얼마나 컸는지 그리고 동아시아에서 장보고의 위상이 얼마나 높은지를 알 수 있다.

장보고는 나중에 중앙정치에 간여했고, 그 연장선에서 피살되고 말았다. 그 후 청해진은 폐쇄되었다. 청해진에 대한 발굴 결과 돌과 흙을 섞

장도 청해진 유적지. 문화재연구소가 1991~2001년 발굴한 결과를 토대로 복원했고, 완도와 장도를 잇는 다리도 놓았다.

벽골군으로 끌려온 청해진 사람들이 벽골제 보수공사에 투입되었을 것으로 추정하고, 그것을 기념하기 위해 세운 기념탑.

어서 싼 성터, 성 안의 건물터와 우물터, 바닷가의 목책이 발견되었다. 이를 '장도 청해진 유적지'라 명하고서 관리하고 있고, 그 앞에 '장보고 기념관'을 세워 관련 사실과 유물을 전시하고 있다. 한편, 청해진 혁파 후 그곳 사람들 10만 명은 벽골군(현재 김제)으로 강제 이주되었다. 바로 그들이 '벽골제' 보수 공사에 투입되었을 것으로 추정된다. 김제시에서는 역사의 기나긴 이어짐을 계속 해나가기 위해 벽골제 제방 주위에 '청해진 유민 벽골군 이주 기념탑'을 세웠다. 이렇게 장보고와 청해진은 사라졌지만, 그 사람들은 전라도 땅에 '청자'라는 새로운 선진문화를 남겨주었다.

선유도-중국 사신이 머물다

장보고 세력이 제거된 후 후삼국 시대가 열렸다. 후삼국 쟁탈전 때 서남해 도서는 세력 쟁탈장이 되었다. 그 점에 대해 고려 말 사람 조준이 말했다.

"우리 태조께서 아직 신라와 백제를 평정치 못하였을 때 먼저 수군을 다스려 친히 누선을 타고 금성을 쳐서 이를 영유하매 여러 섬의 이권이 모두 국가에 소속하게 되었으므로 그 재력에 힘입어 삼한을 통일하였습니다."

여수·순천 등 동남 해안에서 출발하여 광주·전주 등 내륙을 차지한 견훤은 서남해로 진출하기 위해 가장 먼저 진도를 공략했다. 이에 뒤질세라 왕건은 곧바로 반격에 나서 진도를 차지하고 고이도(영광 서해 도서)까지 무너트렸고, 이어 임자도와 압해도 등지까지 자신의 세력권으로 끌어들였다. 조준의 말처럼, 왕건은 서남해 섬을 죄다 차지하고 그 섬에서 나온 재력에 힘입어 고려를 건국하고 더 나아가 후삼국을 통일했던 것이다.

대외교류 역사에서 또 나오는 섬으로 선유도가 있다. 지금은 새만금 사업으로 육지가 되었지만, 선유도는 고려 시대에 개경과 송나라 남쪽 지방을 오가는 선박이 경유했고, 송나라 사신이 머물렀던 곳이다.

언제부터인가는 모르지만, 본래 이름은 군산도였다. 군산도는 한반도 남쪽에서 북쪽으로 항해할 때에 꼭 거쳐야 하는 교통요지였다. 송나라 사신 서긍이 1123년 5월에 배를 타고 명주 정해현을 출발했다. 고려 수도 개경으로 가기 위해 가거도, 흑산도, 낙월도, 안마도 등을 거쳐 위도에 정박했다. 위도 사람들이 물을 가져왔고 송나라 사람들은 쌀로 사례했다. 배를 띄워 군산도에 상륙했다. 배 여섯 척이 나와서 맞이했다. 무장 병사가 징을 울리고 호각을 불며 호위했다. 역관이 나와 통역을 하고, 서울에서 내려온 김부식과 전주목사 오준화가 접대관으로 나와 정중하게 맞이했다. 서긍은 군산도의 모습을 다음과 같이 묘사했다.

> "문 밖에는 관아 건물 10여 칸이 있고, 서쪽의 작은 산 위에는 오룡묘 (五龍廟)와 자복사(資福寺)가 있다. 또 서쪽에 행궁(行宮)이 있고 좌우 전후에는 민가 10여 호가 있다."

오룡묘와 자복사는 그곳 사람들의 신당이고 사찰이다. 행궁 또한 그곳 사람들 사당으로 생각된다. 그리고 망주봉 남쪽에 군산정(群山亭)이 있었다. 서긍 일행은 우리 측의 안내를 받으며 군산정으로 올라갔다. 사신은 사신이 맞이하는 법이어서, 고려의 사신으로 임명된 정사와 부사가 나와서 영접했다. 정자 안에서 양국의 외교문서를 교환하는 의례가 정중하게 거행되었다. 군산정은 외교사신의 접대를 위해 일부러 지은 것이니, 영빈관 격이다. 중요한 것은 서긍 일행이 항해 중 처음으로 고려 국왕이 보낸 외교 문서와 관리를 받고 만난 곳이 바로 군산정이라는 점이다.

고려 말에 왜구들이 군산도를 침입했다. 군산도 사람들은 섬을 빠져나와 육지 바닷가로 떠나버렸다. 옛 이름을 그대로 가지고 오니, 그들이 새로 발을 디딘 곳은 군산포(群山浦)가 되었다. 그곳에 군산진이라는 수군진과 군산창이라는 조창이 설치되어 오늘날 군산시의 모체가 되었다. 왜구가 평정되면서 옛 군산도에 사람들이 들어가 살기 시작했다. 사람들은 그곳을 '옛 군산도'라는 뜻으로 '고군산도'라 불렀다. 이순신도 1597년 명량대첩 이후 전력 보강을 위해 고군산도에 이르러 11일 동안 머물며 호남순찰사 박홍로, 충청수사 정제 등을 만난 후 변산으로 내려갔다. 고군산도는 본래 교통의 요지여서 방어를 튼튼하게 할 필요가 있었다. 그에 따라 17세기 숙종 때 '고군산진'이라는 수군진이 섬 안에 설치되었다. 고군산진에는 많은 무기가 갖추어져 있었다. 동학농민운동 때에 부안, 무장, 고부 출신의 동학 농민군이 들어와서 조총, 화약, 깃발, 병서, 활, 화살, 갑옷 등을 가져가 버렸다. 이런 역사적 유래가 있는 군산도를 일제가 한갓 놀이터 정도로 생각하게 하도록 이름을 '선유도(仙遊島)'로 바꾸었다. 군산도건 선유도건 새만금 방조제 공사로 이제는 더 이상 섬 아닌 섬으로 남아 있다.

진도-죽음을 의례로 승화

섬은 늘 내전과 전쟁의 최초 발화지이자 마지막 격전장이 되곤 했다. 동학농민군과 항일 의병군이 일본의 토끼몰이 작전에 밀리고 밀리어 서

남해 섬으로 물러났다. 일본 군경은 작전을 종식시키고자 그들을 무자비하게 학살했다. 이 무렵에 영국이 거문도를 불법으로 점령하여 포대를 설치했다. 러시아의 남하를 막기 위해 자신들의 해군 기지를 만들기 위해서였다. 19세기 말에서 20세기 초에 있었던 일이다. 이 이전으로 거슬러 올라가면, 일본 규슈의 왜구들이 손죽도(현재 여수 삼산)를 습격한 후, 출동한 전라수군을 무찌르고 남해안을 휩쓸며 많은 사람과 군선을 납치해 갔다. 일본은 이들 납치자를 통역원과 안내원으로 앞세워 임진왜란을 일으켰다. 사실 이때 위기에 처한 국운을 다시 일으킨 곳이 대첩을 거둔 한산도, 조명 연합군이 주둔한 고금도 등이다. 더 이전으로 올라가면, 섬에 들어가서 저항하는 고려 민중들을 진압하기 위해 몽골군은 압해도를 공격했다. 장수 차라대가 군선 70척을 거느리고 공략에 나섰다. 섬 사람들은 큰 배에 대포를 장착하고, 곳곳에 대포를 배치하여 결사 항전했다 한다. 이처럼 일일이 다 예를 들 수는 없지만, 많은 섬에는 죽음의 공포에 대한 흔적과 그것을 이겨내려는 민속이 남아 있을 수밖에 없다. 이런 측면에서 대표적인 섬을 들라면 진도가 최고이다.

진도는 해상교통 상의 요지에 위치한다. 우리 국토의 끝과 끝을 연결하는 중간 기착지, 동아시아 3국을 연결하는 꼭지점 역할을 해왔다. 그 결과 고대에서 현대에 이르기까지, 내란과 외침에 의해 다양한 역사가 진도 땅 안에 숨겨져 있다. 후삼국 쟁탈전 때에 왕건이 나주를 점령하기 위해 먼저 진도를 침공한 바 있다. 삼별초는 강화도에서 진도로 내려와 정부를 수립하고서 통치하다가 여몽 연합군의 공격을 이겨내지 못하고 제주도로 옮겼다. 고려 말 왜구와 16세기 왜군의 침입으로 진도가 격전장이 되었다. 19세기말 동학농민운동의 최후 격전장이 되었고, 그때 진압하러 온 일본군이 진도 사람 목을 베어 가지고 가서 의과대학에 기증한 것을 반환받은 적이 있다. 한국전쟁 때에도 진도 안에서 치열한 공방전이 펼쳐졌다. 한국 역사상 최대 규모의 전쟁을 진도 땅은 한 번도 비켜나지 않았다. 이와 함께 국내인은 물론이고 외국인까지 진도 해역에서 잦은 해난사고를 겪었다. 진도는 진도인의 의사와는 무관하게 조선시대 내내 정치범이나 흉악범의 유배지로 이용되었다. 그런 속에서 진도 사람들은 죽음의 의미를 남보다 다르게 생각하여 독특한 민속의례를 유지해 오고 있다. 최근의 세월호 사건 같은 충격을 수없이 체험해 오면서 죽음으로 인한 슬픔과 고통 및 무력감을 '진도 고유의 방식'으로 풀어냈던 것이다. 또한 진도 사람들은 자신들의 척박한 땅을 스스로 '옥주(沃州)', 즉 비옥한 땅으로 자위하면서 독특한 문인화, 서예, 그리고 소리 문화를 이끌어 왔다. 그 예술인들 가운데는 서울로, 목포로, 광주로 나가서 남도와 한국의 전통문화를 이끌고 있다.

우리는 이 대목에서 삼별초 항쟁과 진도의 관계를 짚고 넘어가지 않을 수 없다. 몽골이 고려를 침략했다. 고려는 도읍을 강화도로 옮기고 몽골과 계속 싸웠다. 오랜 전쟁으로 피해가 너무 크자, 1270년(원종 11) 5월 23일, 몽골과 화의하기로 결정하고 개경으로 환도하기로 했다. 그때 삼별초 군사가 반발했다. 배중손 등은 반 몽골을 기치로 개경정권 타도를 부르짖으며, 군사들을 모아놓고 왕족인 승화후 온(溫)을 새 왕으로 옹립했다. 삼별초 정부가 출범했다. 그들은 곧 이어 1천여 척의 선박을 거느리고 이동하기 시작하여 진도로 향했다. 벽파진에 도착하여 안으로 들어갔다. 용장성 안에 궁궐을 지었다. 일본에 외교문서를 보내어 자신들이 고려의 정통을 계승한 정권이라 주장했다. 그리고 세력 확장에 나섰다. 주변 고을을 공략할 뿐만 아니라, 안찰사에게 백성과 곡식을 가지고 진도로 들어오라 명했다. 장흥을 거쳐 경상도 마산, 김해, 동래, 밀양까지 진격했다. 삼별초 정권을 지지하는 봉기가 전국에서 계속 되는 가운데, 수도 개경에서는 관노(官奴)들이 무리를 모아 다루가치와 개경정부의 관리들을 죽인 다음 진도 정권에 투신하려 했다. 토벌하러 온 정부군 가운데 어떤 이는 삼별초 말만 듣고 도망갔고, 어떤 이는 아예 진도로 들어와 삼별초에게 인사까지 했다. 해상왕국을 이루었다고 할 만하다.

정부는 우리 장수와 몽골 장수를 보내어 토벌하게 했다. 여러 차례 공격에도 실패했다. 개경정부와 원나라는 지휘관까지 교체하며 군사력을 대폭 증강했다. 좌·우·중 3군으로 편성된 여몽 연합군은 1271년 5월 15일을 기하여 일대 총공격을 개시했다. 해남 땅 삼견원(三堅院)에 교두보를 확보하고서 출발했다. 병선 1백여 척과 병력 6천여 명이 바다를 건너 왔다. 고려의 김방경과 몽골의 흔도가 이끄는 중군은 벽파진을, 몽골의 홍다구와 고려의 왕족이 이끄는 좌군은 원포를, 고려의 김석과 몽골의 고을마가 이끄는 우군은 벽파진 아래 군직구미를 공격했다. 측면과 후방을 기습당한 나머지 용장성은 함락되고 말았다. 삼별초 정부의 수뇌부는 탈출하기 위해 진도 남쪽으로 이동했다. 김통정은 의신포(금갑포라는 설도 있음)를 거쳐 제주로 들어갔다. 그러나 온(溫)왕과 아들 항(恒)은 의신면 평야들에서 접전 중 피살되었다. 살아남은 진도 사람들은 온왕의 시신을 거두어 무덤을 써주고 그가 죽은 고개를 '왕무덤재'라 불렀다. 왕을 시중들던 사람들도 왕을 따라 둠벙에 몸을 던져 목숨을 바쳤다. 그 둠벙을 진도 사람들은 '여기급창 둠벙'이라 한다. 여기란 여자 기생, 급창이란 남자 종이다. 배중손은 남도성에서 최후까지 항전하다 전사했을 것으로 알려져 있다. 최후 항쟁지로 알려진 의신면 돈지리에 이때 죽은 사람들을 집단 매장한 '떼무덤'이 있다. 살아남은 사람들은 잔당 소탕 작전에서 목숨을 부지하기 위해 깊은 곳으로 숨어야 했다. 지산면 길은리(吉隱里)란 마을은 나상서(羅尙書)라는 사람이 이 마을 찬물랭이 안고랑에 숨었기 때문에 생겼다 하고, 고군면 금호도는 시랑 벼슬을 역임한 김연(金鉛)이란 사람이 은거해 '김씨섬'이라 불렀다 한다. 진돗개의 유래 가운데 "고려 고종 때 일어났던 삼별초의 난 때 지금의 군내면 용장리에서 배중손이 몽고군에 항거하다 섬멸되면서 몽고군의 군견(軍犬)이 진도에 남아 진돗개의 시조가 됐다는 설"이 있는 것으로 보아, 당시 소탕 작전의 격렬함을 짐작하고도 남는다. 그때 몽골 장수 차라대가 무등산에 주둔했는데, 그에 의해서 '서쪽에서 온 외', 즉 서과(西瓜)가 전래되어 오늘날 무등산 수박이 되었다는 말도 회자되고 있다.

몽골이나 고려의 군인 또는 고려 관리들에게 끌려간 사람들도 적지 않았다. 홍다구가 돌아갈 때에 진도 거주 백성들을 모두 잡아 몽고로 데리고 가니 진도 경내가 텅 비게 되었다. 김방경이 남녀 1만 명과 각종 재화를 얻었다. 홍다구를 수행한 우리나라의 이황수라는 자는 남녀 1백 명과 의복 및 곡물과 전함을 노획해 갔다. 이들 가운데 개성 부근으로 끌려가 농업에 종사한 이가 있었다. 몽골로 끌려간 사람들은 그곳에서 포로 생활을 하거나 노예로 팔려나갔다. 원나라에서 승려 생활을 하다 돌아온 진도 사람도 있었다.

이처럼 진도에 원래부터 살고 있는 사람들은 삼별초 정부에 의한 군대, 물자, 축성, 접대에 대한 동원으로 많은 부담과 고통을 당했을 것이다. 이어 여몽 연합군의 대규모 공습과 잔혹한 진압 및 끈질긴 추격전으로 수많은 사람들이 죽고 납치되어 진도는 거의 무인지경이나 다름없이 피폐해졌다. 경험한 적이 없고 상상을 초월한 이 고통과 죽음의 공포가 살아 있는 진도 사람들의 생각과 의식에 짙고 오래도록 깔렸을 것이다.

진도와 유배·예술

진도는 죄인을 바다로 가둘 수 있는 섬인데다가, 죄인을 감시할 수 있는 관부(진도군, 남도진, 금갑진, 목장)가 설치되어 있었다. 그리하여 진도는 우리 역사에서 유배인을 가장 많이 받은 곳으로 파악되고 있다. 현재 확인된 것만도 350여 명 가까이 된다.

대표적인 인물을 들라면, 정치인의 경우 을사사화 때 신진사림인 노수신이 진도에 유배 와서 19년간 살았고, 선조의 첫째 아들인 임해군이 광해군에 의해 역모죄에 몰려 짧은 기간 머물다 사사되었고, 서인·노론의 중심 인물인 김수항·조태채·심환지 등이 또한 유배 왔다. 또한 '을사5적'을 처단하려 했던 애국지사들도 진도에 유배 왔다.

그리고 예술인의 경우 제주도에서 타계한 김정, 종실 출신의 이건, 그리고 정만조 등을 들 수 있다. 출신지가 서울이고 호가 무정인 정만조는 1896년에 유배되어 1907년 사면되기까지 12년간 진도의 금갑도 등지에서 살았다. 이 기간의 생활을 일기체로 기록한 『은파유필』은 당시 진도의 민속과 풍속을 알려주고 있다. 그는 소치 허련의 방계로 태어난 허백련에게 한학을 가르친 스승이며 그에게 의재(毅齋)란 호를 지어 주었다. 허백련은 유배에서 풀린 정만조를 따라 서울로 올라와 서화미술원에서 장승업의 제자 조석진을 만나게 되고, 3년 뒤 귀향해 운림산방에서 허련의 아들에게서 그림에 대한 본격적인 수업을 받았다. 한편 정만조는 이후 대동사문회와 조선사편수회 등에서 일하며 일제를 찬양하는 행위를 하여 나중에 '친일반민족행위자'로 규정되었다. 이처럼, 진도 사람들은 본의 아니게 유배인과 자주 접촉할 기회를 가졌으며, 그 기회를 예술로 승화했음을 알 수 있다.

'을사5적' 처단 시도로 진도에서 유배 생활하고 있던 오기호가 1907년에 강진 이흠에게 보낸 답장 편지. 내용은 안부 편지와 선물을 보내준 데에 대한 감사를 표한 것이다.

신지도-예술을 꽃피우다

섬은 육지와 떨어져 있고, 배가 있어야 왕래가 가능하지만 그것도 비바람이 치면 불가능하다. 그래서 섬은 격리와 은둔의 장소로 역사 속에 등장하곤 한다. 윤선도가 병자호란의 치욕을 잊기 위해 은둔한 곳이 보길도이다. 그는 소수 야당인 남인계 정치인으로서, 거대 여당인 서인의 영수 송시열에 맞서 힘겨운 예송논쟁을 펼쳤다. 송시열도 제주도 유배길에 태풍을 피해 잠시 보길도에 머물며 비통한 심정을 담은 시를 남겼는데, 그 시는 백도리 바닷가 바위에 현재까지 새겨져 있다.

계화도는 전우(田愚, 1841~1922)라는 대학자가 은둔한 곳이다. 그는 전주에서 출생했으나, 14세 이후 20여 년간 서울에서 생활하다, 충청도로 내려와 30여 년간 지냈다. 64세 이후 군산 근해의 고군산군도 여러 섬을 왕래하며 제자들과 강론하다, 72세 때에 지금은 간척으로 육지가 된 부안 계화도로 이거하여 두문불출 후학을 가르치고 절의를 지키다 일생을 마쳤다. 여러 번 관직에 천거된 적이 있었으나 나가지 않고 오로지 학문에만 전념했다. 그 결과 특히 전북 지역에 많은 영향을 미쳐 전북의 20세기 한학자 가운데는 전우 제자가 많다.

윤선도가 보길도에서 '어부사시사' 같은 한국 문학사에 길이 빛날 작품을 지었다. 또한 그는 호남의 3대 원림으로 일컫는 부용동을 조성하여 또 다른 문화유산을 남겼다. 이러 하듯이 우리나라에서 학문과 예술을 꽃피운 지역으로 전라도 섬만 한 곳이 없을 성 싶다. 이 대목에서 2018년 5월 28일자, 중앙의 모 신문에 실려 있는 기사 제목이 눈에 띈다.

"85억 한국 미술 최고가, 김환기 기록은 김환기가 깬다"

내용인즉, '한국 추상미술의 대가' 김환기(1913~74)의 붉은색 전면 점화가 홍콩에서 85억에 팔리어 한국작가 사상 최고 경매가를 경신했다는 것이다. 그러면서 역대 최고 경매 낙찰가 1~6위를 김환기 작품이 휩쓸었다는 사실도 보도했다. 결국 김환기는 한국 최고 미술가인 것이다. 이 김환기가 태어나서 자란 곳이 바로 신안군의 안좌도라는 섬이다. 매화와 난초를 잘 그리던 조희룡이 19세기 중반에 안좌도 옆 임자도로 유배 가서 활발한 작품 활동을 했다. 김환기와 조희룡 사이에 어떤 연관이 있었을 것 같지는 않지만, 섬은 예술의 혼을 불러일으키기에 적합했던 것 같다.

은둔은 자의에 의한 격리이지만, 타의에 의한 격리가 바로 유배이다. 유배란 태·장·도·유·사 등 5개 형벌 가운데 하나로, '범죄자'를 3천리 밖으로 추방하는 것이다. 그때 가장 선호되는 곳이 우리의 경우 국토의 남쪽 끝과 북쪽 끝이었다. 그래서 전라도 섬은 유배지로 많이 이용되었다. 특히 조선후기에 들어와서 빈번했다. 전라도 섬에 수군진이 설치되어 조정의 명을 받고 죄인을 감시할 수 있는 체제가 갖추어져서 그랬다. 특히 마도·고금도·신지도·가리포 등 4진이 있는 강진현의 경우 어느 해에 무려 170명의 유배인이 현내에 머물러 주민들이 여러모로 고통을 겪은 적이 있었다.

전라도 섬에는 여러 유형의 사람들이 유배 왔다. ①유명 정치인이 왔다. 고려 때 이자겸과 함께 반란을 일으켰던 척준경이 암태도로 유배 왔다. 온건 개화파의 거두 김윤식이 지도에서 10년간 유배 생활을 했다. ②천주교 신봉자가 왔다. 신유박해 때 북경 주교에게 장문의 편지를 썼던 황사영의 가족들이 제주도와 추자도 등지로 유배 갔다. 정약용의 형인 정약전이 물고기의 종류와 생태를 연구하여 『자산어보』를 저술한 흑산도도 빼놓을 수 없는 유배지 가운데 한 군데이다. 흑산도에 유배 온 최익현이 1878년에 그곳 마을 사람들에게 물어보았더니, 모두가 임진왜란과 병자호란 때 흘러 들어온 명문양반 후손들이라 답했다. 그래서 그런지 흑산도의 풍속을 보면 소박하고 검약하여 사치스러운 태도가 없을 뿐 아니라, 서당을 세워 교육에 힘써서 뛰어난 사람들이 많았다. 감탄한 최익현이 말했다.

> "그 밖에도 산수(山水)·어가(漁稼)의 즐거움과 분전(墳典)·도사(圖史)의 비축으로 이미 스스로 자족(自足)하고 탄식하거나 원망하는 소리가 없으니, 어쩌면 그리도 성대한가."

③예술에 정통한 사람이 왔다. 섬과 예술을 생각할 때 신지도가 떠오른다. 현재는 완도 땅이지만, 1896년까지 강진 땅이었던 신지도에 남인 정치인 목내선이 갑술옥사로 1694년에 유배 왔다. 그는 해서와 초서 등 글씨에 뛰어난 인물이다. 1721년에는 노론의 4대신 가운데 한 사람인 정호가 들어왔다. 1762년에는 원교체(圓嶠體)라는 독특한 서법을 개발한 소론 정치인 이광사가 신지도로 유배 왔다. 그의 유배는 '나주 괘서 사건'으로 시작되었다. 이 사건은 영조 즉위와 노론 정국에 불만을 품은 소론들이 영조를 끌어내기 위해 나주 망화루에 대자보를 붙인 것이다. 이때 주동자와 연루되었다고 하여 이광사는 제주도, 함경도 부령, 진도로 유배 되었다. 그러다가 신지도로 옮겨왔다. 그의 아버지도 비슷한 연유로 37년 전에 강진 섬에 유배 온 적이 있다. 이광사는 16년간 살다 신지도를 떠나지 못하고 죽고 말았다. 사는 동안 그는 자신이 살고 있는 금곡 마을에 소나무 한 그루를 심었다. 그 소나무는

250년 동안 잘 자라 둘레 1.5m, 높이 8m에 이른다. 주민들은 소나무 이름을 '원교목(圓嶠木)'으로 짓고 표지석을 설치했다. 이런 노력에 완도군청도 힘을 합쳐 원교목 보호와 정비사업을 추진하고 나뭇가지 전정을 실시해 노송의 고고하고 아름다운 자태가 베이도록 했다. 부러질 우려가 있는 가지는 강한 바람에도 견딜 수 있도록 지줏대를 설치하고 나무 둘레에 친환경 데크마루와 안전난간을 만들어 주민과 관광객들이 쉬면서 원교의 발자취를 더듬어 볼 수 있는 역사문화 공간으로 조성했다.

신지도에서 사는 동안 이광사는 찾아온 강진 향리들에게 학문과 서예를 가르쳐 주었다. 이 사실은 다산 정약용이 강진에서 듣고 '탐진촌요'

원교 이광사가 유배 중에 심었다는 원교목

라는 시에 남겼다. 또 다른 기록도 발견된다. 이우(李㙔)라는 경상도 사람이 신지도 옆 고금도에 1806년에 유배 왔다. 그의 아들이 일이 있어 강진 읍내에 나와 강진 이방(吏房)을 맡고 있는 황귀담(黃貴聃)을 만났다. 함께 온 그의 숙부 황태현(黃泰賢)을 보니, 유학자의 모양을 하고 있고 학문에도 식견을 지니고 있어 몇 가지를 물어 본 바 글의 뜻을 알고 있었고 필법(筆法)도 좋았다. 스스로 일찍이 이광사가 섬에 유배 왔을 때 배웠다고 말했다. 신분상 양반들에게 가기가 껄끄러운 향리들이 유배객에게 가서 글공부를 했던 것이다.

신지도에는 안동김씨 세도가에게 '찍힌' 왕족 이세보도 유배 와서 살았다. 그는 신지도에서의 하루하루 생활을 『신도일록』이라는 일기에 써놓았고, 시조도 많이 남겼는데 국왕에 대한 원망은 조금도 찾아보기 어렵다. 대신 당시 사회의 부정부패에 대한 비판이나 백성들 편에 서서 그들의 어려움을 살피면서 이를 어떻게 해결할 것인가를 고민하는 자세는 돋보인다. 유배문화를 저항정신으로 곧장 해석하기 어려운 면을 발견할 수 있는 대목이다.

고금도-굴곡진 근대사

현재 신지도는 다리로 완도·고금도와 연결되어 있다. 고금도는 정유재란 때 통제사로 복귀한 이순신이 통제영을 두었던 곳으로, 왜군이 주둔하고 있는 순천 왜교성에 주둔하고 있는 왜군을 치기 위해 명나라 장수 진린과 함께 출항했던 곳으로, 왜교성에서 탈출하여 본국으로 도망가고 있는 왜장 고니시를 치기 위해 노량에서 전투 중 순국한 이순신 장군의 시신을 80여 일간 안치했던 곳으로 유명하다. 현재 고금도에는 이순신을 기리는 충무사, 진린과 관련된 관왕묘비가 남아 있어 지난 역사를 말해주고 있다.

  고금도에도 많은 사람들이 유배 왔다. 1681년 첨사진 설치 이후 본
격화되었지만, 고종 임금 때 집중되었다. 그러다 보니 고금도는 우리의
굴곡진 근대사를 고스란히 보여주고 있다. 1886년에 이도재(李道宰)
라는 사람이 고금도에 유배 왔다. 갑신정변에 연루되어서였다. 주민들
에게 글을 가르쳤고, 김 양식이나 고구마 재배 등의 기술을 전파했다
한다. 9년간 살면서 섬사람들의 삶을 체험할 수 있었다. 갑오개혁으로
1894년 6월 22일에 풀려났다. 그런데 5월 4일 무렵에 동학농민운동
을 유발시킨 고부군수 조병갑(趙秉甲)이 고금도로 유배 왔다. 한 사람
은 나가고 한 사람은 들어오니, 이 무슨 운명인가? 이도재는 관직 복귀
후 곧바로 전라감사에 임명되어 우금치 전투 패전 이후 수세에 몰린 동
학 농민군을 소탕하고 전봉준을 체포하여 서울로 압송하는 데에 '공'을
세웠다. 김개남을 체포하여 심문한 후 재판도 없이 목을 잘라버린 이가
바로 이도재이다. 이듬해 1895년 5월에 23부제가 실시될 때에는 전
주부 관찰사가 되었고, 10월에는 학부대신이 되었다. 학부대신으로 있
으면서 법부대신이던 신기선에게 섬의 행정구역을 정비하자는 제의를
하여 1896년에 완도군, 돌산군, 지도군 등의 군이 독립되었다 한다.
1898년에는 돌산군 사람들이 군수 홍희찬의 주도하에 이도재의 공로
를 기리기 위해 '학부대신 이도재 영세불망비'를 당시 군청(현재 여수시
돌산읍) 옆에 세웠다. 고금도에서도 유림 일동으로 1896년 4월에 '판
서 이공도재 영세불망비'를 세웠다. 완도군에서는 고금면 덕암리에 '이
도재 적거지'를 복원하여 2003년에 향토유적 제1호로 지정한 바 있다.
한편, 유배에서 풀려난 조병갑은 1897년에 법부 민사국장 겸 고등재
판소 판사가 되어 동학 2대 교주 최시형에게 사형 선고를 내렸으니, 이

무슨 기막힌 역사란 말인가?

섬은 일제 강점기 수탈의 현장이기도 하다. 나로도와 거문도는 일본 어민들의 활동 무대였다. 전라도 섬은 항일운동과 소작쟁의가 일어난 곳으로도 유명하다. 그러한 섬으로 소안도, 암태도, 하의도 등이 있다. 소안도는 15세기에 나온 『동국여지승람』을 보면, 달목도로 기록되어 있다. 17세기 후반 실록에 소안도가 처음 등장하면서 이름이 지금에 이른다. 한반도에서 제주도를 오가는 곳은 강진, 영암, 해남에 있는 포구였다. 그 포구에서 돛을 올린 선박은 논스톱으로 제주도에 가는 것이 아니라, 중간 섬에 이르러 순풍을 기다려 다시 돛을 올려 제주도에 이른다. 이때 주로 경유하는 섬이 바로 소안도이다. 선박당 보통 30~40명이 승선하는데, 그 사람들이 잠을 자고 밥을 먹으면, 그들이 돈 많은 상인이라면 제법 수입도 짭짤했을 것이다. 당시 상인들은 곡물, 면포, 담배 등을 가지고 들어가서 양태, 건어물, 가죽 등을 사가지고 나왔다. 그런데 관리 출장, 유배객 호송, 진상물 운송 등 공무를 띤 사람들이라면 사정은 달라질 수 있다. 소안도 사람들은 이들을 접대해야 했기 때문이다. 고통이 심했다. 바로 그때 예산을 지원해주어 고통을 경감시켜준 제주목사가 있었다. 그래서 소안도 사람들은 그 공을 잊을 수 없어 섬 안에 그 사람을 위한 '영세불망비'를 세웠다. 현재 섬 안에 불망비 두 기가 있는 것으로 알려져 있다.

소안도는 교통의 요충지였기 때문에 바다라는 '문화 고속도로'를 통해서 일찍이 문물이 들어왔다. 일본 오사카와 인천을 항해하던 여객선도 가끔 풍랑을 만나면 소안도에 정박했다. 따라서 소안도 사람들은 외부 정보 입수에 남보다 한 발 앞설 수 있었고, 그런 점이 소안도 사람들로 하여금 시대를 앞서 살아갈 수 있도록 했는가 보다. 1913년에 김사

홍이 소안도에 '중화학원'이란 사립학교를 설립했다. 김경천이 교사로 임명되어 청소년에게 민족정신과 항일의식을 고취시켜 주었다. 소안도 사람들은 이 학교를 '사립소안학교'로 발전시켰는데, 일제는 "소안학교는 독립군과 민족주의자를 양성하며 민족의식을 조직화한다"는 이유로 폐쇄시켰다. 소안도 사람들은 복교운동을 맹렬하게 전개했다. 소안면 사람 송내호·기호 형제는 3·1운동을 일으켰고, 1920년에 '배달청년회'를 조직하여 항일운동을 이어가다 투옥되기도 했다. 이를 오래 기억하기 위해 소안도 사람들은 '소안항일운동기념관'을 만들고, '소안항일운동기념탑'을 세웠다.

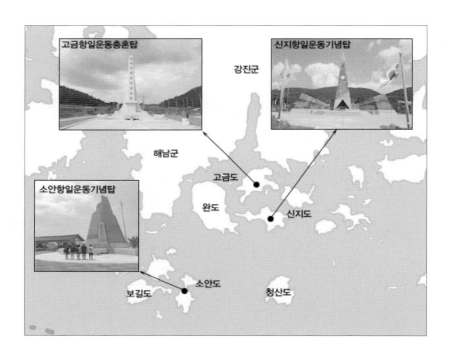

" 참고문헌 "

1장 전라도를 두고 호남이라고 말하다

강석화, 「정약용의 지방제도개혁안 연구」, 『국사관론총』 34, 1992.

고석규, 「나주의 근대도시발달과 공간의 이중성」, 『광주학생독립운동과 나주』 (나주시·전남대 호남문화연구소), 1999.

김갑동, 「전라도의 탄생과 그 의미」, 『역사학연구』 63, 2016.

김덕진, 「정묘호란과 호남의병」, 『전쟁과 전라도 지역사』, 선인, 2018.

김양곤, 「한국의 농악에 관한 연구」, 『서울교대 논문집』 9, 1976.

김철배, 「조선초기 태조진전의 건립과 경기전」, 『전북사학』 34, 2009.

김태웅, 『한국근대 지방재정 연구』, 아카넷, 2012.

김희태, 「한말 지방제도의 변천과 역대 관찰사」, 『향토문화』 16, 1997.

노인환, 「조선 도의 명칭 변경에 따른 문서 행정」, 『고문서연구』 50, 2017.

류창규, 『이성계 세력과 조선건국』, 서강대 박사학위논문, 1996.

_____, 「나주 회진 유배시절 삼봉 정도전의 유배지 사람과의 소통과정」, 『역사학연구』 27, 2006.

방기중, 「17·18세기 전반 금납조세의 성립과 전개」, 『동방학지』 45, 1984.

손정목, 「일제하의 도청이전」(2), 『지방행정』 34-376, 1985.

송양섭, 「반계 유형원의 지방제도 개혁론」, 『한국실학연구』 27, 2014.

오경택, 「15~16C 전반 전주권 사족사회의 형성과 활동」, 『한국학논총』 36, 2011.

이선민, 「이이의 갱장론」, 『한국사론』 18, 1988.

이수건, 『영남학파의 형성과 전개』, 일조각, 1995.

이종일, 「호남가 논고」, 『문학춘추』 56, 2006.

이중효, 「십훈요, 과연 어떻게 보아야 할 것인가」, 『전라도 역사 이야기』(무등역사연구회), 선인, 2013.

이희권, 『역사로 보는 전라도』, 신아출판사, 2001.

임승표, 「조선시대 읍호승강에 관한 연구(상)」, 『민족문화』 13, 1990.

임영진, 「통일신라 무진도독성의 위치와 규모」, 『지방사와 지방문화』 11-2, 2008.

정두희, 『조선초기 정치지배세력연구』, 일조각, 1983.

조상현, 「전근대 '호남'의 연원과 인식」, 전남대 박사학위논문, 2016.

조원래, 「강남악부 해제」, 『국역 강남악부』, 순천문화원, 2005.
차인국, 「고고자료를 통해 본 통일신라시대 완산주 치소」, 『호남고고학보』 56, 2017.
최래옥, 「한국산신의 성격변화」, 『향토문화연구』 1, 1978.
하태규, 「고려시대 전라도의 운영구조와 성격」, 『역사학연구』 63, 2016.
한상권, 「17세기 중엽 해남 윤씨가의 노비소송」, 『고문서연구』 39, 2011.
한영국, 「호남에 실시된 대동법」, 『역사학보』 15, 1961.
홍영기, 『대한제국기 호남의병 연구』, 일조각, 2004.
_____, 「한말 나주의병의 주도인물과 활동」, 『한국학논총』 34, 2010.

2장 도의 행정과 군사를 나눠 맡다

강준식, 『하멜 표류기』, 웅진닷컴, 1995.
고혜령, 「왜구의 침략과 정몽주의 일본 사행」, 『포은학연구』 8, 2011.
김경남, 「1894~1930년 '전통도시' 전주의 식민지적 도시개발과 사회경제구
        조 변용」, 『한일관계사연구』 51, 2015.
김경숙, 「16세기 전라도 관찰사의 순행길」, 『지방사와 지방문화』 13-2, 2010.
김경옥, 『조선후기 도서연구』, 혜안, 2004.
김덕진, 「임진왜란과 전라좌수영 군관의 출신과 역할」, 『해양문화연구』 1, 2008.
_____, 「이대원과 정운, 그리고 쌍충사」, 『해양문화연구』 2, 2009.
_____, 「1587년 손죽도 왜변과 임진왜란」, 『동북아역사논총』 29, 2010.
_____, 「이하곤의 남유와 소쇄원 방문」, 『소쇄원 사람들』 2, 선인, 2011.
_____, 「조선후기 여수 복읍운동의 전개와 그 배경」, 『조선시대사학보』 69, 2014.
_____, 『손에 잡히는 강진역사』, 남양미디어, 2015.
_____, 「19세기말 전라도 강진 병영 박약국의 약재매입 실태」, 『역사와 경계』
        103, 2017.
김동수, 「조선초기 군현치소의 이설」, 『전남사학』 6, 1992.
김 호, 「16세기 후반 17세기초 의관 허준의 생애 재고」, 『한국문화』 21, 1998.
_____, 「16세기 후반 경·향의 의료 환경」, 『대구사학』 64, 2001.
박해장, 「정곡 조대중의 생애와 사상」, 『기축옥사 재조명』(역사문화교육연구소
        편), 선인, 2010.
박훈평, 「조선시대 의관직 심약에 대한 고찰」, 『한국의사학회지』 28-2, 2015.
변동명, 「1592년 전라좌수영의 거북선 건조」, 『해양문화연구』 4, 2010.

서태원, 『조선후기 지방군제 연구』, 혜안, 1999.

송기중, 「17~18세기 수군 군선의 배치 변화와 개선 방안」, 『동방학지』 169, 2015.

송양섭, 「조선후기 강진병영의 지휘체계와 군수조달」, 『역사학연구』 52, 2013.

송정현, 「을묘왜변에 대하여」, 『호남문화연구』 12, 1982.

오미일, 『근대 한국의 자본가들』, 푸른역사, 2014.

이영금, 「조선 후기 전주 재인청 무부들의 판소리 활동」, 『국어문학』 53, 2012.

이준곤, 「한국 매향비의 내용 분석」, 『불교문화연구』 11, 2009.

이훈상, 「조선후기 상급 지방 행정 체제에 있어서 신분집단에 기초한 운영 구조
　　　와 행정 실무집단의 출신 지역의 편재화」, 『호남문화연구』 27, 1998.

＿＿＿, 「조선후기 지방 파견 화원들과 그 제도, 그리고 이들의 지방 형상화」,
　　　『동방학지』 144, 2008.

＿＿＿, 「19세기 후반 신재효와 여성 제자들, 그리고 판소리 연행의 변화」, 『역
　　　사학보』 218, 2013.

이희권, 『조선후기 지방통치행정 연구』, 집문당, 1999.

정윤섭, 「해남읍성과 관아의 공간구성」, 『향토문화』 35, 2016.

주철희, 「예술작품을 통해 본 여순사건 연구」, 전북대 박사학위논문, 2014.

주희춘, 『병영상인, 경영을 말하다』, 한국경제신문사, 2014.

＿＿＿, 『강진인물사』 1, 남양미디어, 2015.

최인선, 「흥양읍성과 4개 진성」, 『임진왜란과 고흥』, 2002.

3장 고을을 두고 관아를 설치하다

고석규, 「조선 초기 서남해안 지방 읍성의 축조와 도시화 요소」, 『역사학연구』
　　　25, 2005.

구완회, 「조선전기의 귀양과 결군」, 『한국중세사론총』, 2000.

권경안, 「일제강점기 담양지역 국씨의 유지활동」, 『지방사와 지방문화』 10-1, 2007.

권내현, 「조선후기 읍치와 그 거주민 구성에 관한 일고찰」, 『한국사학보』 3-4, 1998.

권도희, 「호남지역 근대음악사 연구」, 『한국음악연구』 38, 2005.

김경옥, 「18세기 후반 영암 열무정 사포계의 조직과 향촌사회」, 『고문서연구』
　　　35, 2009.

김덕진, 「신향세력의 성장과 그 반향」, 『전라남도지』 5(전라남도), 1993.

＿＿＿, 「『광주목중기』 해제」, 『조선후기 경제사연구』, 선인, 2002.

_____, 「지방 관아 사람들의 일생생활」, 『개화기 지방 사람들』 1(노용필 외), 어진이, 2006.

_____, 「낙안읍성의 역사적 배경」, 『낙안읍성의 삶과 앎』(순천시·한국민속학회), 심미안, 2011.

_____, 「화순의 지방재정」, 『화순군지』 상(화순군지편찬위원회), 2012.

_____, 「존재 위백규의 현실인식과 경제 개혁론」, 『한국실학연구』 27, 2014.

_____, 「전라도 곡성현 향안 연구」, 『역사학연구』 60, 2015.

김현영, 『조선시대 양반과 향촌사회』, 집문당, 1999.

나경수, 「진도의 여제고」, 『호남문화연구』 17, 1987.

나선하, 「19세기 초 나주 향리층의 계 조직과 읍권의 동향」, 『한국사연구』 130, 2005.

나선하, 「영광·능주지방 이서층의 자료에 대하여」, 『지방사와 지방문화』 2, 2000.

박 순, 「조선후기 작청의 일형태」, 『우인김용덕박사정년기념 사학총론』, 1988.

박진철, 「일제하 나주군 사회주도층의 실태와 동향」, 『사학연구』 86, 2007.

배기헌, 「조선 후기 작청의 운영과 그 성격」, 『계명사학』 6, 1995.

배혜숙, 「을해옥사의 참여계층에 관한 연구」, 『백산학보』 40, 1993.

변동명, 『한국 전통시기의 산신 성황신과 지역사회』, 전남대출판부, 2013.

손정목, 『일제강점기 도시화과정연구』, 일지사, 1996.

송양섭, 「조선후기 나주제도의 절수와 설읍논의의 전개」, 『대동문화연구』 50, 2005.

송준호, 「1750년대 익산지방의 양반」, 『전북사학』 7, 1983.

심승구, 「전주 성황제의 변천과 의례적 특징」, 『한국학논총』 40, 2013.

윤경진, 「고려 성종 11년 읍호개정에 대한 연구」, 『역사와 현실』 45, 2002.

윤용출, 「1734년 전주부성의 축조와 조현명」, 『지역과 역사』 39, 2016.

윤희면, 『조선후기 향교연구』, 일조각, 1990.

_____, 「19세기말 전라도 남원의 사마소 향전」, 『조선시대사학보』 39, 2006.

윤희면, 『조선시대 전남의 향교 연구』, 2015.

이경엽, 「순천향교와 군현제의」, 『순천향교사』(순천향교), 2000.

이상배, 「영조조 윤지괘서사건과 정국의 동향」, 『한국사학연구』 76, 1992.

이상주, 『18세기 초 호남기행』, 이화문화출판사, 2003.

이선희, 「조선후기 수령의 출퇴근과 근무방식」, 『사학연구』 92, 2008.

이수건, 「고려시대 「읍사」 연구」, 『국사관론총』 3, 1989.
_____, 『조선시대 지방행정사』, 민음사, 1989.
이종일, 「조선시대 광주향약의 성립 과정 연구」, 『금당문화』 9, 2009.
이종철 외, 『남녘의 벅수』, 호남문화사, 1990.
이해준, 「순창 성황제의 변천과 주도세력」, 『역사민속학』 7, 1998.
이훈상, 「19세기 전라도 고창의 향리세계와 신재효」, 『고문서연구』 26, 2005.
_____, 「19세기 후반 향리 출신 노년 연령집단과 읍치의 제의 그리고 포퓰러
       문화의 확산」, 『민속학연구』 27, 2010.
임민혁, 「조선초기 해유제의 성립과 그 성격」, 『조선시대사학보』 33, 2005.
전형택, 「17세기 담양의 향회와 향소」, 『한국사연구』 64, 1989.
_____, 『조선후기 노비신분연구』, 일조각, 1989.
정경운, 「근대기 광주권번 운영의 변화과정 연구」, 『국학연구론총』 18, 2016.
정승모, 「조선시대 석장의 건립과 그 사회적 배경」, 『태동고전연구』 10, 1993.
조미은, 「19세기 해유문서와 중기에 관한 사례연구」, 『고문서연구』 40, 2012.
조성교, 「임실지방에 성행한 향약과 동약」, 『전라문화연구』 1, 1979.
조원래, 「18세기초 순천부의 지방행정동태」, 『남도문화연구』 1, 1985.
_____, 『임진왜란과 호남지방의 의병항쟁』, 아세아문화사, 2001.
최종석, 「조선시기 진산의 특징과 그 의미」, 『조선시대사학보』 45, 2008.
_____, 『한국 중세의 읍치와 성』, 신구문화사, 2014.
한기문, 「고려시대 주현 자복사와 향도의 역할」, 『동국사학』 59, 2015.
한미라, 「1930년대 전라남도 향약의 운영 양상과 성격변화」, 『역사민속학』
       53, 2017.
홍성찬, 『한국근대농촌사회의 변동과 지주층』, 지식산업사, 1993.
황미연, 「조선후기 전라도 교방의 현황과 특징」, 『한국음악사학보』 40, 2008.

4장 면을 두고 마을을 운영하다

강봉룡, 『바닷길로 찾아가는 한국 고대사』, 경인문화사, 2016.
국립중앙박물관, 『발원, 간절한 바람을 담다』, 2015.
김경옥, 「조선후기 고군산진의 설치와 운영」, 『지방사와 지방문화』 10-1, 2007.
김대식, 「조선 후기 죽산안씨 문중의 강학과 향촌교화 활동」, 『인문학연구』
       45, 2013.

김덕진,「보성군 문전면의 향약과 사계」,『전남문화재』7, 1994.

_____,『조선후기 지방재정과 잡역세』, 국학자료원, 1999.

_____,「17세기 전반 후금의 요동진출과 요민의 조선이주」,『역사와 교육』 14, 2012.

_____,「고흥 향교의 존성계」,『역사학연구』67, 2017.

_____,「조선후기 전라도 황화촌·황조촌」,『전쟁과 전라도 지역사』, 선인, 2018.

김병인,「고려시대 사원의 교통기능」,『전남사학』13, 1999.

김영미,「식민지 주민 동원의 유산과 변용」,『한국학논총』, 38, 2012.

김익한,「1910년대 일제의 지방지배정책」,『사회와 역사』50, 1996.

김준형,「18세기 이정법의 전개」,『진단학보』58, 1984.

김희태,「조선후기 장흥부 남면 면약의 시행배경과 내용」,『지방사와 지방문화』 10-2, 2007.

노용필,「종친의 유배와 지방관 부임은 어떻게 이루어졌나?」,『개화기 지방 사 람들』1, 어진이, 2006.

문경호,「고려도경을 통해 본 군산도와 군산정」,『지방사와 지방문화』18-2, 2015.

박 순,「조선후기 해남지방 동계의 일연구」,『한국사론』21, 1991.

박익환,「태인지방의 고현동약」,『조선향촌자치사회사』, 삼영사, 1995.

박재철,「마을숲의 개념과 사례」,『한국학논집』33, 2006.

박종기,「조선초기의 부곡」,『국사관논총』92, 2000.

박현국,「정읍 지역 당산제 고찰」,『한국민속학』27, 1995.

손정목,「일제침략초기 지방행정제도와 행정구역에 관한 연구」,『논문집』17, 1984.

손형부,「식민지시대 송내호·기호 형제의 민족해방운동」,『국사관론총』40, 1992.

윤해동,『지배와 자치』, 역사비평사, 2006.

윤희면,「조선 후기 양반사족의 향촌지배」,『호남문화연구』25, 1997.

이병희,「고려시대 전남지방의 향·부곡」,『지방사와 지방문화』1, 1998.

이우성,「고려말기 나주목 거평부곡에 대하여」,『진단학회』29·30, 1966.

이종일,「광주 양과동 동계자료 해제」,『광주양과동향약』(광주민속박물관), 1996.

이태진,「17·8세기 향도 조직의 분화와 두레 발생」,『진단학보』67, 1989.

이해준,「조선후기 영암지방 동계의 성립배경과 성격」,『전남사학』2, 1988.

전경목,「삼계강사에 소장되어 있는 동계안과 고문서를 통해서 본 조선후기 남 원부 둔덕방의 몇 가지 모습들」,『전주사학』2, 1993.

전남대, 『나주지방 누정문화의 종합적 고찰』, 1988.

전성호, 『조선시대 호남의 회계문화』, 다할미디어, 2007.

전영우, 『숲과 녹색문화』, 수문출판사, 2002.

정구복, 「19세기 중엽 영광 영월신씨가의 서재계문서」, 『고문서연구』 20, 2002.

정근식 외, 『구림연구』, 경인문화사, 2003.

정요근, 「고려시대와 조선전기 전남지역의 역로망 구성과 그 특징」, 『지방사와 지방문화』 13-2, 2010.

_____, 「전남 지역의 고려~조선시대 월경지 분석」, 『한국문화』 63, 2013.

정청주, 「조선후기 전남지역 사족의 누정 건립」, 『호남문화연구』 24, 1996.

진도군·목포대박물관, 『임진·정유왜란과 진도』, 1992.

최병운, 「고려·조선시대의 '비입(월경)지」, 『전라문화연구』 1, 1979.

최완기, 「역원제의 정비」, 『한국사』 24, 1994.

최원석, 「영남지방의 비보 읍수에 관한 연구」, 『문화역사지리』 15, 2001.

한문종, 「조선전기 일본의 향화와 정착」, 『동양학』 68, 2017.

저자소개

김덕진

　전남대학교 사범대학 국사교육과를 졸업하고, 전남대 대학원 사학과에서 석사학위와 박사학위를 받았다. 현재는 광주교육대학교 사회과교육과 교수로 재직하고 있다.

　주요 저서로는 『조선후기 지방재정과 잡역세』(1999), 『연표로 보는 한국역사』(2002, 『年表で見る韓國の歷史』로 일역), 『조선후기 경제사연구』(2002), 『소쇄원 사람들』(2007), 『대기근, 조선을 뒤덮다』(2008, 2008우수출판기획안 공모전 당선작), 『초등 역사교육의 이해』(2009), 『소쇄원 사람들』2(2011), 『세상을 바꾼 기후』(2013, 2014환경부 우수환경도서), 『손에 잡히는 강진역사』(2015), 『전쟁과 전라도 지역사』(2018) 등이 있다.

　그동안 광주교대 역사문화교육연구소 소장, 광주교육청 역사문화교육위원회 위원장, 무등역사연구회 회장, 전라남도 문화재전문위원, 전라도천년사 편찬위원, 지역문화콘텐츠연구소 소장, 한국학호남진흥원 기획연구부장, 호남고문서연구회 회장, 호남사학회 총무이사 등을 역임했다. 그간의 경험은 이 책의 탄생에 큰 도움이 되었다.

　그리고 『광주·전남의 역사』, 『남도문화』, 『인물로 본 전라도 역사』, 『전라도 역사 이야기』는 물론이고, 『강진군지』, 『곡성군사』, 『광산구사』, 『광양시지』, 『광주시사』, 『나주시지』, 『보성군사』, 『순천시사』, 『여수시사』, 『영광군사』, 『전라남도지』, 『진도군지』, 『화순군지』 등 전라도의 지역사 서술에도 참여해 왔다. 이러한 경험도 이 책의 집필에 큰 자산이 되었다.